AS AÇÕES REPETITIVAS
NO DIREITO BRASILEIRO

Conselho Editorial
André Luís Callegari
Carlos Alberto Molinaro
Daniel Francisco Mitidiero
Darci Guimarães Ribeiro
Draiton Gonzaga de Souza
Elaine Harzheim Macedo
Eugênio Facchini Neto
Giovani Agostini Saavedra
Ingo Wolfgang Sarlet
Jose Luis Bolzan de Morais
José Maria Rosa Tesheiner
Leandro Paulsen
Lenio Luiz Streck
Paulo Antônio Caliendo Velloso da Silveira
Rodrigo Wasem Galia

V598a   Viafore, Daniele.
       As ações repetitivas no direito brasileiro: com comentários sobre a proposta de "Incidente de Resolução de Demandas Repetitivas" do projeto de novo Código de Processo Civil / Daniele Viafore. – Porto Alegre: Livraria do Advogado Editora, 2014.
       144 p.; 23 cm. – (Temas de direito processual civil ; 7)
       Inclui bibliografia e anexos.
       ISBN 978-85-7348-901-9

       1. Direito processual civil - Brasil. 2. Ações repetitivas. 3. Brasil. Código de Processo Civil. 4. Ação judicial. 5. Processo civil - Reforma - Brasil. I. Título. II. Série.

CDU 347.91/.95(81)
CDD 341.8105

Índice para catálogo sistemático:
1. Processo civil : Brasil 347.91/.95(81)

(Bibliotecária responsável: Sabrina Leal Araujo – CRB 10/1507)

Temas de Direito Processual Civil 7

Daniele Viafore

AS AÇÕES REPETITIVAS NO DIREITO BRASILEIRO

Com comentários sobre a proposta de
"Incidente de Resolução de Demandas Repetitivas"
do Projeto de novo Código de Processo Civil

Porto Alegre, 2014

Coleção
Temas de Direito Processual Civil

Coordenadores
Daniel Mitidiero
José Maria Rosa Tesheiner
Sérgio Gilberto Porto
Elaine Harzheim Macedo

© Daniele Viafore, 2014

Projeto gráfico e diagramação
Livraria do Advogado Editora

Revisão
Rosane Marques Borba

Direitos desta edição reservados por
Livraria do Advogado Editora Ltda.
Rua Riachuelo, 1300
90010-273 Porto Alegre RS
Fone/fax: 0800-51-7522
editora@livrariadoadvogado.com.br
www.doadvogado.com.br

Impresso no Brasil / Printed in Brazil

Dedico este livro a meus filhos,
Gabriel e Miguel, fonte de amor e inspiração.

Agradecimentos

Com grande satisfação, à Professora Jaqueline Mielke, que, com muita atenção, sempre me auxiliou, incentivou e serviu de exemplo, estando ao meu lado desde a orientação no curso de especialização em direito processual civil do IDC-RS. Agradeço por contribuir sobremaneira para o meu aperfeiçoamento profissional e pessoal;

Ao Professor José Maria Tesheiner, não apenas pela oportunidade, confiança e pelas valiosas orientações no decorrer deste estudo, mas também por todos os momentos de convivência que tivemos durante o curso de mestrado da PUC-RS. Sempre muito receptivo, disposto e interessado em discutir as ações repetitivas e os casos práticos de advocacia que eu lhe trazia;

Às Professoras Elaine Harzheim Macedo e Letícia Loureiro, pelos esclarecimentos e por compartilhar a experiência das aulas na graduação durante o estágio de docência;

Aos Professores Sérgio Gilberto Porto e Ruy Zoch Rodrigues, pelos ensinamentos e contribuições dispensadas na banca de mestrado;

Em especial, aos meus sogros, Mara Lúcia e Rogério, que, como verdadeiros pais, me estimularam e custearam o meu curso de mestrado;

Ao meu marido, Vinícius, por todas as vezes que me compeliu a ter perseverança;

Aos meus pais, Luiz e Jacira, e, às minhas irmãs, Cristiane e Vanessa, pelo apoio;

Aos amigos e colegas de mestrado e do escritório Cabanellos Schuh Advogados Associados, Vivian Moschini Gomes, Maurício Matte, Marco Félix Jobim, Liane Slavieiro Ramos, Thales Ferreira da Conceição, Andréia Ribeiro Moraes, Roberta Malinowski da Silva Salgado, Fabiano Aita Carvalho, Gabriela Pandolfo Coelho Glitz, Carla Cristina Fioreze, todos muito especiais, de alguma forma contribuíram nesta trajetória;

À Caren Andréa Klinger, secretária da Pós-Graduação, que, com palavras de incentivo, me acompanhou de maneira muito afável durante o curso de mestrado.

"O que tem arruinado os conservadores é a má escolha das coisas a serem conservadas".

(Paul Valéry)

Prefácio

É notório o crescimento exponencial das demandas judiciais nos últimos anos, especialmente após a Constituição de 1988, dentre elas destacando-se as chamadas "ações repetitivas" ou "de massa", marcadas por uma questão comum de fato ou de direito.

Buscam-se explicações para esse crescimento desmedido, apontando-se, entre outras causas, a democratização do acesso à justiça, o grande número de advogados e a conformação da sociedade moderna, constituída por consumidores cada vez mais ávidos de produtos fornecidos por grandes empresas de âmbito nacional e internacional, ao que se adiciona um Estado com crescentes atribuições e poderes. Não por outra razão, as chamadas "ações repetitivas" são propostas, via de regra, contra grandes empresas e contra o Estado, apontado este como o grande vilão, descumpridor de suas promessas e desrespeitador de suas próprias leis.

Pressionado pelo crescente número de ações propostas, o Poder Judiciário expandiu-se e modernizou-se. Mesmo, assim, não consegue dar conta da demanda, que cresce impulsionada também pelo baixo custo da prestação jurisdicional, muitas vezes gratuita.

Nesta obra, Daniele Viafore examina com olhar percuciente o panorama deste que é o principal desafio do Poder Judiciário neste limiar do século XXI: o da numerosidade.

A resposta ao desafio nem sempre se mostrou adequada, observando a Autora que a prática forense mostra franca inobservância do princípio constitucional do devido processo, com julgamentos *extra petita*, violação das regras processuais e não conhecimento de recursos por formalismo excessivo (a chamada jurisprudência defensiva).

Busca-se resolver o problema da numerosidade, sobretudo, com reformas processuais, deixando-se em segundo plano as soluções mais dispendiosas e profundas, que envolvem a estrutura do Poder Judiciário e o aumento do número de juízes, que na atualidade não guarda proporção com o das demandas judiciais.

Assim é que foram introduzidos em nosso sistema processual o requisito da repercussão geral nos recursos extraordinários, a técnica dos recursos repetitivos, a súmula vinculante, o julgamento de improcedência sem citação do réu, a ação coletiva para a tutela de direitos individuais homogêneos, mecanismos um a um explicados nesta obra.

Ao final, a Autora detém-se no exame do incidente de resolução de demandas repetitivas, a mais inovadora proposta contida no Projeto de novo Código de Processo Civil em tramitação no Congresso Nacional.

Trata-se de obra produzida por advogada com larga experiência no trato de ações repetitivas. Suas reflexões têm por isso o valor adicional decorrente da conjugação da teoria com a prática.

José Maria Tesheiner

Professor de Processo Civil na PUCRS
Desembargador aposentado do TJRGS

Sumário

Lista de abreviaturas..15

Introdução...17

1. As ações repetitivas no direito brasileiro...21

1.1. Dos aspectos qualitativos e quantitativos dos litígios...........................24

    1.1.1. As novas necessidades da sociedade e o aumento dos litígios.........27

    1.1.2. O papel do Estado face à nova sociedade de consumo....................34

1.2. Do movimento de acesso à justiça no Brasil à litigiosidade em massa.....38

    1.2.1 A inafastabilidade da jurisdição...44

1.3. O devido processo legal nas ações repetitivas......................................47

    1.3.1. Julgamentos "extra petita"..49

    1.3.2. Violação a disposições previstas na legislação processual civil.......51

    1.3.3. Não conhecimento de recurso por formalismo excessivo...............56

1.4. Notas sobre as reformas processuais, a contenção da litigiosidade e o reflexo da estrutura do Judiciário..60

1.5. Mecanismos tópicos vigentes para tratamento das ações repetitivas no Direito brasileiro...70

    1.5.1. Repercussão geral no STF...71

    1.5.2. Recursos repetitivos (Lei nº 11.672/2008)....................................76

    1.5.3. Súmula vinculante..79

    1.5.4. Julgamentos de improcedência sem citação do réu (art. 285-A).....85

    1.5.5. Ações coletivas relativas a direitos individuais homogêneos..........89

2. A proposta de um "incidente de   resolução de demandas repetitivas" no Projeto de novo Código de Processo Civil...97

2.1. Surgimento, características e finalidade da proposta de um "incidente de resolução de demandas repetitivas"...100

2.2. Os riscos de uma padronização decisória indevida...............................107

2.3. O procedimento-modelo alemão de mercado de capitais *musterverfahren*....110

2.4. Reflexões e expectativas sobre a proposta de incidente 116

Considerações finais...123

Referências....125

A n e x o – Incidente de Resolução de Demandas Repetitivas..............141

Lista de abreviaturas

art. .... artigo

arts. .... artigos

CDC .... Código de Defesa do Consumidor

CF .... Constituição Federal

CPC .... Código de Processo Civil

D. J. .... Diário da Justiça

Des. .... Desembargador

IRDR .... Incidente de Resolução de Demandas Repetitivas

j. .... julgado

LACP .... Lei de Ação Civil Pública

Lei KapMuG .... Lei do Procedimento-Modelo Alemão *Kapitalanleger-Musterverfahren*

Min. .... Ministro

nº .... número

p. .... página

PLS .... Projeto de Lei do Senado

RE .... Recurso Extraordinário

Rel. .... Relator

REsp .... Recurso Especial

STF .... Supremo Tribunal Federal

STJ .... Superior Tribunal de Justiça

TJRS .... Tribunal de Justiça do Estado do Rio Grande do Sul

Trad. .... tradutor

v. .... volume

Introdução

O presente trabalho tem por objetivo analisar as ações repetitivas no Direito brasileiro.

A evolução das relações sociais reclama fortes mudanças na ciência do Direito, pois os novos tempos geram novos conflitos e, com isso, novas demandas.

Com a grande transformação das relações sociais, econômicas e tecnológicas, o enfoque do acesso à justiça passou a ser tratado de outra forma, não sendo mais suficiente a simples inafastabilidade do Judiciário, mas, sim, uma prestação jurisdicional justa e tempestiva. Surgiu, então, a preocupação da efetividade e da celeridade da resposta do Estado.

Os novos conflitos não conseguem mais ser resolvidos com as técnicas processuais tradicionais. Assim, como não poderia ser diferente, o processo civil brasileiro vem passando por numerosas reformas ao longo dos últimos anos, como forma de prestar tutela jurisdicional efetiva, adequada e tempestiva.

As reformas processuais têm demonstrado a grande preocupação com a celeridade do processo, bem como com o atraso na apresentação da tutela jurisdicional gerado pelo congestionamento do Poder Judiciário, o qual é agravado em razão da multiplicação de ações que discutem questões de direito idênticas.

O volume de processos judiciais é praticamente invencível. O movimento forense dos tempos atuais apresenta números jamais vistos.

A máquina judiciária tem tido o seu funcionamento tomado por ações repetitivas, com conteúdo idêntico na essência, exigindo-se, assim, a adoção de mecanismos que assegurem a presteza e a segurança jurídica aos litigantes. Passa a ser necessário evitar o dispêndio de atenção e de recursos com controvérsias que já tiveram a complexidade esmaecida.

Para atender às milhares de ações repetitivas, geram-se processos de massa. Neste universo, a realidade forense tem demonstrado diversas violações no seu processamento, bem como a ocorrência de decisões diferentes para casos idênticos. Isto quer dizer, o princípio da isonomia, previsto na Constituição Federal, resta constantemente violado cada vez que, em identidade de situações, uma sentença, com grande naturalidade, discrepa de outra.

A fim de racionalizar a atividade judiciária e conferir uniformidade às decisões, de forma a concretizar valores como segurança jurídica e isonomia na aplicação da lei, um dos meios encontrados pela Comissão de Juristas responsável pela elaboração de Anteprojeto de Novo Código de Processo Civil foi a criação de um incidente de resolução de demandas repetitivas.

De acordo com a previsão contida no Projeto de novo Código de Processo Civil, Projeto de Lei n° 8.046/2010, tal técnica de julgamento pretende estabelecer decisão-paradigma com conteúdo de norma geral e abstrata, cuja aplicação pelos órgãos judiciários competentes revela-se obrigatória.

A questão é séria e envolve não só o alcance da celeridade, mas também a influência no julgamento de milhares de demandas a partir da eventual aplicação de uma tese jurídica com natureza de norma geral e abstrata. Envolve, outrossim, a credibilidade do próprio Poder Judiciário em judicar milhões de processos de forma responsável e principalmente qualificada, sob pena de cometer "milhões" de injustiças ou "milhões" de erros judiciários.[1]

Pela legislação atual, cada ação é analisada de maneira autônoma, o que aumenta o trabalho do juiz com casos iguais e multiplica decisões diferentes sobre o mesmo direito. Assim, ao longo de todo o trabalho, está presente a preocupação em investigar a satisfação da pretensão do jurisdicionado nas ações repetitivas no Direito vigente, bem como verificar se o emprego do incidente projetado revela-se conveniente e observa aos princípios constitucionais que devem nortear o processo civil contemporâneo na busca pela tão conclamada efetividade do direito material.

Ainda, considerando-se a tendência de crescimento do número de processos no Poder Judiciário brasileiro, busca-se examinar se tal proposta legislativa é suficiente para vencer a morosidade do processo logrando êxito em seus objetivos quantitativos e qualitativos. Pretende-se oferecer, sem a pretensão de exaurir o assunto, reflexões, críticas e questões polêmicas que poderão advir da aplicação prática do incidente de resolução de demandas repetitivas, se aprovado.

Trata-se da proposta legislativa de um instituto processual novo no Direito brasileiro e que ainda não passou pelo crivo da experiência judicial. Os desdobramentos, evidentemente, não são conhecidos. Sendo novidade, a literatura é recente e escassa. O exame do tema, dessa forma, revela-se extremamente estimulante e desafiador.

A par de tais dificuldades, com o objetivo de expor o tema como disposto no Projeto do novo Código de Processo Civil, o estudo baseia-se na análise do Projeto de Lei n° 8.046/2010, na pouca doutrina existente e no exame de

---

[1] COSTA, Ana Surany Martins. As luzes e sombras do incidente de resolução de demandas seriadas no novo projeto do Código de Processo Civil. *Revista Síntese de Direito Civil e Processual Civil*, Porto Alegre, n. 75, p. 60, jan./fev. 2012.

textos legais e doutrinas estrangeiras diretamente relacionadas à matéria desenvolvida.

A pesquisa encontra-se dividida em dois capítulos.

O primeiro capítulo buscou contextualizar e estudar as ações repetitivas no Direito brasileiro. Expõe-se a alteração dos aspectos quantitativos e qualitativos dos litígios, as novas necessidades da sociedade e o aumento dos litígios, bem como o papel do Estado face à nova sociedade de consumo. Contextualiza-se o movimento do acesso à justiça à litigância em massa. Examina-se o princípio constitucional do devido processo legal nas ações repetitivas, investigando-se a atormentada questão do formalismo excessivo na admissibilidade recursal.

Após, analisam-se os efeitos das recentes reformas legislativas no ordenamento processual civil brasileiro, a contenção da litigiosidade e a estrutura do Judiciário a possibilitar o processamento das ações repetitivas. Em seguida, examinam-se os mecanismos tópicos vigentes para tratamento das ações repetitivas, tais como a repercussão geral no Supremo Tribunal Federal, a lei dos recursos repetitivos no Superior Tribunal de Justiça, a súmula vinculante, o julgamento de improcedência sem a citação do réu (art. 285-A, CPC) e as ações coletivas relativas a direitos individuais homogêneos.

Dedica-se o segundo capítulo à análise da proposta de um incidente de resolução de demandas repetitivas contida no Projeto de novo Código de Processo Civil. Observam-se as razões que levaram ao surgimento do instituto proposto, características, finalidades e os riscos de uma padronização decisória indevida. Posteriormente, examina-se a correspondência da proposta em comento no Direito alemão. Por fim, apresentam-se reflexões, críticas e expectativas decorrentes da proposta de um incidente de resolução de demandas repetitivas.

1. As ações repetitivas no direito brasileiro

O limiar desse novo milênio é marcado pela massificação processual. Nos últimos anos, o Poder Judiciário viu-se tomado por um aumento desproporcional de casos que dificilmente tem conseguido administrar.

O notável aumento do número de ações, que têm provocado o congestionamento dos órgãos jurisdicionais, possui várias causas.

A interação de diversos fenômenos como, por exemplo, a industrialização, a produção em série, as novas tecnologias e o capitalismo,[2] trouxe novas exigências à sociedade urbana e produziu no Judiciário números elevados de lides individuais idênticas. Ainda, a crescente diminuição dos custos dos meios de comunicação, aliada ao amplo acesso à justiça, fez com que as pessoas de médios e poucos recursos financeiros passassem a litigar mais.[3]

Os litígios sofreram mudanças tanto quantitativas, pelo aumento do volume de demandas no Judiciário, quanto qualitativas, pela mudança da natureza das lides.[4]

Vários fatores combinados acabam contribuindo para a massificação de litígios.

O aumento cada vez mais acentuado dos litígios sociais acarreta no interesse público ou coletivo da intervenção judicial.[5] A multiplicação de ações repetitivas, muito frequente na sociedade contemporânea, gera, por consequencia lógica, mais trabalho à administração da justiça.[6]

O acúmulo de processos prejudica o próprio acesso à justiça e o devido processo legal constitucionalmente assegurados, porque tamanha sobrecarga dos órgãos judiciais enseja altos índices de congestionamento e lentidão na

---

[2] RODRIGUES, Ruy Zoch. *Ações repetitivas:* casos de antecipação de tutela sem o requisito de urgência. São Paulo: Revista dos Tribunais, 2010, p. 30-31.

[3] PINTO, Fernanda Guedes. As ações repetitivas e o novel art. 285-A do CPC (racionalização para as demandas de massa). *Revista de Processo,* São Paulo, v. 32, n. 150, p. 121-122, ago. 2007.

[4] Ibidem, p. 122.

[5] PORTANOVA, Rui. *Princípios do processo civil.* 8. ed. Porto Alegre: Livraria do Advogado, 2013, p. 173.

[6] PINTO, op. cit., p. 122.

prestação jurisdicional. A prática forense tem frequentemente demonstrado verdadeira violação ao devido processo legal no tratamento das ações repetitivas, as quais inevitavelmente são apreciadas em bloco pelos magistrados sem atentarem às peculiaridades do caso concreto posto.

Para Ada Pellegrini Grinover, Cândido Rangel Dinamarco e Antônio Carlos de Araújo Cintra, se hoje temos uma vida societária de massa, é preciso ter também um processo de massa. Se postulamos uma sociedade pluralista, marcada pelo ideal isonômico, é preciso ter também um processo sem óbices econômicos e sociais ao pleno acesso à justiça.[7]

As questões referentes ao processamento dos conflitos de massa ainda não se apresentavam à época da concepção do Código de Processo Civil de 1973.[8]

Inevitavelmente, a quantidade de ações judiciais aumentou demasiadamente, e os tribunais passaram a enfrentar uma "litigiosidade exacerbada".[9] O Poder Judiciário não estava preparado para lidar com tamanha demanda,[10] sendo necessário reconstruir o direito processual civil a partir da sociedade em que atualmente vivemos.[11]

Por conseguinte, há muito surgem propostas e sugestões nos mais variados âmbitos e setores de reforma do processo civil, haja vista a grande quantidade de processos que assolam os tribunais e foros brasileiros. Nelson Nery Júnior afirma que inúmeras reformas legislativas são realizadas por pressão dos tribunais, como forma de desafogar os serviços forenses no segundo grau.[12]

O problema da quantidade de recursos nos tribunais, e também de ações em primeiro grau, passou a ser associado à demora na prestação jurisdicional.[13]

---

[7] CINTRA, Antônio Carlos de Araújo; GRINOVER, Ada Pellegrini; DINAMARCO, Cândido Rangel. *Teoria geral do processo*. 99. ed. São Paulo: Malheiros, 2013, p. 43.

[8] BASTOS, Antônio Adonias Aguiar. Uma leitura crítica do novo regime do agravo no Direito Processual Civil Brasileiro. *Revista da AJURIS: Associação dos Juízes do Rio Grande do Sul,* Porto Alegre, v. 35, n. 109, p. 23, mar. 2008.

[9] A expressão é de VIGLIAR, Marcelo. Litigiosidade contida (e o contingenciamento da litigiosidade). In: SALLES, Carlos Alberto de (Coord.). *As grandes transformações do processo civil brasileiro – homenagem ao Professor Kazuo Watanabe.* São Paulo: Quartier Latin, 2009, p. 50-51.

[10] BORGES, Marcus Vinícius Motter. *O julgamento por amostragem nos recursos especiais repetitivos:* celeridade e efetividade da prestação jurisdicional no âmbito do Superior Tribunal de Justiça. Dissertação (Mestrado em Direito) – Faculdade de Direito, Pós-Graduação em Direito, Pontifícia Universidade Católica Rio Grande do Sul, Porto Alegre, 2010, p. 142.

[11] PINTO, Fernanda Guedes. As ações repetitivas e o novel art. 285-A do CPC (racionalização para as demandas de massa). *Revista de Processo,* São Paulo, v. 32, n. 150, p. 122, ago. 2007.

[12] NERY, Rosa Maria de Andrade; JÚNIOR, Nelson Nery. *Código de Processo Civil comentado e legislação extravagante.* 13. ed. São Paulo: RT, 2013, p. 889-890.

[13] BORGES, op. cit., p. 145.

A razoável duração do processo[14] tornou-se, então, direito constitucional, por meio da Emenda Constitucional n° 45/2004, incluindo o inciso LXXVIII no artigo 5° da Constituição Federal, "a todos, no âmbito judicial e administrativo, são assegurados a razoável duração do processo e os meios que garantam a celeridade de sua tramitação".[15]

Para que se concretizem os propalados intentos de um processo célere, segundo Guilherme Beux Nassif Azem, há que se admitir a criação de mecanismos que visem a tornar realmente efetiva a prestação jurisdicional, sem descurar dos direitos e garantias fundamentais das partes.[16] Nas palavras de José Carlos Barbosa Moreira, "será efetivo o processo que constitua instrumento eficiente de realização do direito material".[17]

Desta forma, visando à celeridade[18] e à eficiência processual,[19] é cada vez mais frequente a consagração de filtros com o objetivo de conter a litigiosidade de massa, de modo que algumas soluções passaram a ser implementadas no sistema jurídico brasileiro. O principal argumento para a criação dos mecanismos de filtro é evitar o desenvolvimento de processos desnecessários, por versarem

---

[14] Antes mesmo da previsão constitucional da duração razoável do processo já era permitido sustentar esta possibilidade por força do § 2° do art. 5° da Constituição Federal de 1988, que possibilita a parte dispor em seu benefício a Convenção Americana sobre Direitos Humanos, em que o Brasil é signatário, através do art. 8.1 que prevê o direito da parte ser ouvida em prazo razoável (RIBEIRO, Darci Guimarães. A garantia constitucional do postulado da efetividade desde o prisma das sentenças mandamentais. *Genesis – Revista de Direito Processual Civil*. Curitiba: Genesis, v. 38, p. 659, out. 2005).

[15] A duração razoável do processo assegura ao cidadão duas cobranças: "a) do Poder Público, os meios materiais para que o aparelho judicial possa cumprir os prazos dispostos nas normas processuais; b) dos órgãos da justiça, o esforço para cumprir os prazos legais, envidando esforço para abreviar a prestação jurisdicional, bem como prestar um serviço de qualidade" (LIMA, Francisco Meton Marques de. *Reforma do poder judiciário*: comentários iniciais à EC 45/2004. São Paulo: Malheiros, 2005, p. 14). Para Paulo Hoffman, "É imprescindível que o processo tenha uma certa duração, maior do que aquela que as partes desejam, porquanto o Estado deve assegurar aos litigantes o devido processo legal, amplo direito de defesa e contraditório e, até mesmo, tempo para se prepararem adequadamente. Contudo, nada justifica a interminável espera causada pela tormentosa duração do processo a que os cidadãos se veem submetidos e da qual, ao final, resta sempre a sensação de injustiça" (HOFFMAN, Paulo. In: WAMBIER, Teresa Arruda. Alvim ... [*et al.*]. (Coords.). *Reforma do judiciário*: primeiros ensaios críticos sobre a EC 45/2004. São Paulo: RT, 2005, p. 572).

[16] AZEM, Guilherme Beux Nassif. *Repercussão geral da questão constitucional no recurso extraordinário*. Dissertação (Mestrado) – Faculdade de Direito, Pós-Graduação em Direito, Pontifícia Universidade Católica Rio Grande do Sul, Porto Alegre, 2010, p. 120.

[17] BARBOSA MOREIRA, José Carlos. Por um processo socialmente efetivo. *Revista de Processo*. São Paulo, v. 27, n. 105, p. 181, jan./mar. 2002.

[18] Vale destacar que nem sempre uma justiça rápida demais é uma justiça bem prestada. Nas palavras de José Carlos Barbosa Moreira: "Se uma justiça lenta demais é decerto uma justiça má, daí não se segue que uma justiça muito rápida seja necessariamente uma justiça boa. O que todos devemos querer é que a prestação jurisdicional venha ser melhor do que é. Se para torná-la melhor é preciso acelerá-la, muito bem: não, contudo, a qualquer preço" (BARBOSA MOREIRA, José Carlos. O futuro da justiça: alguns mitos. *Revista de Processo*, v. 102, p. 232, abr./jun. 2001).

[19] Segundo Luciano Vianna Araújo, a efetividade pressupõe tanto a celeridade quanto a segurança jurídica. "Na formação do conceito de efetividade, se revelam imprescindíveis a celeridade e a segurança" (ARAÚJO, Luciano Vianna. Art. 285-A do CPC (julgamento imediato, antecipado e maduro da lide): evolução do sistema desde o CPC de 1939 até o CPC reformado. *Revista de Processo*, São Paulo, v. 33, n. 160, p. 163, jun. 2008).

matérias já pacificadas, as quais já tenham sido, de forma exaustiva, apreciadas pelo Judiciário.[20]

Na maioria das vezes, as demandas repetitivas envolvem a mesma questão de direito e têm os mesmos tipos de litigantes ocupando um dos polos.[21]

Dentre as regras atualmente vigentes para tratamento das causas repetitivas, destaca-se a repercussão geral (arts. 543-A e 543-B, CPC), recursos repetitivos (art. 543-C, CPC), a súmula vinculante, julgamentos de improcedência sem citação do réu (art. 285-A, CPC) e as ações coletivas relativas a direitos individuais homogêneos, que serão analisadas neste Capítulo.

Por outro lado, não obstante as reformas legislativas sejam necessárias e até desejáveis, verifica-se que o volume absurdo de processos gera, acima de tudo, grande morosidade na sua condução, decorrente do número limitado de servidores, juízes e recursos financeiros para o atendimento da demanda.[22]

O presente capítulo tem por escopo a análise das ações repetitivas no Direito brasileiro. Investigam-se os aspectos quantitativos e qualitativos dos litígios, bem como o cotejo das ações repetitivas com o acesso à justiça e o devido processo legal no atual Estado Democrático de Direito. Após, examinam-se os efeitos das recentes reformas legislativas no ordenamento processual civil brasileiro, a contenção da litigiosidade e a estrutura do Judiciário a possibilitar o processamento das ações repetitivas. Em seguida, os mecanismos tópicos vigentes para tratamento das ações repetitivas no Direito brasileiro.

1.1. Dos aspectos qualitativos e quantitativos dos litígios

O acontecimento processual marcante deste último meio século terá sido, sem dúvida, o considerável aumento da massa litigiosa. Quando se evoca tal problema, logo se pensa no crescimento quantitativo do volume das causas, pois as demandas apresentadas aos tribunais multiplicam-se em condições inquietantes.[23]

---

[20] MENEZES, Isabella Ferraz Bezerra de. A repercussão geral das questões constitucionais como mecanismo de contenção recursal e requisito de admissibilidade do recurso extraordinário. *Revista da ESMAPE*, Recife, v. 13, n. 28, p. 269, 2008.

[21] BORGES, Marcus Vinícius Motter. *O julgamento por amostragem nos recursos especiais repetitivos*: celeridade e efetividade da prestação jurisdicional no âmbito do Superior Tribunal de Justiça. Dissertação (Mestrado em Direito) – Faculdade de Direito, Pós-Graduação em Direito, Pontifícia Universidade Católica Rio Grande do Sul, Porto Alegre, 2010, p. 141.

[22] AMARAL, Guilherme Rizzo. A proposta de um "incidente de resolução de demandas repetitivas". In: TESHEINER, José Maria (Org.). *Processos coletivos*. Porto Alegre: HS Editora, 2012, p. 268.

[23] PERROT, Roger. O processo civil francês na véspera do século XXI. Tradução de J. C. Barbosa Moreira. Revista Forense, Rio de Janeiro, v. 94, n. 342, p. 162, abr. 1998.

No Brasil, em 1988, foram ajuizadas em todas as esferas da Justiça aproximadamente 350 mil processos; passados 10 anos, foram propostos mais de 4 milhões de processos, ou seja, o número de processos aumentou 25 vezes.[24]

O número de processos judiciais não para de crescer. Para ilustrar a situação, no gráfico abaixo, obtido junto ao sítio especializado Consultor Jurídico – CONJUR –, elaborado a partir de dados extraídos do relatório estatístico realizado pelo Conselho Nacional de Justiça (CNJ) – "Justiça em Números", verifica-se que, em 2004, tramitavam na primeira e segunda instâncias do Judiciário – Estadual, Federal e Trabalhista – 54,2 milhões de ações. Em 2007, o número subiu para 67,7 milhões. De 2004 para 2007, o número de ações na Justiça aumentou 25%.[25]

Figura 1: Gráfico da evolução do número de processos em trâmite na primeira e segunda instâncias do Judiciário

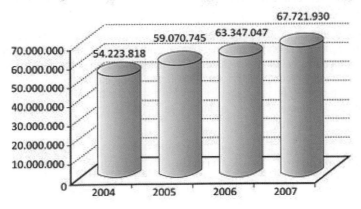

Fonte: Consultor Jurídico – CONJUR, 2009.

Percebe-se, com clareza, o aumento da quantidade de processos no Poder Judiciário. Ainda, complementando-se o gráfico acima, com base nos dados extraídos do relatório estatístico realizado pelo Conselho Nacional de Justiça (CNJ) – "Justiça em Números", observa-se que, em 2009, tramitavam, nos três ramos da Justiça, cerca de 86,6 milhões de processos.[26]

---

[24] SALOMÃO, Luis Felipe. Tendências atuais do judiciário. *Revista da EMERJ*, v. 6, n. 21, p. 169, 2003.

[25] MATSUURA, Lilian. Número de ações na Justiça ordinária aumentou 25%. *CONJUR. Consultor Jurídico*, São Paulo, Notícias, 24 jan. 2009. ISSN 1809-2829. Disponível em: <http://www.conjur.com.br/2009-jan-24/tres-anos-numero-acoes-primeira-segunda-instancias-subiu-25>. Acesso em: 30 jun. 2012.

[26] BRASÍLIA. Distrito Federal. Conselho Nacional de Justiça (CNJ). Departamento de Pesquisas Judiciárias do CNJ. *Relatórios*. Justiça em Números 2010. Resumo Executivo. Disponível em: <http://www.cnj.jus.br/images/pesquisas-judiciarias/Publicacoes/sum_exec_por_jn2010.pdf>. Acesso em: 30 jul. 2012.

Identifica-se que a Justiça Estadual recebe a maior demanda de todo o Judiciário. Segundo dados apurados em pesquisa realizada pelo Conselho Nacional de Justiça (CNJ) – "Justiça em Números", em 2008, o primeiro grau da Justiça estadual recebeu 12,2 milhões de casos novos; em 2009, recebeu 12,5 milhões de casos novos; e, em 2010, recebeu 17,7 milhões de casos novos. Já os magistrados de segundo grau receberam, em 2008, 1,8 milhão de processos novos; em 2009, 1,7 milhão de processos novos; e, em 2010, 1,8 milhão de processos novos.[27]

Por outro lado, a título ilustrativo, verifica-se que no Supremo Tribunal Federal o número de processos julgados em 1990 equivalia a 16.449, enquanto em 2011 o número de processos julgados foi de 97.380.[28]

A crescente quantidade de demandas é evidenciada não apenas pelos dados existentes, mas também pelos próprios juízes através dos atos judiciais. Não raramente verificam-se nas ações repetitivas verdadeiros desabafos dos julgadores na condução dos feitos. Visando ilustrar tal alegação é curioso verificar a decisão proferida pelo Juiz de Direito Rodrigo de Azevedo Bortoli, da Vara Judicial da Comarca de Tapera-RS, no processo nº 136/1.06.0000777-0:

> Está-se diante de (MAIS) uma das tantas "ações de massa", sendo que demandas com tal conteúdo há muito já tramitaram perante todo Judiciário Gaúcho (quiçá, brasileiro), algumas delas já devidamente concluídas (inclusive em sua fase de execução ou de cumprimento). E perante este Juízo os profissionais que patrocinaram a presente também patrocinaram ou patrocinam várias outras idênticas, o que faz com que possuam elementos para apontar a vantagem econômica que deverá advir de eventual juízo de procedência.(...).[29]

Constata-se que até bem pouco tempo atrás os litígios versavam sobre heranças, direito de propriedade, servidões ou usufruto.[30] Todavia, nos dias de hoje, as demandas versam sobre a abusividade da cobrança de juros, a presta-

---

[27] BRASÍLIA. Distrito Federal. Conselho Nacional de Justiça (CNJ). Pesquisa justiça em números 2008 mostra radiografia da Justiça estadual. *Notícia*. Justiça em Números 2008. Departamento de Pesquisas Judiciárias do CNJ. Disponível em: <http://www.cnj.jus.br/component/content/article/96-noticias/6725-pesquisa-justica-em-numeros-2008-mostra-radiografia-da-justica-estadual.>. Acesso em: 10 jul. 2012.

[28] BRASÍLIA. Supremo Tribunal Federal. *Estatísticas do STF*. Pesquisa por classe. Processos Protocolados, Distribuídos e Julgados por classe processual – 1990 a 2011. Portal de Informações Gerenciais do STF. Assessoria de Gestão Estratégica. Disponível em: <http://www.stf.jus.br/portal/cms/verTexto.asp?servi co=estatistica&pagina=pesquisaClasse>. Acesso em: 30 jan. 2012. Antônio Adonias Aguiar Bastos aponta que, entre 1940 e 2007, houve um aumento de 4.932,78% de processos protocolados no Supremo Tribunal Federal contra 446,36% equivalente ao aumento da população brasileira no mesmo período (BASTOS, Antônio Adonias Aguiar. Situações jurídicas homogêneas: um conceito necessário para o processamento das demandas de massa. *Revista de Processo,* São Paulo, v. 35, n. 186, p. 87-107, ago. 2010).

[29] RIO GRANDE DO SUL. Vara Judicial da Comarca de Tapera. *Processo nº 136/1.06.0000777-0*. Brasil Telecom S.A. e Ivani Terezinha Graeff. Julgador: Juiz de Direito Rodrigo de Azevedo Bortoli. Julgado em: 23 ago. 2006. Publicado em 01 set. 2006, nota de expediente nº 199/2006.

[30] ZANFERDINI, Flávia de Almeida Montingelli. *Tendência universal de sumarização do processo civil e a busca da tutela de urgência proporcional.* Tese (Doutorado em Direito) – Faculdade de Direito. Pontifícia Universidade Católica de São Paulo, São Paulo, 2007. p. 29.

ção dos serviços de telefonia, indenizações de diversas espécies, reintegração ao trabalho, pensões alimentares, dentre outros.

Segundo Carlos Alberto Alvaro de Oliveira:

> O tempo tornou-se em nossos dias um dos parâmetros fundamentais da Justiça moderna em face da mudança de natureza qualitativa dos litígios, na maior parte surgidos em virtude da massificação da economia, abrangendo um número enorme de pessoas de poucos ou médios recursos. A tudo isso se acrescenta a extraordinária velocidade do mundo atual, decorrente da revolução informática, a exigir um novo paradigma de Justiça, certamente diverso do modelo iluminista que inaugurou a modernidade.[31]

Antonio Adonias Aguiar Bastos destaca que "além de terem experimentado uma mudança qualitativa, as relações materiais passaram por um significativo aumento quantitativo".[32]

Esta mudança qualitativa é também destacada por Roger Perrot ao sustentar que a massa litigiosa não se limitou a aumentar em quantidade: também qualitativamente se modificou a fundo. "Eis aí um aspecto em que se pensa bem menos e que, todavia, merece a maior atenção".[33]

O jurista francês ressalta que, no século XIX, os litígios versavam em geral sobre propriedade de terras. Litigava-se, com frequência, família contra família, ao longo de várias gerações. Ora, em nossos dias, é diferente o contexto. A grande maioria dos processos envolve questões que impregnam nossa vida quotidiana.[34]

Desta feita, cumpre que nos rendamos à evidência: sociologicamente, o processo deslocou-se na direção de camadas populacionais de condições mais modestas, que vivem de seus ganhos e são comumente designadas por classes médias.[35]

Com efeito, a conjugação de aspectos quantitativos e qualitativos merece ser considerada na análise das ações repetitivas no Direito brasileiro.

1.1.1. As novas necessidades da sociedade e o aumento dos litígios

Ao longo do século XX, os padrões de consumo sofreram alterações frente a uma enorme acessibilidade a diversos tipos de bens e serviços combinados a uma pressão social forte no sentido da sua aquisição.

---

[31] ALVARO DE OLIVEIRA, Carlos Alberto. Efetividade e processo de conhecimento. *Revista da Ajuris,* Porto Alegre, v. 26, n. 75, p. 135, set. 1999.

[32] BASTOS, Antônio Adonias Aguiar. Situações jurídicas homogêneas: um conceito necessário para o processamento das demandas de massa. *Revista de Processo,* São Paulo, v. 35, n. 186, p. 89, ago. 2010.

[33] PERROT, Roger. O processo civil francês na véspera do século XXI. Tradução de José Carlos Barbosa Moreira. Revista Forense, Rio de Janeiro, v. 94, n. 342, p. 162, abr. 1998.

[34] Ibidem, p. 162.

[35] Ibidem, p. 162.

Conforme dados obtidos junto ao sítio do Instituto Brasileiro de Geografia e Estatística – IBGE –, em 1950, havia, no país, 33 milhões de camponeses, enquanto 19 milhões de pessoas viviam nas cidades. Já em 1980, a população do campo era de 39 milhões, e as cidades contavam com mais de 80 milhões de habitantes.[36]

Não apenas ao progresso tecnológico pode ser imposta a causa da transformação apontada, mas também ao desenvolvimento cultural experimentado nos últimos tempos, especialmente após a Segunda Guerra Mundial. A informação e o conhecimento advindos dos novos meios de comunicação têm aceleradamente se expandido provocando transformações sem precedentes, uma verdadeira revolução cultural, com reflexo direto nas relações econômicas locais e internacionais.[37]

É inegável que, face à evolução tecnológica, a sociedade de consumo alterou as suas necessidades. As invenções e a difusão cultural são processos que ocasionam mudanças sociais, pois suscitam modificações nos costumes, relações sociais e instituições.[38]

Neste contexto, as relações sociais se tornaram mais complexas.

O mundo contemporâneo trouxe um progresso material impressionante de descobertas e inovações tecnológicas. Ao desenvolvimento e progresso das metrópoles industriais é possível atribuir o enorme crescimento das classes médias urbanas e, com elas, o destaque de estrela e vilã do nosso século: a cultura de massa.[39]

Edgar Morin esclarece que cultura de massa é aquela produzida segundo as normas maciças da fabricação industrial; propagada pelas técnicas de difusão; destinando-se a uma massa social, isto é, um aglomerado gigantesco de indivíduos compreendidos aquém e além das estruturas internas da sociedade.[40]

Para Mauro Cappelletti:

> Todas as sociedades avançadas do nosso mundo contemporâneo são, de fato, caracterizadas por uma organização econômica cuja produção, distribuição e consumo apresentam proporções de massa. Trata-se de característica que, por outro lado,

---

[36] INSTITUTO BRASILEIRO DE GEOGRAFIA E ESTATÍSTICA (IBGE). *Dados históricos dos censos.* Disponível em: <www.ibge.gov.br/home/estatistica/populacao/censohistorico/1940-1996.shtm>. Acesso em: 30 jul. 2012.

[37] GANDELMAN, Henrique. *De Gutenberg à internet:* direitos autorais na era digital. Rio de Janeiro: Record, 1997. p. 21.

[38] OLIVEIRA, Pérsio Santos de. *Introdução à sociologia.* 19. ed. São Paulo: Ática, 1998, p. 134.

[39] SILVA, Jaqueline Mielke. Tutela de urgência e pós-modernidade: a inadequação dos mecanismos atualmente positivados à realidade social. In: ARMELIN, Donaldo (Coord.). *Tutelas de urgência e cautelares:* estudos em homenagem a Ovídio A. Baptista da Silva. São Paulo: Saraiva, 2010, p. 231.

[40] MORIN, Edgar. *Cultura de massas no século XX:* o espírito do tempo 1 neurose. 10. ed. Tradução de Maura Ribeiro Sardinha. Rio de Janeiro: Forense Universitária, 2011, p. 14.

ultrapassa o simples fator econômico, para se referir também à relações, comportamentos, sentimentos e conflitos sociais.[41]

Consoante Vânia Márcia Damasceno Nogueira, "a produção em série, cuja gênese se deu na Revolução Industrial impregnou a pós-modernidade, de tal forma que até os conflitos sociais surgem em série".[42]

Guilherme Rizzo Amaral registra que:

> Os indivíduos, no passado, estavam acostumados a pagar à vista – e em dinheiro – pelos produtos necessários a sua subsistência, agora saem em busca de televisões plasma ou LCD, telefones celulares de última geração, eletrodomésticos e até mesmo viagens a turismo.[43]

A proximidade e a proliferação dos locais de compra exercem um efeito de atração e sedução dos consumidores, funcionando como um incentivo à aquisição continuada e à produção de novas necessidades.[44]

Francesco Carnelutti refere que "as necessidades dos homens são ilimitadas e os bens são limitados. Infelizmente, os bens, ao mesmo tempo que satisfazem certas necessidades, estimulam outras".[45]

Segundo Marco Félix Jobim, "trata-se da noção de hiperconsumismo, ou seja, de as pessoas estarem a cada dia mais sendo hiperconsumidoras de um mercado altamente atrativo para este fim".[46] Para o autor, o hiperconsumismo

---

[41] CAPPELLETTI, Mauro. *Juízes legisladores?*. Tradução de Carlos Alberto Alvaro de Oliveira. Porto Alegre: Fabris, 1999, p. 57.

[42] NOGUEIRA, Vânia Márcia Damasceno. O movimento mundial pela coletivização do processo e seu ingresso e desenvolvimento no direito brasileiro. *De Jure: Revista Jurídica do Ministério Público do Estado de Minas Gerais,* Belo Horizonte, n. 12, p. 327-328, jan./jun. 2009. A expressão "pós-modernidade" é polêmica e não há unanimidade na determinação do marco para o início deste processo. A expressão batiza um contexto sócio-histórico particular, que se funda na base de reflexões críticas acerca do esgotamento dos paradigmas instituídos e construídos pela modernidade (BITTAR, Eduardo Carlos Bianca. O direito na pós-modernidade. *Revista Sequência,* Florianópolis: UFSC, Brasil, ISSN 2177-7055, n. 57, p. 131, dez. 2008). Para Boaventura de Sousa Santos, o que se chama de pós-modernidade ou pós-modernismo é um movimento sociocultural que ganhou impulso a partir da segunda metade do século XX. Pós-modernismo é o nome aplicado às mudanças ocorridas nas ciências, nas artes e nas sociedades avançadas desde 1950, quando, por convenção, se encerra o modernismo (1900-1950). Ele nasce com a arquitetura e a computação nos anos 60. Cresce ao entrar pela filosofia, durante os anos 70, como crítica da cultura ocidental. E amadurece hoje, alastrando-se na moda, no cinema, na música e no cotidiano programado pela tecnociência (ciência + tecnologia invadindo o cotidiano com desde alimentos processados até microcomputadores) sem que ninguém saiba se é decadência ou renascimento cultural (SANTOS, Boaventura de Sousa. *A crítica da razão indolente:* contra o desperdício da experiência. São Paulo: Cortez, 1986, v. I, p. 7-8).

[43] AMARAL, Guilherme Rizzo. Efetividade, segurança, massificação e a proposta de um "incidente de resolução de demandas repetitivas". *Revista de Processo,* São Paulo, v. 36, n. 196, p. 248, jun. 2011.

[44] FRADE, Catarina; MAGALHÃES, Sara. Sobreendividamento, a outra face do crédito. In: MARQUES, Claudia Lima; CAVALLAZZI, Rosângela Lunardelli (Coord.). *Direitos do consumidor endividado:* superendividamento e crédito. São Paulo: Editora dos Tribunais, 2006, p. 26.

[45] CARNELUTTI, Francesco. *Como nasce o direito.* Tradução de Ricardo Rodrigues Gama. 3. ed. Campinas: Russell, 2006, p. 13.

[46] JOBIM, Marco Félix. *Cultura, escolas e fases metodológicas do processo.* Porto Alegre: Livraria do Advogado, 2012, p. 40.

acaba sendo, em dois momentos, um alavancador de processos perante o Poder Judiciário:

> Numa primeira visão, as pessoas, consumindo mais, estão mais propensas a que ocorram problemas nestas relações, acabando estes por serem resolvidos no Poder Judiciário. Por segundo, essas mesmas pessoas que consomem em demasia tudo em sua vida, também um dia serão consumidoras do Poder Judiciário, pela própria cultura incorporada em seu ser (...).[47]

Outrossim, a privatização dos serviços públicos também figura como fator para a massificação dos litígios. Antigamente serviços como telefonia e energia elétrica eram prestados apenas pelo Estado. No entanto, a privatização ensejou a universalização desses serviços, que passaram a alcançar uma massa enorme da população. Com isso, ampliou-se a relação entre o consumidor e o fornecedor, agravando-se ou evidenciando-se a hipossuficiência do primeiro.[48]

Exemplo do questionamento em juízo de serviço público privatizado são as milhares de ações judiciais que versam sobre a cobrança de assinatura básica mensal pelas empresas de telefonia, cuja problemática é citada por Kazuo Watanabe:

> Um caso paradigmático desses equívocos da atualidade, que vem causando enormes embaraços em nossa justiça, é o pertinente às tarifas de assinatura telefônica. Num só Juizado Especial Cível da Capital de São Paulo foram distribuídas mais de 30.000 demandas individuais dessa espécie, que, em nosso sentir (...) são demandas pseudoindividuais. Em todo o Estado de São Paulo, há mais de 130.000 feitos dessa natureza, que são idênticos aos juizados, aos milhares, em vários outros Estados da Federação.[49]

O papel do Estado como vilão do processo de massificação é destacado por Guilherme Rizzo Amaral:

> O Estado é responsável direito e indireto pelo problema. Diretamente, é massivamente demandado por não honrar as suas próprias dívidas – amparado pelo calote oficial dos precatórios –, por prestar um serviço público de má qualidade ou por nem sequer prestá-lo, bem como por manifestar a sua sanha arrecadatória instituindo tributos contrários à Constituição Federal de 1988, valendo-se de todo e qualquer recurso cabível para dar uma sobrevida às ilegalidades cometidas. Indiretamente, seus planos econômicos mal fadados geraram reflexos até hoje sentidos, a exemplo das milhares de demandas relacionadas aos expurgos inflacionários.[50]

---

[47] JOBIM, Marco Félix. *Cultura, escolas e fases metodológicas do processo.* Porto Alegre: Livraria do Advogado, 2012, p. 41-42.

[48] AMARAL, Guilherme Rizzo. Efetividade, segurança, massificação e a proposta de um "incidente de resolução de demandas repetitivas". *Revista de Processo,* São Paulo, v. 36, n. 196, p. 237-275, jun. 2011.

[49] WATANABE, Kazuo. Relação entre demanda coletiva e demandas individuais. In: GRINOVER, Ada Pellegrini ... [et al.]. (Coords.). *Direito processual coletivo e anteprojeto de Código de Brasileiro de Processos Coletivos.* São Paulo: Revista dos Tribunais, 2007, p. 158-159.

[50] AMARAL, Guilherme Rizzo. Efetividade, segurança, massificação e a proposta de um "incidente de resolução de demandas repetitivas". *Revista de Processo,* São Paulo, v. 36, n. 196, p. 249, jun. 2011.

Elaine Harzheim Macedo e Marco Félix Jobim referem que os planos governamentais (Bresser, Verão e Collor) praticados no final da década de oitenta, desastrosos quanto aos efeitos sobre as contas dos poupadores brasileiros, ensejaram a propositura, em tempo apertado, de milhares de ações discutindo as diferenças resultantes das alterações dos índices de correção monetária, colocando em risco a própria administração da justiça, absolutamente despreparada para a hemorrágica distribuição de processos.[51]

A este respeito, Sidnei Agostinho Beneti registra que um eloquente exemplo de "macrolide" multitudinária refere-se à correção monetária de depósitos em caderneta de poupança, em decorrência de quatro passados planos econômicos, a qual produziu o ajuizamento de processos individuais que se estimam em 750.000 e em torno de 1.500 ações coletivas no território nacional.[52]

Conforme gráfico abaixo, obtido junto à recente pesquisa realizada pela Fundação Getúlio Vargas (FGV) – "Supremo em Números", identifica-se que o Poder Executivo é o principal usuário do Supremo Tribunal Federal. Os órgãos ligados ao Executivo Federal respondem por 90% dos processos levados ao Supremo Tribunal Federal, tanto na condição de autor, quanto como na de réu.[53]

Figura 2: Gráfico de natureza das partes mais representativas da *persona* recursal no Supremo Tribunal Federal

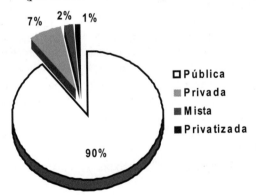

Fonte: Fundação Getúlio Vargas Direito RIO (FGV), 2011.

---

[51] MACEDO, Elaine Harzheim; JOBIM, Marco Félix. Ações coletivas x ações individuais: uma questão de efetividade e tempestividade processual conforme a Constituição. *Revista da AJURIS: Associação dos Juízes do Rio Grande do Sul*, Porto Alegre, v. 35, n. 112, p. 84, dez. 2008.

[52] BENETI, Sidnei Agostinho. A reforma do Código de Processo Civil e os recursos para os tribunais superiores. *Revista de Informação Legislativa*, Brasília, v. 48, n. 190, t. II, p. 246, abr./jun. 2011.

[53] RIO DE JANEIRO, Rio de Janeiro. *Fundação Getúlio Vargas Direito RIO (FGV)*. Pesquisa: Supremo em números. Apoio: Escola de Matemática aplicada – FGV. Coordenação: Paulo Cedreira. I Relatório – Autores: Joaquim Falcão; Paulo Cedreira; Diego Werneck. Rio de Janeiro, abr. 2011. p. 22.

Por outro lado, a partir da década de oitenta do século passado, a advocacia, até então eminentemente artesanal, formada por conjuntos de profissionais liberais associados, passa a incorporar grandes estruturas profissionais, verdadeiros exércitos de funcionários envolvidos em atividades repetitivas na produção de serviço jurídico.[54]

Frente aos diversos conflitos provocados pela produção e consumo em massa de bens e serviços, conforme observa Guilherme Rizzo Amaral, passou-se a verificar terreno propício para o oportunismo por parte de determinados profissionais. A saturação do mercado de advocacia acaba contribuindo sensivelmente para o aumento do número de litígios:

> Com o mercado de advocacia saturado, verifica-se o oportunismo de determinados profissionais, que assediam clientes – na mídia inclusive – propondo soluções milagrosas para salvá-los de toda e qualquer dificuldade, mesmo que esta se consubstancie no estrito cumprimento dos compromissos livremente pactuados. (...) Já os órgãos de classe não punem com rigor a publicidade dos serviços de advocacia que incita ao litígio.[55]

A fim de exemplificar a incitação ao litígio por parte de determinados profissionais,[56] transcreve-se pequeno trecho de sentença proferida, em 10 de junho de 2002, pelo Juiz de Direito Breno Brasil Cuervo, da 2ª Vara Cível da Comarca de Santa Cruz-RS, no processo nº 026/1.03.0006941-0:

> Durante o ano de 2001, a partir do mês de abril, tive a honra de exercer a direção do Foro desta Comarca de Santa Cruz do Sul. Qual não foi minha surpresa quando, certo dia, chegou às minhas mãos uma espécie de "carta circular" remetida por um escritório de advocacia, cujo propósito era alertar o destinatário sobre a possibilidade real de acionar a CRT e haver significativa quantia em dinheiro, por conta de diferenças de ações a que teria direito o proprietário de linha telefônica.
>
> Quer dizer: na ânsia de captar o maior número de clientes possível, provavelmente selecionados aleatoriamente pelo número do telefone, os responsáveis pelo escritório acabaram brindando o próprio Poder Judiciário com a tal correspondência...
>
> Independentemente do nome com que se queira qualificar este procedimento, uma coisa é certa, isto não é ético!!!
>
> E o Direito, desnecessário seria dizê-lo, não pode compactuar com a falta de ética.
>
> Tampouco o Judiciário deveria...[57]

---

[54] RODRIGUES, Ruy Zoch. *Ações repetitivas:* casos de antecipação de tutela sem o requisito de urgência. São Paulo: Revista dos Tribunais, 2010, p. 33.

[55] AMARAL, Guilherme Rizzo. Efetividade, segurança, massificação e a proposta de um "incidente de resolução de demandas repetitivas". *Revista de Processo,* São Paulo, v. 36, n. 196, p. 249, jun. 2011.

[56] O art. 7º do Código de Ética e Disciplina da OAB veda a publicidade de serviço de advocacia que incita ao litígio: "É vedado o oferecimento de serviços profissionais que impliquem, direta ou indiretamente, inculcação ou captação de clientela."

[57] RIO GRANDE DO SUL. 2ª Vara Cível da Comarca de Santa Cruz. *Processo nº 026/1.03.0006941-0.* Brasil Telecom e Claus Dieter Scheltke. Julgado em: 10 jun. 2002. Publicado em: 19 jun. 2002, nota de expediente nº 207/2002.

Neste cenário, o papel de protagonista da multiplicidade de ações é exercido, em boa parte das vezes, pelo mesmo tipo de litigante, geralmente a União, Estados, Municípios e suas entidades para estatais,[58] bem como, instituições financeiras, consórcios, planos de saúde, estabelecimentos de ensino, prestadores de assistência técnica, fornecedores e seus concessionários.

Humberto Theodoro Junior, Dierle Nunes e Alexandre Bahia identificam três tipos de litigiosidade: "a individual ou de varejo", que envolve lesões e ameaças a direito de forma isolada; a "coletiva", que envolve direitos coletivos *lato sensu*; e a "litigiosidade em massa ou em alta intensidade", que trata de ações individuais repetitivas ou seriais, que possuem como base pretensões isomórficas com especificidades, mas que apresentam questões (jurídicas e/ou fáticas) comuns para a resolução da causa.[59]

Segundo Ruy Zoch Rodrigues, do ponto de vista operacional, pode-se identificar duas categorias de jurisdição no sistema processual contemporâneo: "jurisdição convencional" e "jurisdição massificada", ou, numa imagem de puro apelo didático: "jurisdição de varejo" e "jurisdição de atacado". Esclarece o autor:

> A que se produz observando o diálogo crítico do julgador com as partes, o contato pessoal com os fatos da causa, a ponderação e o próprio sentimento do juiz, e que se pode denominar de "jurisdição convencional", atenta aos princípios basilares do processo (contraditório, ampla defesa e devido processo legal), e a "jurisdição massificada", em que se produz mediante a repetição burocratizada e em série, uma decisão padrão. O modelo de "jurisdição convencional" é adequado para os litígios não repetitivos e para resolver os primeiros casos das demandas repetitivas que irão definir as decisões-padrão.[60]

Constata-se que, tanto o tipo de litigiosidade, quanto o tipo de litigante, estão "umbilicalmente interligados".[61] As demandas de massa, envolvendo a mesma questão de direito e os mesmos tipos de litigante ocupando um dos pólos, passaram a ser denominadas pela comunidade jurídica, entre outros, como ações repetitivas, ou ainda, *group actions*.[62]

Sidnei Agostinho Beneti denominou-as de "macrolides". A economia em escala, a documentação informática e a comunicação eletrônica produziram no

---

[58] BENETI, Sidnei Agostinho. Assunção de competência e *fast-track* recursal. *Revista de Processo*, São Paulo, v. 34, n. 171, p. 9, maio 2009.

[59] THEODORO JÚNIOR, Humberto; NUNES, Dierle; BAHIA, Alexandre. Litigiosidade em massa e repercussão geral no recurso extraordinário. *Revista de Processo*, São Paulo, v. 34, n. 177, p. 20-21, nov. 2009.

[60] RODRIGUES, Ruy Zoch. *Ações repetitivas:* casos de antecipação de tutela sem o requisito de urgência. São Paulo: Revista dos Tribunais, 2010, p. 40-41.

[61] BORGES, Marcus Vinícius Motter. *O julgamento por amostragem nos recursos especiais repetitivos:* celeridade e efetividade da prestação jurisdicional no âmbito do Superior Tribunal de Justiça. Dissertação (Mestrado) – Faculdade de Direito, Pós-Graduação em Direito, Pontifícia Universidade Católica do Rio Grande do Sul, Porto Alegre, 2010, p. 141.

[62] Ibidem, p. 141.

Judiciário o resultado da geração de números elevados de recursos relativos a lides individuais idênticas:

> A individualização, entretanto, é mais aparente do que real. Integram elas, em verdade, a mesma "macrolide" econômica. É o que se passa nas ações envolvendo entes jurídicos de intensa prática negocial repetitiva, geralmente, no âmbito privado, instrumentalizados por contratos de adesão e, no âmbito público, pelo relacionamento jurídico decorrente de situações administrativas e tributárias (...).[63]

Portanto, no cenário contemporâneo, consoante observa Flaviana Rampazzo Soares,

> quanto mais complexas são as relações sociais, maiores são as possibilidades de se ocasionar uma lesão à esfera jurídica alheia e mais eficiente deve ser a resposta a ser dada pelo direito com a finalidade de que as marcas maléficas dos danos decorrentes de atos ilícitos sejam apagadas ou pelo menos, reduzidas.[64]

A interação de fenômenos como a produção em série, a urbanização e o capitalismo, agindo permanentemente uns sobre os outros,[65] bem como a aceleração do ritmo da economia, acabaram se tornando um alavancador de processos perante o Poder Judiciário. Assim, se a massificação é um fenômeno inseparável da dinâmica social, é inevitável que a maior abertura da justiça aos conflitos sociais comporte a sua consequente massificação.[66]

1.1.2. O papel do Estado face à nova sociedade de consumo

Com a ampliação da complexidade socioeconômica há o surgimento de novos conflitos, o que conduz à necessidade de adequação do direito.

Pontes de Miranda leciona que "fato social é a relação de adaptação do indivíduo à vida social, a uma, duas ou mais coletividades de que faça parte, ou adaptação destas aos indivíduos, ou entre si".[67]

Com efeito, o processo progride no tempo.[68] Logo, se o processo pode ser visto como instrumento, é absurdo pensar em neutralidade do processo em relação ao direito material e à realidade social.[69]

---

[63] BENETI, Sidnei Agostinho. Assunção de competência e fast-track recursal. *Revista de Processo,* São Paulo, v. 34, n. 171, p. 10, maio 2009.

[64] SOARES, Flaviana Rampazzo. *Responsabilidade civil por dano existencial.* Porto Alegre: Livraria do Advogado, 2009, p. 25.

[65] RODRIGUES, Ruy Zoch. *Ações repetitivas:* casos de antecipação de tutela sem o requisito de urgência. São Paulo: Revista dos Tribunais, 2010, p. 30-31.

[66] Ibidem, p. 40. Na definição de Galeno Lacerda, "tudo isto, enfim, que define a cultura e a civilização de um povo, há de retratar-se no processo em formas, ritos e juízos correspondentes" (LACERDA, Galeno de. Processo e cultura. *Revista de Direito Processual Civil,* São Paulo, ano 3, p. 75, 1962).

[67] PONTES DE MIRANDA, Francisco Cavalcanti. *Sistema de ciência positiva do direito.* 2. ed. Tomo 1. Rio de Janeiro: Borsoi, 1972, p. 158.

[68] TESHEINER, José Maria Rosa; MILHORANZA, Mariângela Guerreiro. *Temas de direito e processos coletivos.* Porto Alegre: HS Editora, 2010, p. 31-32.

Na visão de Jaqueline Mielke Silva, "o grande problema jurídico na atualidade é como pensar o Direito, como operar com o Direito neste período de grandes transformações pelo qual se passa, nesta forma de sociedade que muitos chamam, por uma questão de comodidade, de globalização".[70]

Examinar o Direito dentro da globalização implica relacioná-lo com a complexidade, com todos os processos de diferenciação e regulação social que estão surgindo.[71]

O ordenamento jurídico não pode ser indiferente às alterações quantitativas e qualitativas dos litígios. O Direito não pode ficar no contemplar do tempo.[72]

Como destaca Luís Roberto Barroso, "é preciso comprometer-se com o avanço civilizatório e com a causa da humanidade, de modo a desobstruir o caminho e dar passagem ao progresso social".[73]

Em atenção à realidade social, verifica-se que os litígios tendem a aumentar na mesma relação em que cresce a economia de mercado.

Neste cenário, pode-se dizer que o Código de Processo Civil de 1973 se encontra vencido pelo tempo e pelas complexas mudanças por que tem passado a sociedade brasileira nas últimas quatro décadas, a exemplo do que se passa em todo o mundo civilizado.[74]

Segundo o ex-Presidente do Senado Federal, José Sarney, o Projeto de novo Código de Processo Civil representa:

> Uma reforma há muito reclamada pela sociedade e especialmente pelos agentes do Direito, magistrados e advogados. Visa atender aos anseios dos cidadãos no sentido de privilegiar a simplicidade de linguagem e da ação processual, a celeridade do processo e a efetividade do resultado da ação, além do estímulo à inovação e à modernização de procedimentos.[75]

---

[69] MARINONI, Luiz Guilherme. *Técnica processual e tutela dos direitos.* 3. ed. São Paulo: Revista dos Tribunais, 2010, p. 148.

[70] SILVA, Jaqueline Mielke. Tutela de urgência e pós-modernidade: a inadequação dos mecanismos atualmente positivados à realidade social. In: ARMELIN, Donaldo (Coord.). *Tutelas de urgência e cautelares:* estudos em homenagem a Ovídio A. Baptista da Silva. São Paulo: Saraiva, 2010, p. 693.

[71] ROCHA, Leonel Severo. *Epistemologia jurídica.* 2. ed. São Leopoldo: UNISINOS, 2003, p. 185.

[72] TESHEINER, José Maria Rosa, MILHORANZA, Mariângela Guerreiro. *Temas de direito e processos coletivos.* Porto Alegre: HS Editora, 2010, p. 31-32.

[73] BARROSO, Luís Roberto. A americanização do direito constitucional e seus paradoxos: teoria e jurisprudência constitucional no mundo contemporâneo. *ILSA Journal of International and Comparative Law,* v. 16, n. 3, p. 104, Summer 2010.

[74] AMARAL, Guilherme Rizzo. A nova execução (Leis nº 11.232/2005 e 11.382/2006) e Direito Intertemporal. *Revista Forense,* Rio de Janeiro: Forense, v. 103, n. 392, p. 101, jul./ago. 2007.

[75] SARNEY, José. *Anteprojeto do Novo Código de Processo Civil.* Comissão de Juristas Responsável pela Elaboração do Anteprojeto do Novo Código de Processo Civil. Brasília: Senado Federal, Subsecretaria de Edições Técnicas, 2010, p. 8-9.

Inegavelmente, numa sociedade que evolui rapidamente, as leis sucedem-se em ritmo acelerado e fatalmente geram um contencioso mais abundante. Os cidadãos contemporâneos são mais bem informados de seus direitos do que no século passado, dessa forma, já não hesitam em dirigir-se aos tribunais ante a menor dificuldade e, se necessário, recorrendo a todos os graus da hierarquia judiciária.[76]

A sociedade pós-moderna ampliou a complexidade socioeconômica e política, conduzindo à necessidade de defesa de interesses. Cada vez mais os cidadãos tornam-se reféns do mercado e incapazes de se prevenir acautelando-se com a escolha de adequado produto ou sujeito no outro polo da relação jurídica de direito material. Resta, desta forma, indispensável a intervenção do juiz para solução dos conflitos.[77]

Diariamente, na sociedade contemporânea, créditos são distribuídos indiscriminadamente e não raramente põem o consumidor na necessidade de ir a juízo para escapar de cláusulas abusivas ou à cobrança de juros abusivos.[78]

Consoante Paul Krugman, "uma economia de mercado perfeitamente competitiva é normalmente eficiente: não há maneira de melhorar a situação de algumas pessoas sem piorar a de outras".[79]

Francesco Carnelutti pondera que:

O lema da economia é, infelizmente, *homo homini lupus*; o homem, economicamente, comporta-se diante de outro homem como um animal predador. Os limites entre o ter de um homem e o ter de outro homem, em vez de ser respeitados, são violados.[80]

Relações em massa implicam conflitos em massa e exigem do Estado uma atuação mais efetiva para solucioná-los.[81]

Mauro Cappelletti menciona que "quanto mais a sociedade se torna próspera, urbana, tecnologicamente avançada, economicamente dinâmica, e inovadora no campo da química, (...) se acentua a necessidade de intervenção e controle governamental".[82]

---

[76] PERROT, Roger. O processo civil francês na véspera do século XXI. Tradução de J. C. Barbosa Moreira. Revista Forense, Rio de Janeiro, v. 94, n. 342, p. 164, abr. 1998.

[77] PORTANOVA, Rui. *Princípios do processo civil.* 8. ed. Porto Alegre: Livraria do Advogado, 2013, p. 173.

[78] PERROT, Roger. O processo civil francês na véspera do século XXI. Tradução de J. C. Barbosa Moreira. Revista Forense, Rio de Janeiro, v. 94, n. 342, p. 164, abr. 1998.

[79] KRUGMAN, Paul; WELLS, Robin. *Introdução à economia.* 2. ed. Rio de Janeiro: Elsevier, 2011, p. 282.

[80] CARNELUTTI, Francesco. *Como nasce o direito.* Tradução de Ricardo Rodrigues Gama. 3. ed. Campinas: Russell, 2006, p. 14.

[81] NOGUEIRA, Vânia Márcia Damasceno. O movimento mundial pela coletivização do processo e seu ingresso e desenvolvimento no direito brasileiro. *De Jure: Revista Jurídica do Ministério Público do Estado de Minas Gerais,* Belo Horizonte, n. 12, p. 344, jan./jun. 2009.

[82] CAPPELLETTI, Mauro. *Juízes legisladores?.* Tradução de Carlos Alberto Alvaro de Oliveira. Porto Alegre: Fabris, 1999, p. 36.

No mesmo sentido, José Eduardo Campos de Oliveira Faria sustenta que:

> Como a globalização é um fenômeno perverso, aprofundando a exclusão social à medida que os ganhos de produtividade são obtidos às custas da degradação salarial, da informatização da produção e do subseqüente fechamento de postos de trabalho convencional na economia formal, a simbiose entre marginalidade econômica e marginalidade social torna o Estado-nação responsável pela preservação da ordem, da segurança e da disciplina.[83]

Por conseguinte, verifica-se que o aumento irrazoável do número de processos e recursos que atualmente assolam o Poder Judiciário está diretamente interligado com a evolução e consequente complexidade das relações socioeconômicas.

Pertinente referir que se o número de demandas aumenta vertiginosamente a cada dia e assim também se passa com as complexas relações socioeconômicas, o processo civil contemporâneo precisa ser capaz de solucionar os impasses do mundo cotidiano.

O congestionamento do Poder Judiciário provocado pelas ações repetitivas produziu práticas massificadas de prestação jurisdicional, naquilo que se vem denominando a "burocratização da justiça".[84] Ruy Zoch Rodrigues salienta que o aumento de processos produz a necessidade de planejamento cada vez mais baseado em rotinas, eis que não se pode prestar jurisdição da mesma forma em toda a massa de ações.[85]

Segundo Andrea Carla Barbosa e Diego Martinez Fervenza Cantoario, as ações repetitivas, em sua maioria, ao contrário dos tempos de outrora, já não são singulares a ponto de se exigir um cuidado artesanal na prolação dos julgados. O que se tem atualmente é a necessidade de racionalização do exercício da atividade jurisdicional em prol da consecução de outros princípios, tais

---

[83] FARIA, José Eduardo Campos de Oliveira. As perspectivas do judiciário. *Diálogos e Debates,* São Paulo, Escola Paulista de Magistratura, v. 2, n. 3, p. 63, 2002.

[84] RODRIGUES, Ruy Zoch. *Ações repetitivas:* casos de antecipação de tutela sem o requisito de urgência. São Paulo: Revista dos Tribunais, 2012, p. 39.

[85] Com efeito, não se pode prestar jurisdição da mesma forma em toda a massa de ações. Os processos convencionais, em que cada caso é um caso, exigem um envolvimento significativo do juiz (RODRIGUES, op. cit., p. 42-47). A título ilustrativo, vale registrar que, segundo pesquisa realizada pelo Conselho Nacional de Justiça (Justiça em Números – Levantamento Estatístico do Poder Judiciário – divulgada em 06/02/2008), a comparação realizada entre os dois maiores Estados brasileiros responsáveis pela quantidade avassaladora de processos nas prateleiras da Justiça Estadual – Rio Grande do Sul e São Paulo – mostra que maneiras diferentes de administração podem ajudar ou atrapalhar a tramitação das ações. Em São Paulo e no Rio Grande do Sul, a justiça tem problemas iguais e resultados diversos (PINHEIRO, Aline. Em SP e RS, Justiça tem problemas iguais e resultados diversos. Justiça em números. *Revista Consultor Jurídico – CONJUR,* 9 fev. 2008. Disponível em: <http://www.conjur.com.br/2008-fev-09/sp_rs_problemas_similares_resultados_diversos>. Acesso em: 10 jul. 2012).

como, isonomia e a razoável duração do processo, ambos constitucionalmente assegurados.[86]

Para Paulo Calmon Nogueira da Gama, há que se retirar o que há de positivo nos instrumentos de racionalização:

> Para atender às demandas em massa, geram-se processos em massa. (...). Procura-se logo por um modelo, uma matriz em que se possa diminuir o tempo necessário para expressar seu posicionamento jurídico no caso que se lhe apresenta. (...) Talvez o melhor seja se adaptar e assumir a era das matrizes eletrônicas, contornando-lhe, tanto quanto possível, seus problemas e fraquezas. Fazê-la trabalhar por nós, sem que, ao contrário, dela nos façamos desnecessariamente seus reféns. E dela tirar o máximo proveito, não só quantitativa, mas qualitativamente, agregando-lhe valores muito caros à atividade jurisdicional, tais como a coerência e a equidade.[87]

Face às novas realidades sociais que caracterizam e constituem a pós-modernidade, é fácil perceber que as partes, uma vez incapazes de prevenir e resolver seus conflitos, acabam por se submeter ao Poder Judiciário. Contudo, a pronta solução do litígio deve respeitar os princípios encontrados em todo Estado Democrático de Direito, como o acesso à justiça e o devido processo legal.[88]

1.2. Do movimento de acesso à justiça no Brasil à litigiosidade em massa

O processo judicial consiste em um instrumento de acesso à justiça. Erige-se o acesso à justiça como princípio informativo da ação e da defesa, na perspectiva de se colocar o Poder Judiciário como local no qual todos os cidadãos podem fazer valer os seus direitos individuais e sociais.[89]

Juarez Freitas ensina que por princípios fundamentais entendem-se os critérios ou as diretrizes basilares do sistema jurídico, que se traduzem como disposições hierarquicamente superiores, do ponto de vista axiológico, às normas escritas (regras) e aos próprios valores (mais genéricos e indeterminados).[90] Existem diversas classificações dos princípios, haja vista que os autores divergem quanto à sua enumeração, apresentando róis mais ou menos extensos.

---

[86] BARBOSA, Andrea Carla; CANTOARIO, Diego Martinez Fervenza. O Incidente de Resolução de Demandas Repetitivas no Projeto de Código de Processo Civil: Apontamentos Iniciais. In: FUX, Luiz (Coord.). *O novo processo civil brasileiro (direito em expectativa): reflexões acerca do projeto do novo Código de Processo Civil*. Rio de Janeiro: Forense, 2011, p. 483-484.

[87] GAMA, Paulo Calmon Nogueira da. *A referência expressa ao autoprecedente como instrumento de coerência, equidade, transparência e racionalização nas manifestações do Parquet*. ASSOCIAÇÃO MINEIRA DO MINISTÉRIO PÚBLICO – AMMP. Biblioteca Eletrônica. Artigos. Disponível em: <http://www.ammp.org.br/inst/artigo/Artigo-21.doc>. Acesso em: 29 jul. 2012.

[88] PORTANOVA, Rui. *Princípios do processo civil*. 8. ed. Porto Alegre: Livraria do Advogado, 2013, p. 173.

[89] Ibidem, p. 113.

[90] FREITAS, Juarez. *A interpretação sistemática do direito*. 5. ed. rev. e amp. São Paulo: Malheiros, 2010, p. 56.

O acesso à justiça é o mais amplo possível no direito brasileiro e é exercido mediante a participação das partes no processo – direito de ação e de defesa – e de pessoas com interesse jurídico na causa (assistentes).[91]

Segundo Araken de Assis, ao proibir os cidadãos de resolverem por si suas contendas, o Estado avocou o poder de resolver os conflitos de interesses, inerentes à vida social, e, correlatamente, adquiriu o dever de prestar certo serviço público, que é a jurisdição. Aos interessados nessa atividade, o Estado reconhece o direito de provocá-la, preventiva ou repressivamente.[92]

O movimento de acesso à justiça foi muito bem traçado por Mauro Cappelletti e Bryant Garth na obra *Acess to justice*.[93] O estudo buscou, a partir da detectação dos óbices ao acesso e da forma mais adequada de superá-los,[94] apresentar as soluções testadas nas diversas partes do globo.[95] As reformas do sistema de justiça foram estruturadas em etapas, denominadas ondas renovatórias.[96]

Na primeira onda renovatória buscou-se fortalecer a assistência judiciária a partir da constatação de que a necessidade de contratar advogado é uma barreira ao ingresso nos Tribunais aos menos favorecidos. A segunda onda – calcada na tese de que o processo tradicional, moldado nas relações individuais, não se adequava aos conflitos de massa então emergentes (obstáculo organizacional) – preconizava a tutela coletiva dos direitos. Já a terceira onda reclamava por mudanças profundas e estruturais na administração da justiça, mais célere, mais conciliatória, acessível, desburocratizada e participativa, incluindo a postura proativa dos magistrados.[97]

No Brasil, o movimento de acesso à justiça não obedece a um arranjo mais ou menos sequencial, no qual cada onda renovatória surge após a consolidação da outra. As três ondas renovatórias emergiram praticamente juntas, na década de 1980, pela conjugação de fatores de cunho político, econômico, social, jurídico e cultural.[98]

Segundo Maria Tereza Sadek,

os anos de 1980 foram palco de uma extraordinária transformação no sistema de justiça. Com a saída da ditadura militar de cena, no início da década de 1980, o Bra-

---

[91] ALVARO DE OLIVEIRA, Carlos Alberto; MITIDIERO, Daniel. *Curso de processo civil:* volume 2, teoria geral do processo civil e parte geral do direito processual civil. São Paulo: Atlas, 2012, p. 24.

[92] ASSIS, Araken de. Garantia de acesso à justiça: benefício da gratuidade. In: TUCCI, José Rogério Cruz e. (Coord.). *Garantias constitucionais do processo civil.* São Paulo: Revista dos Tribunais, 1999, p. 9.

[93] CAPPELLETTI, Mauro; GARTH, Bryant. *Acesso à justiça.* Tradução de Ellen Gracie Northfleet. Porto Alegre: Fabris, 1988.

[94] FERRAZ, Leslie Shérida. *Acesso à justiça:* uma análise dos juizados especiais cíveis no Brasil. Rio de Janeiro: Editora FGV, 2010, p. 77.

[95] PORTO, Sérgio Gilberto. *Lições de direitos fundamentais no processo civil:* o conteúdo processual da Constituição Federal. Porto Alegre: Livraria do Advogado, 2009, p. 45.

[96] FERRAZ, op. cit., p. 77.

[97] Ibidem, p. 78.

[98] Ibidem, p. 78.

sil vivia o sonho de que a democracia resolveria todos os problemas do país". Neste contexto favorável, as idéias desenvolvidas nas diversas partes do globo encontraram sólo fértil para posperar.[99]

Desta forma, praticamente ao mesmo tempo, foram aprovados dois projetos de lei completamente inseridos na temática do acesso à justiça: a Lei dos Juizados Especiais de Pequenas Causas, em 1984, e a Lei da Ação Civil Pública, em 1985.[100]

Em 1984, foi publicada a Lei 7.244, a qual regulamentou a instituição dos Juizados Especiais de Pequenas Causas. Este órgão foi instituído com o objetivo de possibilitar a população o acesso à justiça, ampliando a efetividade das soluções dos litígios.[101]

Já a Lei da Ação Civil Pública, publicada em 1985, que disciplina a responsabilidade por danos causados ao meio-ambiente, ao consumidor, a bens e direitos de valor artístico, estético, histórico, turístico e paisagístico, representou um verdadeiro marco em tema de tutela coletiva de interesses transindividuais.[102]

Posteriormente, a Constituição Federal de 1988 veio dar novo vigor aos instrumentos de efetivação do acesso à justiça.

Refletindo o pensamento da doutrina e a expectativa social, a Constituição Federal estabelece no artigo 5º, inciso LXXIV, que "o Estado prestará assistência jurídica integral e gratuita aos que comprovarem insuficiência de recursos"; e no inciso XXXV, que "a lei não excluirá da apreciação do Judiciário lesão ou ameaça a direito".

A partir dessas normas, decorrem importantes projeções como o direito de ação. O comando constitucional representa a inviabilidade de serem criados obstáculos ao cidadão de buscar seu direito junto ao Poder Judiciário.[103]

Assim, não é só através do processo judicial que se tem acesso à justiça, pelo menos não como valor inerente ao homem. O acesso à justiça não en-

---

[99] SADEK, Maria Tereza. Juizados especiais: o processo inexorável da mudança. In: SLAKMON, Catherine; MACHADO, Maíra Rocha; BOTTINI, Pierpaolo Cruz (Orgs.). *Novas direções na governança da justiça e da segurança*. Brasília: Ministério da Justiça, Secretaria de Reforma do Judiciário, 2006, p. 251.

[100] FERRAZ, Leslie Shérida. *Acesso à justiça:* uma análise dos juizados especiais cíveis no Brasil. Rio de Janeiro: Editora FGV, 2010, p. 80.

[101] Nesta linha, a Constituição Federal prevê no art. 24. "Compete à União, aos Estados e ao Distrito Federal legislar concorrentemente sobre: [...] X – criação, funcionamento e processo do juizado de pequenas causas;". Dispõe o art. 98. "A União, no Distrito Federal e nos Territórios, e os Estados criarão: I – juizados especiais, providos por juízes togados, ou togados e leigos, competentes para a conciliação, o julgamento e a execução de causas cíveis de menor complexidade e infrações penais de menor potencial ofensivo, mediante os procedimentos oral e sumaríssimo, permitidos, nas hipóteses previstas em lei, a transação e o julgamento de recursos por turmas de juízes de primeiro grau;".

[102] KOMATSU, Paula. *Ação coletiva:* evolução histórica. Dissertação (Mestrado em Direito) – Faculdade de Direito, Universidade de São Paulo, São Paulo, 2003, p. 126.

[103] PORTO, Sérgio Gilberto. *Lições de direitos fundamentais no processo civil:* o conteúdo processual da Constituição Federal. Porto Alegre: Livraria do Advogado, 2009, p. 49.

volve apenas a garantia de acesso ao Judiciário, mas a Justiça em todas suas manifestações. É o mais básico dos direitos humanos de um sistema jurídico moderno e igualitário que pretende garantir e não apenas proclamar os direitos de todos.[104]

A realização do direito de acesso à justiça é indispensável à própria configuração de Estado, uma vez que não há como pensar em proibição da tutela privada, e, assim, em Estado, sem se viabilizar a todos a possibilidade de efetivo acesso ao Poder Judiciário.

José Joaquim Gomes de Canotilho esclarece que o direito de acesso aos tribunais conexiona-se com o dever de uma garantia jurisdicional de justiça a cargo do Estado:

> Este dever não resulta apenas do texto da Constituição, mas também de um princípio geral que impõe dever de proteção através dos tribunais como um corolário lógico: (1) do monopólio de coação física legitima por parte do Estado; (2) do dever de manutenção da paz jurídica num determinado território; (3) da proibição de autodefesa a não ser em circunstâncias excepcionais definidas na Constituição e na lei.[105]

Como visto, o século XX foi rico em iniciativas para ampliar o acesso à justiça. No Brasil, especialmente a partir da Constituição de 1988, pelo protagonismo de milhões de cidadãos, o acesso à justiça foi paulatinamente ampliado e democratizado para as camadas menos favorecidas.[106]

A partir da ideia de que compete ao Estado facilitar ao cidadão formas de acesso à solução de seus conflitos, foram paulatinamente incorporados à ordem jurídica nacional figuras como o *habeas data,* o mandado de injunção, a ação direta de inconstitucionalidade e tantos outros remédios que se somaram aos já presentes no século anterior, como o próprio *habeas corpus.*[107]

Diversas iniciativas são observadas no cenário nacional para aprimorar o acesso à justiça.

Sérgio Gilberto Porto assinala que um exemplo desse engajamento é "o serviço gratuito de assistência jurídica, prestado por alunos, professores e funcionários nas Faculdades de Direito de todos os cantos do país".[108]

Por outro lado, a despeito dos crescentes índices de movimentação processual no Judiciário brasileiro, Athos Gusmão Carneiro refere que ainda há uma parcela de cidadãos afastados da Justiça, não por renúncia, mas por pleno

---

[104] CAPPELLETTI, Mauro; GARTH, Bryant. *Acesso à justiça.* Tradução de Ellen Gracie Northfleet. Porto Alegre: Fabris, 1988, p. 12.

[105] CANOTILHO, José Joaquim Gomes. *Direito constitucional.* 6. ed. rev. Coimbra: Almedina, 1993, p. 484.

[106] PORTO, Sérgio Gilberto. *Lições de direitos fundamentais no processo civil:* o conteúdo processual da Constituição Federal. Porto Alegre: Livraria do Advogado, 2009, p. 40-41.

[107] Ibidem, p. 41-42.

[108] Ibidem, p. 47.

desconhecimento do direito. Esse desconhecimento pode ser causa da falta de acesso à educação.[109]

Pesquisa empírica realizada na região metropolitana do Rio de Janeiro pelo Centro de Pesquisa e Documentação da História Contemporânea do Brasil, intitulada "Lei, Justiça e Cidadania", revelou o desconhecimento sobre os direitos civis por parte dos entrevistados, que não sabiam enumerar ao menos três deles.[110]

Neste contexto, pertinente a conclusão de Mauro Cappelletti ao destacar que a justiça deve ser acessível a todos, inclusive aos mais pobres.[111]

A justiça não deve ser tão cara a ponto de que o seu custo deixe de guardar proporção com os benefícios pretendidos.[112] Registra-se que, em maio de 1981, a cobrança de uma dívida de 50 mil cruzeiros custava ao autor 60 mil cruzeiros, chegando a 80 mil cruzeiros se houvesse necessidade de realizar perícia.[113]

José Roberto dos Santos Bedaque assevera que o acesso à justiça é, em verdade, acesso à ordem jurídica justa, em que é proporcionado a todos, sem qualquer discriminação ou restrição, o direito de pleitear a tutela jurisdicional ao Estado.[114]

Consoante lição de Nicolò Trocker, o problema de acesso à justiça manifesta-se antes de mais nada como problema de acesso aos instrumentos de tutela jurisdicional.[115]

De fato, o custo do processo e a própria inaptidão eventual dos cidadãos para o reconhecimento dos seus direitos podem constituir obstáculo ao acesso desses à jurisdição.[116]

Daniel Mitidiero[117] pondera que a nossa Constituição procura superar o custo do processo, através, por exemplo, da concessão do benefício da gratui-

---

[109] CARNEIRO, Athos Gusmão. Juizado de pequenas causas. In: DINAMARCO, Cândido Rangel; GRINOVER, Ada Pellegrini, WATANABE, Kazuo (Coords.). *Participação e processo*. São Paulo: Revista dos Tribunais, 1998, p. 335.

[110] PANDOLFI, Dulce *et al.* (Orgs.). Percepção dos direitos e participação social. In: PANDOLFI, Dulce ... [et al.]. (Orgs.). *Cidadania, justiça e violência*. Rio de Janeiro: FGV, 1999, p. 45-58.

[111] CAPPELLETTI, Mauro. *Acesso à justiça*. Tradução de Ellen Gracie Northfleet. Porto Alegre: Fabris, 1988, p. 165.

[112] CINTRA, Antônio Carlos de Araújo; GRINOVER, Ada Pellegrini; DINAMARCO, Cândido Rangel. *Teoria geral do processo*. 29. ed. São Paulo: Malheiros, 2013, p. 34.

[113] FERRAZ, Leslie Shérida. *Acesso à justiça:* uma análise dos juizados especiais cíveis no Brasil. Rio de Janeiro: Editora FGV, 2010, p. 27.

[114] BEDAQUE, José Roberto dos Santos. Garantia da amplitude de produção probatória. In: TUCCI, José Rogério Cruz e (Coord.). *Garantias constitucionais do processo civil*. São Paulo: Revista dos Tribunais, 1999, p. 158.

[115] TROCKER, Nicolò. Il nuovo articolo 111 della costituzione e il giusto processo in materia civile: profili generali. *Rivista Trimestrale di Diritto e Procedura Civile,* anno LV, n. 2, p. 390, 2001.

[116] MARINONI, Luiz Guilherme. *Novas linhas do processo civil*. 4. ed. São Paulo: Malheiros, 2000, p. 20.

[117] MITIDIERO, Daniel Francisco. *Elementos para uma teoria contemporânea do processo civil brasileiro*. Porto Alegre: Livraria do Advogado, 2005, p. 48.

dade judiciária[118] a determinados litigantes,[119] bem como busca superar a falta de informação jurídica mediante a defensoria pública, cuja missão constitucional é justamente "a orientação jurídica e a defesa, em todos os graus dos necessitados".[120]

Portanto, em que pese alguns dados ainda possam revelar certo desconhecimento sobre os direitos civis por parte de determinada parcela da população, é seguro afirmar que, por conta das propostas de universalização da tutela jurisdicional e diante da conscientização de direitos consagrados pela Constituição Federal, aumentou muito o ajuizamento de demandas em todo o país.

Na metáfora de Rodolfo de Camargo Macuso,

> o monopólio da jurisdição pelo Estado tornou-se uma estrada muito atraente (bem asfaltada, iluminada, sem curvas acentuadas, com acostamentos largos, sem pedágio), todos os condutores de veículos irão procurá-la, abandonando as estradas vicinais, e com isso logo a *main road* estará congestionada e esburacada.[121]

A propagação do acesso à justiça traduziu-se em inúmeras mudanças práticas na legislação e na estrutura judiciária brasileira, pois proporcionou aos cidadãos maiores possibilidades de verem suas pretensões jurídicas resistidas sendo satisfeitas pelo Poder Judiciário.[122] Marcelo Vigliar observa que "principalmente o cidadão-consumidor passou a deduzir suas contidas pretensões, até porque, conforme referido, passou a ser mais informado".[123]

Guilherme Rizzo Amaral aponta que "o aumento descontrolado do número de faculdades de Direito em todo o país, associado ao assistencialismo da Justiça Gratuita e a quase inimputabilidade dos litigantes contumazes e de má-fé" contribuem de forma importante para a massificação de litígios.[124]

---

[118] A assistência judiciária gratuita já havia sido prevista em textos constitucionais (1934 e 1946), e infraconstitucionais (por exemplo, CPC de 1939, Lei 1.060 de 1950 e Lei 7.510 de 1986), mas foi com a Constituição de 1988 que o instituto foi revitalizado. A doutrina entende que houve ampliação do conceito, envolvendo não apenas a assistência jurídica, como também o auxílio extrajudicial, o que já era preconizado por Kazuo Watanabe em 1985 (WATANABE, Kazuo. Assistência judiciária e juizados de pequenas causas. In: WATANABE, Kazuo. *Juizado especial de pequenas causas.* São Paulo: Revista dos Tribunais, 1985, p. 161-167).

[119] O art. 5º, inciso LXXIV, da Constituição Federal dispõe: "LXXIV – o Estado prestará assistência jurídica integral e gratuita aos que comprovarem insuficiência de recursos;".

[120] O art. 134, *caput,* da Constituição Federal dispõe: "A Defensoria Pública é instituição essencial à função jurisdicional do Estado, incumbindo-lhe a orientação jurídica e a defesa, em todos os graus, dos necessitados, na forma do art. 5º, LXXIV.".

[121] MANCUSO, Rodolfo de Camargo. A resolução dos conflitos e a função judicial no contemporâneo Estado de Direito (nota introdutória). *Revista dos Tribunais,* São Paulo: RT, n. 888, p. 32, out. 2009.

[122] BORGES, Marcus Vinícius Motter. *O julgamento por amostragem nos recursos especiais repetitivos:* celeridade e efetividade da prestação jurisdicional no âmbito do Superior Tribunal de Justiça. Dissertação (Mestrado) – Faculdade de Direito, Pós-Graduação em Direito, Pontifícia Universidade Católica do Rio Grande do Sul, Porto Alegre, 2010, p. 138.

[123] VIGLIAR, Marcelo. Litigiosidade contida (e o contingenciamento da litigiosidade). In: SALLES, Carlos Alberto de (Coord.). *As grandes transformações do processo civil brasileiro – homenagem ao Professor Kazuo Watanabe.* São Paulo: Quartier Latin, 2009, p. 50-51.

[124] AMARAL, Guilherme Rizzo. A proposta de um "incidente de resolução de demandas repetitivas". In: TESHEINER, José Maria (Org.). *Processos coletivos.* Porto Alegre: HS Editora, 2012, p. 267.

A este respeito, Humberto Theodoro Júnior sustenta que "é preciso assegurar o acesso à justiça, mas não vulgarizá-lo, a ponto de incentivar os espíritos mais belicosos à prática do 'demandismo' caprichoso e desnecessário".[125]

Com efeito, ao se questionar o atual deferimento "irrestrito" de assistencialismo da justiça gratuita não se pretende diminuir o acesso à justiça. Em verdade, o equivocado deferimento de assistência judiciária gratuita ao cidadão efetivamente não necessitado[126] e que, invariavelmente, maneja processos buscando o enriquecimento fácil,[127] implica diretamente o aumento do número de processos em trâmite no Judiciário.

Salienta-se que na Espanha há um órgão destinado a analisar os requisitos para a concessão da assistência judiciária gratuita antes do ajuizamento da demanda. A Comissão de Proteção Jurídica Gratuita é responsável pela decisão final sobre a concessão do benefício, pois, conforme esclarece Jaime Guasp, o direito à assistência judiciária gratuita configura uma atividade essencialmente administrativa e a avaliação do cumprimento dos requisitos para gozar do direito de assistência judiciária gratuita não é uma função jurisdicional.[128]

Por conseguinte, em razão da atual massificação dos litígios, inúmeras reformas legislativas têm sido implementadas para atender aos reclamos sociais, pois há que se garantir o acesso à justiça e a inafastabilidade da jurisdição.

Dentre as medidas adotadas pela ordem jurídica para atender ao grande número de ações em trâmite no Poder Judiciário, encontra-se a proposta de um incidente de resolução de demandas repetitivas, contida no Projeto de novo Código de Processo Civil (Projeto de Lei nº 8.046/2010), que será tratada no próximo capítulo.

1.2.1 A inafastabilidade da jurisdição

É importante destacar que uma das variantes do acesso à justiça é a garantia-dever da inafastabilidade de controle jurisdicional, prevista no artigo 5º,

---

[125] THEODORO JÚNIOR, Humberto. Celeridade e efetividade da prestação jurisdicional. insuficiência da reforma das leis processuais. *O Sino do Samuel: Jornal da Faculdade de Direito da UFMG*, Belo Horizonte, Universidade Federal de Minas Gerais, 2004, n. 76, p. 4-5.

[126] Importante assinalar que a Constituição Federal determina a comprovação da insuficiência de recursos. O art. 5º, inciso LXXIV, dispõe "o Estado prestará assistência jurídica integral e gratuita aos que comprovarem insuficiência de recursos;"

[127] Neste sentido, Guilherme Rizzo Amaral afirma que "O Judiciário não é rigoroso na análise da concessão da Justiça Gratuita – tornando o processo um negócio sem risco para o autor da ação –, e ainda não reage de forma vigorosa para punir a litigância de má-fé e aventureira" (AMARAL, Guilherme Rizzo. A proposta de um "incidente de resolução de demandas repetitivas". In: TESHEINER, José Maria (Org.). *Processos coletivos*. Porto Alegre: HS Editora, 2012, p. 267).

[128] GUASP, Jaime. *Derecho procesal civil*. 4. ed. Madrid: Civitas, 1998, p. 542.

inciso XXXV, da CF/88.[129] Este comando constitucional representa a inviabilidade de serem criados obstáculos ao cidadão de buscar seu direito junto ao Poder Judiciário.[130]

O Estado, ao vedar aos cidadãos a possibilidade de autotutela, assumiu a obrigação indelegável de prestar a jurisdição e alcançar a toda a sociedade a possibilidade de solução de conflitos que dela surjam.[131]

Kazuo Watanabe sustenta que o princípio da inafastabilidade do controle jurisdicional ou da proteção judiciária é uma resultante do monopólio da justiça em mãos do Estado.[132]

Vale dizer, não pode o legislador e ninguém mais impedir que o jurisdicionado ingresse a juízo para deduzir pretensão. Todo e qualquer expediente destinado a dificultar ou mesmo impedir que a parte exerça sua defesa no processo civil atenta contra o princípio da ação e, por isso, deve ser rechaçado.[133]

No direito constitucional vigente não mais se permite a denominada jurisdição condicionada ou instância administrativa de curso forçado, ou seja, não mais se admite a exigência do prévio esgotamento da via administrativa para que se possa recorrer à via jurisdicional.[134]

A inafastabilidade de controle jurisdicional assume, como garantia e princípio constitucional, proporções concretas, não admitindo, de regra, que nenhuma norma venha a impedir que o Poder Judiciário analise determinada lesão ou ameaça a direito. Somente se cogita exceção à inafastabilidade se a mesma se justificar antes aos parâmetros constitucionais.[135]

---

[129] O art. 5º, inciso XXXV, da Constituição Federal dispõe: "a lei não excluirá da apreciação do Poder Judiciário lesão ou ameaça a direito;".

[130] PORTO, Sérgio Gilberto. *Lições de direitos fundamentais no processo civil:* o conteúdo processual da Constituição Federal. Porto Alegre: Livraria do Advogado, 2009, p. 49.

[131] PIRES, Marcelo de Souza. *O princípio da inafastabilidade do controle jurisdicional.* Dissertação (Mestrado em Direito) – Faculdade de Direito, Pontifícia Universidade Católica do Rio Grande do Sul, Porto Alegre, 2009, p. 48.

[132] WATANABE, Kazuo. *Controle jurisdicional:* princípios da inafastabilidade do controle jurisdicional no sistema jurídico brasileiro e mandado de segurança contra atos judiciais. São Paulo: Revista dos Tribunais, 1980, p. 22.

[133] NERY JUNIOR, Nelson. *Princípios do processo civil na Constituição Federal.* 9. ed. São Paulo: Revista dos Tribunais, 2009, p. 100.

[134] MITIDIERO, Daniel Francisco. *Elementos para uma teoria contemporânea do processo civil brasileiro.* Porto Alegre: Livraria do Advogado, 2005, p. 47.

[135] CARPENA, Márcio Louzada. Da garantia da inafastabilidade do controle jurisdicional e o processo contemporâneo. In: PORTO, Sérgio Gilberto (Org.). *As garantias do cidadão no processo civil:* relação entre constituição e processo. Porto Alegre: Livraria do Advogado, 2003, p. 15. Daniel Mitidiero refere que se mostra possível aos sujeitos de dada relação jurídica afastar a apreciação jurisdicional, preferindo-se a arbitragem como meio de solução de eventuais conflitos. É constitucionalmente possível optar pela solução arbitral, sem que se agrida, com isso, a cláusula da inafastabilidade da jurisdição. (MITIDIERO, op. cit., p. 47).

As linhas fundamentais de um Código de Processo Civil só podem ser buscadas na própria ideia de Estado Constitucional e no modelo constitucional de nosso processo civil.[136]

O Estado Contemporâneo reconhece a função fundamental de promover a plena realização dos valores humanos. Para tanto, faz-se necessário destacar a função jurisdicional pacificadora como fator de eliminação de conflitos que afligem as pessoas e lhe trazem angústia, bem como advertir os encarregados do sistema, quanto à necessidade de fazer do processo um meio efetivo para realização da justiça.[137]

O uso arbitrário do poder, concernente a limitar de qualquer forma o livre exercício do direito de ação, caminha na razão proporcional inversa da efetividade da participação popular através do processo jurisdicional. Como pondera Klaus Stern, "o Estado, no exercício de seu poder, está condicionado aos limites fixados na sua Constituição".[138]

Consoante Márcio Louzada Carpena, em que pesem as situações "biso-nhas" que, de fato, possam bater à porta do Judiciário, não há como, em nome destas, afastar ou diminuir a abrangência do princípio da inafastabilidade de controle jurisdicional, pois esse é genérico e imperativo, somente sendo limita-do pelas disposições impostas na própria Constituição Federal.[139]

Ainda, não obstante o caráter repetitivo das demandas que tramitam no Judiciário, ou, até mesmo, a existência de possíveis "aventuras judiciárias",[140] é certo que o órgão jurisdicional não se desincumbe do dever de prestar tutela jurisdicional adequada, tempestiva e efetiva.

Nesta linha, Ovídio Araújo Baptista da Silva ensina que:

> O direito de ser ouvido pelos tribunais é assegurado a todos indistintamente, tanto aos que tenham quanto aos que não tenham sofrido qualquer violação ou ameaça aos seus direitos; e até mesmo àqueles que, não tendo direito algum, exijam que o

---

[136] MARINONI, Luiz Guilherme; MITIDIERO, Daniel. *O projeto do CPC:* crítica e propostas. São Paulo: Revista dos Tribunais, 2010, p. 15.

[137] CINTRA, Antônio Carlos de Araújo; GRINOVER, Ada Pellegrini; DINAMARCO, Cândido Rangel. *Teoria geral do processo.* 29. ed. São Paulo: Malheiros, 2013, p. 37.

[138] STERN, Klaus. *Das Staatsrecht der bunddesrepublick Deutschland.* 2. ed. Münchem: C. H. Beck, 1984, v. I, p. 182.

[139] CARPENA, Márcio Louzada. Da garantia da inafastabilidade do controle jurisdicional e o processo con-temporâneo. In: PORTO, Sérgio Gilberto (Org.). *As garantias do cidadão no processo civil:* relação entre consti-tuição e processo. Porto Alegre: Livraria do Advogado, 2003, p. 18.

[140] A expressão "aventuras judiciárias" foi utilizada pelo magistrado José Antônio Prates Piccoli, ao proferir sentença, no processo nº 004/1.03.0008641-8, *in verbis:* "(...) Periodicamente aportam no Judiciário aventuras financeiras onde as partes buscam lucro desprovido de fundamento, fruto do imaginário popular que sonha com a independência financeira, não valendo-se do trabalho, mas da loteria. Assim o inventário do Comen-dador Faustino Correa, assim a indústria do dano moral, assim a indenização por títulos da dívida pública emitidos no início do século passado. Este feito constitui apenas mais um capítulo triste das aventuras judici-árias.(...)" (RIO GRANDE DO SUL. Bagé. 2ª Vara Cível da Comarca de Bagé. *Processo nº 004/1.03.0008641-8.* Julgado em: 27 out. 2010. Publicada em: 29 out. 2003, nota de expediente nº 563/2003).

Estado lhes preste tutela jurisdicional, ainda que seja para que o juiz o declare sem direito.[141]

Aliás, mostra-se inadequado entender que só tem direito à tutela jurisdicional aquele que tem razão, porque o núcleo da garantia do acesso à justiça está em predispor a todos aqueles que se afirmam titulares de dada situação de vantagem meios adequados não só para efetivação do direito material, mas também para a perseguição dessa situação de vantagem em juízo.[142]

Luiz Guilherme Marinoni adverte que o art. 5º, inciso XXXV, da Constituição Federal, não se cinge a enunciar a cláusula da inafastabilidade da jurisdição, mas também quer significar que todos têm direito à tutela jurisdicional efetiva, adequada e tempestiva.[143] Ou seja, o direito à tutela jurisdicional efetiva exige técnica processual adequada (norma processual), instituição de procedimento capaz de viabilizar a participação (por exemplo, ações coletivas) e, por fim, a própria resposta jurisdicional.[144]

Portanto, tendo em conta a especificidade de nossa história constitucional e dos remédios que a Constituição de 1988 passou a outorgar para o controle do manejo do poder estatal,[145] Ovídio Araújo Baptista da Silva refere que o acesso ao Poder Judiciário é o espaço mais autêntico para a verdadeira cidadania e merece ser integralmente preservado.[146]

Neste sentido, frente a todo esforço do século XX em aproximar a Justiça da sociedade, é importante examinar a proposta elaborada pela Comissão de Juristas responsável pela elaboração do Anteprojeto de Novo Código de Processo Civil, concernente a proposta de um incidente de resolução de demandas repetitivas, capaz de atender a grande quantidade de processos fundados em idêntica questão de direito.

1.3. O devido processo legal nas ações repetitivas

O conceito do devido processo legal tem sua origem em 1215, na Carta Magna inglesa do rei João, denominado "Sem Terra".[147] A ideia que se tornou

---

[141] SILVA, Ovídio Araújo Baptista da. *Curso de processo civil.* 5. ed. São Paulo: Revista dos Tribunais, 2000, v. I, p. 88).

[142] MITIDIERO, Daniel Francisco. *Elementos para uma teoria contemporânea do processo civil brasileiro.* Porto Alegre: Livraria do Advogado, 2005, p. 49.

[143] MARINONI, Luiz Guilherme. *A antecipação da tutela.* 3. ed. São Paulo: Malheiros, 1996, p. 211.

[144] MARINONI, Luiz Guilherme. *Técnica processual e tutela dos direitos.* 3. ed. São Paulo: Revista dos Tribunais, 2010, p. 185.

[145] MITIDIERO, Daniel. *Processo civil e estado constitucional.* Porto Alegre: Livraria do Advogado, 2007, p. 27-28.

[146] SILVA, Ovídio Araújo Baptista da. *Jurisdição e execução na tradição romano-canônica.* 2. ed. São Paulo: Revista dos Tribunais, 1997, p. 219.

[147] Segundo Ruitemberg Nunes Pereira, a noção de devido processo legal, como cláusula de proteção contra tirania, remonta ao Édito de Conrado II (Decreto Feudal Alemão de 1037 d. C.), em que pela primeira vez

consagrada, *due process of law,* apareceu pela primeira vez em uma emenda à Constituição americana. Na primavera de 1789, Madison introduziu no primeiro Congresso uma emenda que depois se converteu em quinta Emenda:[148] *"no person shall be ... deprived of life, liberty or property, without due process of law".*[149]

Originado no direito anglo-saxão, aperfeiçoado no constitucionalismo americano, Rui Portanova observa que, hoje, o devido processo legal é um instituto universal, com previsão em todas as constituições democráticas do mundo.[150]

Sérgio Gilberto Porto pondera que obviamente a ideia brasileira de "devido processo legal" sofreu notável influência da "cláusula do *due process of law".* Todavia, a boa compreensão reclama adequação da importação, aos efeitos de que esta seja efetivamente compreendida não como o devido processo apenas disciplinado pela lei ou que o mero cumprimento das previsões legais garantisse a realização do processo justo, mas, mais do que isso, represente o devido processo disposto pelo sistema constitucional, pelas demais fontes de direito e pela cultura social.[151]

No Brasil, antes mesmo da previsão contida no art. 5°, inciso LV, da Constituição de 1988,[152] a doutrina já entendia consagrado o princípio do devido processo legal. A interpretação provinha não só do fato de o princípio estar preconizado nos artigos 8° e 10 da Declaração Universal dos Direitos do Homem de 1948, como pela sistematização dos demais princípios que são enfeixados no devido processo legal.[153]

José Joaquim Calmom de Passos ensina que:

> O fundamento do princípio do devido processo legal, e assim dos outros, que, num processo sistemático dão condições de se constituir no Estado um eficaz conduto para se buscarem justas soluções para os diversos conflitos, está ancorado numa idéia muito mais ampla, que é a liberdade do homem.[154]

Segundo Gilmar Mendes, é provável que a garantia do devido processo legal configure uma das mais amplas e relevantes garantias do direito constitucional, considerando-se a sua aplicação nas relações de caráter processual e nas

---

se registra por escrito a ideia de que até mesmo o Imperador está submetido às leis do Império (PEREIRA, Ruitemberg Nunes. *O princípio do devido processo legal substantivo.* Rio de Janeiro: Renovar, 2005, p. 102).

[148] PORTANOVA, Rui. *Princípios do processo civil.* 8. ed. Porto Alegre: Livraria do Advogado, 2013, p. 145-146.

[149] Tradução livre da autora: "nenhuma pessoa será privada de sua vida, liberdade ou propriedade sem o devido processo legal".

[150] PORTANOVA. Op. cit., p. 145-146.

[151] PORTO, Sérgio Gilberto. *Lições de direitos fundamentais no processo civil:* o conteúdo processual da Constituição Federal. Porto Alegre: Livraria do Advogado, 2009, p. 120.

[152] O art. 5°, inciso LIV, da Constituição Federal dispõe: "[...] "ninguém será privado da liberdade ou de seus bens sem o devido processo legal;"

[153] PORTANOVA. Op. cit., p. 146.

[154] CALMOM DE PASSOS, José Joaquim. Advocacia – O direito de recorrer à justiça. *Revista de Processo,* Instituto Brasileiro de Direito Processual Civil, São Paulo, n. 10, p. 34, 1978.

relações de caráter material. Entretanto, no âmbito das garantias do processo é que o devido processo legal assume amplitude inigualável e um significado ímpar.[155]

Embora a doutrina tenha dificuldades em demarcar precisamente o que compõe e o que não compõe o devido processo legal processual, certo é que esse tem um conteúdo mínimo sem o qual, evidentemente, se está a frustrar essa norma constitucional. A fórmula mínima do devido processo legal processual brasileiro está em garantir-se a inafastabilidade da jurisdição, o juiz natural, a paridade de armas, o contraditório, a ampla defesa, a publicidade, a motivação da sentença e a duração razoável.[156]

Assim, a todo o momento que se fizer análise ou reflexão acerca de algum princípio processual constitucional, com certeza poder-se-ão identificar *nuances* do princípio do devido processo legal, e vice-versa.[157]

Portanto, possui caráter subsidiário e geral em relação às demais garantias. Para Nelson Nery Junior, "é o gênero do qual todos os outros princípios constitucionais são espécies".[158]

O devido processo legal não indica somente a tutela processual. De fato, se manifesta em todos os campos do direito, em seu aspecto substancial. Verifica-se que a cláusula do devido processo legal nada mais é do que a possibilidade efetiva de a parte ter acesso à justiça, deduzindo pretensão e defendendo-se do modo mais amplo possível.[159] Por outro lado, frente a grande quantidade de ações que tramitam atualmente no Poder Judiciário, não raramente detecta-se verdadeiras violações ao devido processo legal.

A prática forense tem demonstrado franca não observância ao princípio constitucional em lume, mormente quando se verificam (I) julgamentos *extra petita*, (II) violação a disposições previstas na legislação processual civil e (III) não conhecimento de recursos por formalismo excessivo.

1.3.1. Julgamentos "extra petita"

O autor fixa os limites da lide e da causa de pedir na petição inicial, cabendo ao juiz decidir de acordo com esse limite. A sentença *extra petita* incide em nulidade porque soluciona causa diversa da que foi proposta através do

---

[155] MENDES, Gilmar Ferreira; BRANCO, Paulo Gustavo Gonet. *Curso de direito constitucional.* São Paulo: Saraiva, 2011, p. 592.

[156] MITIDIERO, Daniel Francisco. *Elementos para uma teoria contemporânea do processo civil brasileiro.* Porto Alegre: Livraria do Advogado, 2005, p. 44-45.

[157] MOTTA, Cristina Reindolff. *Due process of law.* In: PORTO, Sérgio Gilberto (Org.). *As garantias do cidadão no processo civil:* relação entre constituição e processo. Porto Alegre: Livraria do Advogado, 2003, p. 263.

[158] NERY JUNIOR, Nelson. *Princípios do processo civil na Constituição Federal.* 9. ed. São Paulo: Revista dos Tribunais, 2009, p. 31.

[159] Ibidem, p. 41.

pedido.[160] É vedado ao juiz proferir sentença fora do pedido. Caso o faça, a sentença estará eivada de vício, corrigível por meio de recurso.[161]

Vale dizer, é nula a sentença se o magistrado de primeiro grau, quando do exame do mérito da causa, violando as disposições dos artigos 128[162] e 460,[163] ambos do Código de Processo Civil, analisa e acolhe pleito de modo totalmente estranho à pretensão deduzida na inicial.

Luiz Guilherme Marinoni e Sérgio Cruz Arenhart referem que, com a regra de que a sentença deve corresponder ao que foi pedido, o Código de Processo Civil objetiva impedir que o julgador conceda ao autor algo que não foi pedido, ou mais ou menos do que foi postulado.[164]

Muitas vezes, por conta da repetitividade das demandas, as sentenças não atentam às peculiaridades do caso concreto posto à apreciação do órgão judicial, na medida em que apreciam e acolhem pleitos totalmente alheios à pretensão deduzida.

Exemplo significativo desta situação é o que sucedeu no julgamento da apelação cível nº 70032413379, em que a Desembargadora Lúcia de Fátima Cerveira, do Tribunal de Jutiça do Rio Grande do Sul, pede "escusas" às partes, haja vista a ocorrência de verdadeiros abusos processuais na tramitação de um processo que teve uma sentença manifestamente *extra petita*.[165]

A mesma situação é verificada no julgamento do agravo de instrumento nº 70043439280, também do Tribunal de Justiça do Rio Grande do Sul, em que a decisão de primeiro grau é desconstituída por examinar objeto diverso do pedido. Naquela ocasião a decisão agravada rejeitou a petição protocolada

---

[160] THEODORO JÚNIOR, Humberto. *Curso de direito processual civil*. 54. ed Rio de Janeiro: Forense, 2013, p. 464.

[161] NERY JUNIOR, Nelson; NERY, Rosa Maria de Andrade. *Código de Processo Civil comentado e legislação extravagante*. 13. ed. São Paulo: Revista dos Tribunais, 2013, p. 668-669.

[162] O art. 128 do Código de Processo Civil dispõe: "O juiz decidirá a lide nos limites em que foi proposta, sendo-lhe defeso conhecer de questões, não suscitadas, a cujo respeito a lei exige a iniciativa da parte.".

[163] O art. 460 do Código de Processo Civil dispõe: "É defeso ao juiz proferir sentença, a favor do autor, de natureza diversa da pedida, bem como condenar o réu em quantidade superior ou em objeto diverso do que lhe foi demandado.".

[164] MARINONI, Luiz Guilherme; ARENHART, Sérgio Cruz. *Processo de conhecimento*. 11. ed. rev e atual. São Paulo: Editora Revista dos Tribunais, 2013. p. 416.

[165] Seguem trechos do referido voto: "(...) Esta Relatora admite jamais ter visto, nos seus mais de trinta anos de jurisdição, situação tão triste e tão caótica com a que se defrontou quando do exame dos presentes autos: (...) A sentença recorrida é amplamente alheia à matéria travada nos autos. Não se correlaciona em nenhum momento com o pedido inicial, pois, enquanto esse resulta de relação contratual firmada com a extinta CRT, da qual a parte ré é sucessora, aquela diz com contrato de participação financeira entabulado com a Companhia Telefônica Melhoramento e Resistência – CTMR. Ou seja, após esperar mais de oito meses, as partes foram 'brindadas' com uma sentença completamente nula. (...) O provimento jurisdicional afigura--se, destarte, manifestamente *extra petita*, razão pela qual, em nome do princípio da congruência entre pedido e sentença, deve ser desconstituído. Pelo exposto, dou provimento à apelação, para decretar a nulidade da sentença. Remeta-se cópia dos presentes autos à Corregedoria Geral de Justiça, sem prejuízo de pedidos de escusas às partes" (RIO GRANDE DO SUL. Tribunal de Justiça. Segunda Câmara Especial Cível. *Apelação Cível nº 70032413379*. Relator: Lúcia de Fátima Cerveira. Julgado em: 31/03/2010).

pela agravante ante à ausência de garantia do juízo, por entender tratar-se de impugnação ao cumprimento de sentença. Todavia, a referida petição requereu apenas a dilação de prazo.[166]

Aliás, diversos são os julgados dos tribunais estaduais brasileiros que contemplam a desconstituição de sentença de primeiro grau por conta da apreciação de matéria amplamente alheia à travada nos autos.[167]

A sentença proferida *extra petita* configura *error in procedendo,* ou seja, erro que o juiz comete no exercício de sua atividade jurisdicional, ao prolatar sentença, violando a lei processual. Este foi o entendimento da Desembargadora Ana de Lourdes Coutinho Silva, do Tribunal de Justiça de São Paulo, em voto proferido na apelação cível nº 990.10.303779-0:

> (...) Dessa forma, em face do *error in procedendo* cometido, com violação da lei processual, adotando o julgador singular comportamento diverso daquele que a lei processual determina e proferindo julgamento *"extra petita"*, deve a sentença apelada ser anulada (CPC, arts. 128 e 460).[168]

É certo que nem sempre as sentenças ou decisões judiciais são isentas de faltas ou defeitos quanto ao fundo, ou sem infração das regras jurídicas processuais. Segundo Francesco Carnelutti:

> A verdade é que tanto quanto os homens são imprudentes ao julgar, são igualmente sensíveis aos erros judiciais, e tanto mais quando está no meio o seu interesse. Os erros, infelizmente, são possíveis e até são freqüentes. A ordem do processo não pode permanecer indiferente a este perigo.[169]

Portanto, a par de tais considerações, parece inegável que a grande quantidade de ações repetitivas contribui para a existência de julgamentos *extra petita,* bem como o aparato judicial, não raramente, revela-se ineficiente para prestar a tutela jurisdicional requerida.

1.3.2. *Violação a disposições previstas na legislação processual civil*

A respeito do devido processo legal nas ações repetitivas, há que se examinar a violação a disposições previstas na legislação processual civil.

---

[166] RIO GRANDE DO SUL. Tribunal de Justiça. Segunda Câmara Especial Cível. *Agravo de Instrumento nº 70043439280.* Relator: Fernando Flores Cabral Junior. Julgado em: 27/07/2011.

[167] Neste sentido seguem os seguintes julgados: SANTA CATARINA. Tribunal de Justiça. Terceira Câmara de Direito Comercial. *Apelação Cível nº 2011.076165-2.* Relator: Des. Paulo Roberto Camargo Costa. Julgado em: 31/07/2012. RIO DE JANEIRO. Tribunal de Justiça. Décima Quinta Câmara Cível. *Apelação Cível nº 0413159-88.2010.8.19.0001.* Relator: Jacqueline Montenegro. Julgado em: 15/05/2012. MINAS GERAIS. Tribunal de Justiça. Décima Sexta Câmara Cível. *Apelação Cível nº 1.0287.09.048095-8/001.* Relator: Otávio Portes. Julgado em: 18/08/2010.

[168] SÃO PAULO. Tribunal de Justiça. Décima Terceira Câmara de Direito Privado. *Apelação Cível nº 990.10.303779-0.* Relatora: Ana de Lourdes Coutinho Silva. Julgado em: 01/09/2010.

[169] CARNELUTTI, Francesco. *Direito processual civil e penal.* Campinas: Péritas, 2001, 2 v., p. 263.

A realidade forense demonstra que exemplo típico e rotineiro de violação a regra contida na legislação processual civil é o indeferimento ao pleito de carga exclusiva, previsto no artigo 40 do Código de Processo Civil.[170]

O direito de vista dos autos fora de cartório, mesmo sem procuração, salvo a hipótese de sigilo,[171] é prerrogativa inerente ao próprio ofício do advogado e garantia da sua profissão,[172] não podendo ser lhe subtraída sob nenhum pretexto, direito esse que não se subordina à demonstração de interesse.[173]

Entretanto, normalmente, por conta da celeridade que se pretende imprimir às ações repetitivas, os magistrados têm negado o direito à carga exclusiva conferido aos procuradores das partes, sob o argumento de que se trata de matéria conhecida e de baixa complexidade, razão pela qual não se justificaria a dilação do prazo.[174]

A entrega efetiva da tutela jurisdicional adequada dentro do prazo razoável não pode desconsiderar a existência de garantias mínimas que devem ser rigorosamente asseguradas e preservadas aos cidadãos.[175]

---

[170] O artigo 40 do Código de Processo Civil de 1973 prevê, *in verbis:* "O advogado tem direito de: I – examinar, em cartório de justiça e secretaria de tribunal, autos de qualquer processo, salvo o disposto no art. 155; II – requerer, como procurador, vista dos autos de qualquer processo pelo prazo de 5 (cinco) dias; III – retirar os autos do cartório ou secretaria, pelo prazo legal, sempre que lhe competir falar neles por determinação do juiz, nos casos previstos em lei. § 1º Ao receber os autos, o advogado assinará carga no livro competente. § 2º Sendo comum às partes o prazo, só em conjunto ou mediante prévio ajuste por petição nos autos, poderão os seus procuradores retirar os autos, ressalvada a obtenção de cópias para a qual cada procurador poderá retirá-los pelo prazo de 1 (uma) hora independentemente de ajuste.".

[171] O art. 155 do Código de Processo Civil dispõe: "Os atos processuais são públicos. Correm, todavia, em segredo de justiça os processos: I – em que o exigir o interesse público; II – que dizem respeito a casamento, filiação, separação dos cônjuges, conversão desta em divórcio, alimentos e guarda de menores. Parágrafo único. O direito de consultar os autos e de pedir certidões de seus atos é restrito às partes e aos seus procuradores. O terceiro, que demonstrar interesse jurídico, pode requerer ao juiz certidão do dispositivo da sentença, bem como de inventário e partilha resultante do desquite.".

[172] O artigo 7º do Estatuto da OAB (Lei nº 8.906/94) dispõe: 'São direitos do advogado: (...) XIII – examinar, em qualquer órgão dos Poderes Judiciário e Legislativo, ou da Administração Pública em geral, autos de processos findos ou em andamento, mesmo sem procuração, quando não estejam sujeitos a sigilo, assegurada a obtenção de cópias, podendo tomar apontamentos; XIV – examinar em qualquer repartição policial, mesmo sem procuração, autos de flagrante e de inquérito, findos ou em andamento, ainda que conclusos à autoridade, podendo copiar peças e tomar apontamentos; XV – ter vista dos processos judiciais ou administrativos de qualquer natureza, em cartório ou na repartição competente, ou retirá-los pelos prazos legais; XVI – retirar autos de processos findos, mesmo sem procuração, pelo prazo de dez dias; (...)".

[173] NERY JUNIOR, Nelson; NERY, Rosa Maria de Andrade. *Código de Processo Civil comentado e legislação extravagante.* 13. ed. São Paulo: Revista dos Tribunais, 2013, p. 422.

[174] Esta foi exatamente a posição adotada pela magistrada Laura de Borba Maciel Fleck, da 16ª Vara Cível da Comarca de Porto Alegre, no processo nº 001/1.06.0024426-5, *ipsis litteris:* "Vistos. Indefiro carga exclusiva à parte ré para análise de cálculos (que são apresentados diariamente nas milhares de ações em que a empresa figura no pólo passivo), por tratar-se de matéria conhecida e sem maior complexidade, não havendo justificativa para dilação do prazo. Intime-se. Após, voltem para decisão da impugnação apresentada" (RIO GRANDE DO SUL. 16ª Vara Cível do Foro Central da Comarca de Porto Alegre. *Processo nº 001/1.06.0024426-5.* Brasil Telecom S.A. e Assunta Bagio de Carli. Julgador: Juiz de Direito Laura de Borba Maciel Fleck. Julgado em: 23 ago. 2006. Publicado em: 13 jul. 2011, nota de expediente nº 2713/2011).

[175] TESHEINER, José Maria Rosa; VIAFORE, Daniele. Da proposta de "redução do número de demandas e recursos" do projeto de novo CPC versus acesso à justiça. *Revista Jurídica,* Porto Alegre, v. 58, n. 401, p. 11-31, mar. 2011.

José Joaquim Gomes de Canotilho ensina que:

A exigência de um processo sem dilações indevidas, ou seja, de uma proteção individual em tempo adequado, não significa necessariamente justiça acelerada. A aceleração da proteção jurídica que se traduza em diminuição de garantias processuais e materiais pode conduzir a uma justiça pronta mas materialmente injusta.[176]

Existem realidades que servem para demonstrar a ideia de que as garantias não são absolutas e que, vez por outra, comportam flexibilização ou mitigação, em prol da realização de outros princípios constitucionais.[177]

Não se pode por causa da pressa passar por cima de consagradas conquistas sociais. O direito fundamental à duração razoável do processo não pode afastar-se de outras garantias igualmente importantes na justa resolução de um conflito. O processo, muitas vezes, pode passar por diversas fases morosas, mas nem por isso deixa de ser tempestivo.[178]

Segundo Carlos Alberto Alvaro de Oliveira,

para alguns espíritos mais práticos tudo se resume na solução rápida, expedita, fulminante às vezes do próprio valor Justiça. Entretanto, a efetividade só se revela virtuosa se não colocar no limbo outros valores importantes do processo, a começar pelo da justiça, mas não só por este. Justiça no processo significa exercício da função jurisdicional de conformidade com os valores e princípios normativos conformadores do processo justo em determinada sociedade, como, por exemplo, contraditório, ampla defesa, igualdade formal e material das partes, motivação, publicidade das audiências, direito à prova, etc.[179]

É certo que, não obstante as ações repetitivas sejam de conhecimento comum entre os profissionais da área, os processos frequentemente são volumosos e envolvem valores expressivos, o que invariavelmente exige o exame minucioso pelos procuradores, bem como a análise pericial contábil por assistente técnico devidamente contratado pela parte.

Para elucidar os elevados valores postos nas ações repetitivas é interessante conferir trechos da decisão proferida pelo magistrado Dilso Domingos Pereira, da 14ª Vara Cível da Comarca de Porto Alegre, no processo nº 001/1.06.0228750-6. Neste feito, a Parte Credora realizou pedido de cumprimento de sentença na cifra de mais de R$ 53 milhões e o valor homologado fixou o débito em aproximadamente R$ 6 mil:

Vistos etc. A parte autora apresentou cálculo de condenação, no total de R$ 53.915.250,39 (fls. 420/432 e 440/443). A ré foi intimada para pagamento (fl. 444)

---

[176] CANOTILHO, José Joaquim Gomes. *Direito constitucional*. 6. ed. rev. Coimbra: Almedina, 1993, p. 487.

[177] PORTO, Sérgio Gilberto. *Lições de direitos fundamentais no processo civil:* o conteúdo processual da Constituição Federal. Porto Alegre: Livraria do Advogado, 2009, p. 98.

[178] JOBIM, Marco Félix. *Direito à duração razoável do processo:* responsabilidade civil do Estado em decorrência da intempestividade processual. São Paulo: Conceito, 2011, p. 126-127.

[179] ALVARO DE OLIVEIRA, Carlos Alberto. Efetividade e processo de conhecimento. *Revista da Ajuris*, Porto Alegre, v. 26, n. 75, p. 130, set. 1999.

> e não concordou com o valor (fls. 448-494). À folha 496 foi nomeado um perito do juízo para liquidar o valor, ante a controvérsia. Apresentado laudo pericial (fls. 526-540), com vista às partes. A parte autora apresentou discordância às folhas 547-548, assim como a ré (fls. 555-560). O Perito apesentou laudo complementar (fls. 562-570). A ré concorda com o laudo e a parte autora discorda (fls. 576-612). DECIDO. [...] Correta a conversão realizada pelo perito. Assim, resta homologar o cálculo apresentado. [...] À vista do exposto, julgo líquida a sentença no valor de R$ 6.422,61 em favor do autor Luiz Carlos Colognese, o qual deverá ser corrigido monetariamente pelo IGP-M, a partir de 30.06.2010, mais juros moratórios de 12% ao ano a contar da intimação desta decisão, até o efetivo pagamento. [...]. Intimem-se.[180]

Contudo, a prática forense tem demonstrado que estas peculiaridades não têm sido observadas pelos magistrados quando da negativa de acesso aos autos fora do Cartório. Gize-se, a realidade comprova ser totalmente inviável a vista e análise de um laudo pericial de mais de 30 folhas, com polo ativo com mais de 10 autores, no exíguo espaço do balcão de um Cartório constantemente tomado de advogados e estagiários solicitando carga e cópias.

O *fórum*, como aponta Eduardo Carlos Bianca Bittar, é o lugar de encontro dos operadores do Direito que "se acotovelam diante dos balcões de cartórios ou salas de espera de audiência".[181]

Importante destacar que uma vez deferida, no curso do processo, a produção de provas com a determinação da realização de perícia contábil, indicação de assistente técnico e quesitos, é contrasenso indeferir, por exemplo, o pleito de carga exclusiva da parte instada a se manifestar do cálculo realizado pelo perito nomeado.

Ademais, sem prejuízo da devida atenção que merece o alto valor envolvido nas ações repetitivas, é de se salientar a má-fé dos litigantes ao realizarem pedidos executivos completamente divorciados do título judicial exequendo.

Consigna-se que a procrastinação maliciosa e a manifestação de má-fé ou temeridade, praticados em juízo, conspurcam o objetivo do processo no seu compromisso institucional de buscar e realizar resultados coerentes com os valores de equidade substancial e de justiça procedimental, consagrados pelas normas constitucionais.[182]

---

[180] RIO GRANDE DO SUL. 14ª Vara Cível do Foro Central da Comarca de Porto Alegre. *Processo nº 001/1.06.0228750-6*. Brasil Telecom S.A. e Móveis Moviarte Ltda. Julgador: Dilso Domingos Pereira. Julgado em: 26 out. 2010. Publicado em: 01 nov. 2010, nota de expediente nº 4482/2010. Registra-se que não houve recurso das partes em relação ao valor homologado. Entretanto, após interposição de agravo instrumento pela Parte Executada (nº 70040481426), o Exeqüente restou condenado em litigância de má-fé em 0,1% do valor da causa na execução (equivalente a R$ 53 mil). Conforme consulta realizada no sítio do TJRS, em 05 ago. 2012, referida decisão encontra-se pendente de julgamento de agravo de instrumento em recurso especial nº 70044777423.

[181] BITTAR, Eduardo Carlos Bianca. Proteção de justiça na sociedade de massas (ensaio sobre estética, cultura e justiça em tempos pós-modernos). *Revista da Faculdade de Direito [Da] Universidade de São Paulo*, São Paulo, v. 101, p. 395, jan. 2006.

[182] COMOGLIO, Luigi Paolo. Garanzie Costituzionale e Giusto Processo (Modelli a confronto). *Revista de Processo*, São Paulo: Revista dos Tribunais, n. 90, p. 101, abr. /jun. 1998.

José Rogério Cruz e Tucci assevera que, lançando-se mão de sanções que efetivamente reprimam a conduta abusiva do litigante temerário, proporciona-se sensível redução do congestionamento dos tribunais e da intempestividade da tutela jurisdicional.[183]

Para tanto, o Código de Processo Civil contempla sanções[184] para a conduta abusiva, em todos os tipos de processo, sanções que são especificamente instituídas e que são efetivamente aplicadas pelos juízes e tribunais, embora se tenha de reconhecer que tal só ocorra em volume inferior ao das violações, na verdade verificadas.[185]

De fato, há uma certa complacência com as medidas procrastinatórias, em virtude de ser a ineficiência dos serviços forenses a maior e mais notória causa de retardamento da tutela jurisdicional do País.[186]

Verifica-se, por conseguinte, sensível violação ao devido processo legal nas ações repetitivas face ao descumprimento de dispositivos processuais legalmente previstos, tanto pelo indeferimento ao pleito de carga, quanto pela não aplicação de sanção ao litigante temerário.

Nesse sentido, pelo juízo da proporcionalidade, ingressa no processo a prudência do julgador para aferir a constitucionalidade das restrições de direitos, evitando que a resposta estatal seja abusiva, desvinculada da sua missão constitucional.[187]

Para Alois Troller, a mais elevada finalidade do processo civil é investigar a pretensão jurídica aforada quanto à sua procedência e proporcionar justiça a uma pretensão fundada.[188] De modo geral, o excesso ou abuso da jurisdição fere não só os princípios da delegação da autoridade, mas os preceitos das leis; são, por isso, atos reprovados e nulos.[189]

Os princípios deixam cada vez mais distante a ideia de aferramento à ritualística inconsequente, burocrática e mecanista.

---

[183] TUCCI, José Rogério Cruz e. *Tempo e processo:* uma análise empírica das repercussões do tempo na fenomenologia processual: civil e penal. São Paulo: Revista dos Tribunais, 1997, p. 124.

[184] Ressalta-se, entre elas, os artigos 14, 18, 287, 461, 475-J, 557, § 2º, 538, 601, todos do CPC. Ainda, em legislação esparsa, art. 84 do Código de Defesa do Consumidor e art. 179 do Código Penal Brasileiro.

[185] No mesmo sentido, JOBIM, Marco Félix. *Direito à duração razoável do processo:* responsabilidade civil do Estado em decorrência da intempestividade processual. São Paulo: Conceito, 2011, p. 180-181.

[186] THEODORO JÚNIOR, Humberto. Abuso de direito processual no ordenamento jurídico brasileiro. In: BARBOSA MOREIRA, José Carlos; MÉDEZ, Francisco Ramos ... [et. al.]. *Abuso dos direitos processuais.* Rio de Janeiro: Forense, 2000, p. 97.

[187] PORTO, Sérgio Gilberto. *Lições de direitos fundamentais no processo civil:* o conteúdo processual da Constituição Federal. Porto Alegre: Livraria do Advogado, 2009, p. 27.

[188] TROLLER, Alois. *Dos fundamentos do formalismo no processo civil.* Tradução de Carlos Alberto Alvaro de Oliveira. Porto Alegre: Sergio Antonio Fabris, 2009, p. 68.

[189] BUENO, José Antonio Pimenta. *Apontamentos sobre as formalidades do processo civil.* 3. ed. corr. aum. Rio de Janeiro: Jacintho, 1911. p. 50-51.

O devido processo legal pode não ser o melhor amigo da celeridade processual, mas, com certeza, não é inimigo da boa justiça. Portanto, ainda que as ações tenham caráter repetitivo, há que prevalecer o interesse público na justa composição da lide,[190] de modo a preservar disposições previstas na legislação processual civil em prol da efetiva satisfação do direito material da parte.

1.3.3. Não conhecimento de recurso por formalismo excessivo

Inegavelmente, as impugnações aos atos judiciais devem observar determinados requisitos legalmente previstos. Os requisitos de admissibilidade proporcionam necessária ordem processual e segurança na vida social.

A experiência tem demonstrado que as formas são necessárias no processo, sua ausência carreia a desordem, a confusão e a incerteza.[191] Consoante Carlos Alberto Alvaro de Oliveira, se o processo não obedecesse a uma ordem determinada, cada ato devendo ser praticado a seu devido tempo e lugar, fácil entender que o litígio desembocaria numa disputa desordenada, sem limites ou garantias para as partes, podendo prevalecer a arbitrariedade e a parcialidade do órgão judicial ou a chicana do adversário.[192]

Entretanto, obviamente, com o passar do tempo e o desaparecimento do elemento mágico e religioso do processo, passa a ser repelida a forma oca, a forma pela forma, persistindo apenas na medida em que possui alguma utilidade, geralmente ligada à segurança das partes.[193]

Assim, não é qualquer inobservância de forma que deve levar ao não conhecimento de um recurso. A pretensão da parte – mormente o direito posto em causa – deve prevalecer ao fetichismo de forma. Não se pode olvidar que um recurso injustamente inadmitido implica o trânsito em julgado da decisão atacada, ou seja, significa cerceamento de defesa para o recorrente.

Aroldo Plínio Gonçalves refere que se assegura o reconhecimento da validade dos atos processuais ainda quando estes, afastando do modelo legal de observância obrigatória, alcançam a finalidade a que se destinam.[194]

Visando, a ilustrar a problemática em lume, registra-se que diariamente é possível identificar nos tribunais brasileiros o não conhecimento de recursos de agravo de instrumento por suposta ausência de peça facultativa.[195]

---

[190] PORTANOVA, Rui. *Princípios do processo civil*. 8. ed. Porto Alegre: Livraria do Advogado, 2013, p. 283.

[191] CHIOVENDA, Giuseppe. *Instituições de direito processual civil*. Campinas: Bookseller, 1998, p. 4.

[192] ALVARO DE OLIVEIRA, Carlos Alberto. *Do formalismo no processo civil*. 2. ed. Rio de Janeiro: Saraiva, 2003, p. 5.

[193] Ibidem, p. 5.

[194] GONÇALVES, Aroldo Plínio. *Nulidades no processo*. Rio de Janeiro: Aide, 1993, p. 50.

[195] BRASIL. Superior Tribunal de Justiça. Quarta Turma. *Agravo Regimental no Recurso Especial nº 508.718-SC*. Relator: Ministro Hamilton Carvalhido. Julgado em: 13-03-2006.

Em primeiro lugar, não é razoável que o julgador não conheça um agravo de instrumento por suposta ausência de "peça facultativa" sem intimar previamente a parte para sanar dita irregularidade. O artigo 525, inciso I, do Código de Processo Civil,[196] elenca as peças obrigatórias que devem instruir a formação do recurso de agravo de instrumento, de modo que, se o julgador entenda que eventual peça facultativa seja essencial para o exato conhecimento das questões discutidas, é indispensável dialogar com a parte recorrente a fim de que esta apresente peça faltante e obtenha a pretensão jurisdicional.

A ausência de peça facultativa à instrução de agravo de instrumento, nos termos do artigo 525, II, do CPC, que é considerada indispensável ao exame da controvérsia, somente obsta o conhecimento do agravo se, oportunizada a sua juntada, o agravante permanecer inerte.[197]

Em que pese configure ônus da parte instruir corretamente o agravo de instrumento, fiscalizando a sua formação e o seu processamento, não pode o recorrente adivinhar que determinada peça facultativa seja indispensável, na ótica do julgador, para a apreciação da controvérsia. A conversão do julgamento em diligência é medida que se impõe em situações deste nível. Neste sentido, anota-se que o Superior Tribunal de Justiça, no âmbito de recurso especial representativo da controvérsia, consagrou entendimento no sentido de que, no agravo do artigo 522 do Código de Processo Civil, entendendo o julgador ausente peças necessárias para a compreensão da controvérsia, deverá ser indicado quais são elas, para que o recorrente complemente o instrumento.[198]

Consoante Carlos Alberto Alvaro de Oliveira, o ideal seria que essa atividade saneadora do juiz se estendesse também às peças obrigatórias, o que, contudo, dependeria de reforma legislativa.[199]

Dentro dessa visão cooperativa, impõe-se ao intérprete compreender e interpretar as normas da melhor maneira, adequando-as, quando possível, à sua

---

[196] O art. 525 do Código de Processo Civil dispõe: "A petição de agravo de instrumento será instruída: I – obrigatoriamente, com cópias da decisão agravada, da certidão da respectiva intimação e das procurações outorgadas aos advogados do agravante e do agravado; II – facultativamente, com outras peças que o agravante entender úteis. § 1º Acompanhará a petição o comprovante do pagamento das respectivas custas e do porte de retorno, quando devidos, conforme tabela que será publicada pelos tribunais. § 2º No prazo do recurso, a petição será protocolada no tribunal, ou postada no correio sob registro com aviso de recebimento, ou, ainda, interposta por outra forma prevista na lei local.".

[197] BRASIL. Superior Tribunal de Justiça. 5ª Turma. Recurso Especial nº 768.438-RJ. Relator: Min. Felix Fischer. *Diário de Justiça da União*, de 20.09.2005.

[198] BRASIL. Superior Tribunal de Justiça. Corte especial. Recurso Especial nº 1.102.467-RJ. Relator: Min. Massami Uyeda. Julgado em 02.05.2012, Diário de Justiça da União, de 20.08.2012.

[199] ALVARO DE OLIVEIRA, Carlos Alberto. O formalismo-valorativo em confronto com o formalismo excessivo. *Revista de Processo*, São Paulo, ano 31, n. 137, p. 7-31, jul. 2006.

[A] este respeito, o Código de Processo Civil Português, na feição adquirida depois das reformas de 1996 e 1997, ao instituir a cooperação como princípio basilar, não descurou de determinar salutarmente no artigo 742, 4, que "Se faltar algum elemento que o tribunal superior considere necessário ao julgamento do recurso, requisitá-lo-á por simples ofício".

função social; negando-lhes incidência, quando contrárias à Lei Fundamental, no que elas tiverem de asseguradoras da dignidade humana.[200]

No Estado Democrático de Direito é vedado ao juiz o não conhecimento de determinada postulação da parte por defeito processual sanável sem que tenha dado oportunidade para saná-lo. Segundo Jesús González Pérez, tal conduta afronta o direito fundamental à tutela jurisdicional efetiva.[201]

Diz Galeno Lacerda,

> não se pode pensar em devido processo legal apenas como preservação do rito, como um valor absoluto e abstrato, para justificar as devastações concretas que a injustiça de um decreto de nulidade, de uma falsa preclusão, da frieza de uma presunção processual desumana, causam à parte inerme. Não é isto fazer justiça. Não é para isto que existe o processo.[202]

O devido processo legal não pode ser aprisionado dentro dos traiçoeiros lindes de mera fórmula. O direito material não pode vir a soçobrar em face de questões de ordem formal, confortada ainda pela diretriz da colaboração entre as pessoas do juízo à vista da obtenção da justiça do caso concreto, desiderato máximo do processo civil no marco teórico do formalismo-valorativo.[203]

A visão instrumental do processo, com repúdio a seu exame exclusivamente interno e rigoroso, constitui abertura do sistema para infiltração dos valores tutelados na ordem político-constitucional e jurídico-material. Atinge-se, assim, valores maiores, que são a correta prestação jurisdicional como meio de certeza e segurança para a sociedade.[204]

O juízo de admissibilidade recursal no processo cooperativo veda ao juiz o não conhecimento de determinada pretensão da parte por defeito processual sanável. O processo civil é instrumento de realização do regime democrático e dos direitos fundamentais, razão pela qual reclama o comprometimento com esses preceitos fundamentais.[205]

---

[200] FREITAS, Juarez. Hermenêutica jurídica: o juiz só aplica a lei injusta, se quiser. *Véritas,* Porto Alegre, v. 32, n. 125, p. 29-38, 1987.

[201] PÉREZ, Jesús González. *El derecho a la tutela jurisicional.* 2. ed. Madrid: Civitas, 1989, p. 65-66.

[202] LACERDA, Galeno. O código e o formalismo processual. *Revista da Ajuris,* Porto Alegre, v. 28, p. 10, 1983.

[203] MITIDIERO, Daniel. *Colaboração no processo civil:* pressupostos sociais, lógicos e éticos. São Paulo: Revista dos Tribunais, 2009, p. 154.

[204] BRASIL. Superior Tribunal de Justiça. Quinta Turma. Recurso Especial 437.594-RS. Relator: Min. Jorge Scartezzini. Julgado em: 01.04.2003. *Diário de Justiça,* 16.06.2003. p. 378.

[205] NERY JUNIOR, Nelson. *Teoria geral dos recursos.* 6. ed. atual. ampl. e reform. São Paulo: RT, 2004, p. 509. No que tange ao conceito de "direitos fundamentais", conforme lição de Ingo Wolfgang Sarlet, cumpre traçar uma distinção, ainda que de cunho predominantemente didático, entre as expressões "direitos dos homens" (no sentido de direitos naturais não, ou ainda não positivados), "direitos humanos" (positivados na esfera do direito internacional) e "direitos fundamentais" (direitos reconhecidos ou outorgados e protegidos pelo direito constitucional interno de cada Estado) (SARLET, Ingo Wolfgang. *A eficácia dos direitos fundamentais.* 11. ed. rev. atual. e ampl. Porto Alegre: Livraria do Advogado, 2012, p. 30).

Galeno Lacerda ensina que a lei que rege a forma deve ser interpretada e aplicada em função do fim. Os malefícios do formalismo no processo resultam, em regra, de defeitos na interpretação da lei processual.[206]

Obviamente, sempre haverá um certo grau de discricionariedade, e pois de criatividade na interpretação de uma lei pelo magistrado. Para Mauro Cappelletti, por mais que o intérprete se esforce por permanecer fiel ao seu texto, ele será sempre forçado a ser livre, porque não há texto legislativo que não deixe espaço para variações ou nuances, para a criatividade interpretativa.[207]

Não obstante, incumbe ao órgão judiciário, mediante uso inteligente, dinâmico e com profundo sentido de responsabilidade, sempre através da interpretação razoavelmente justa, satisfazer eficazmente a função jurisdicional, evitando o abuso do processo.[208]

Outro exemplo de não conhecimento de recurso por formalismo excessivo é a interposição de recurso apócrifo.

Quanto ao ponto, nas instâncias ordinárias têm sido aplicado o entendimento de que o processo, como instrumento de realização de justiça, repudia o excesso de formalismo, que culmina por inviabilizá-la.[209] Todavia, na instância especial não tem sido oportunizada a regularização e o recurso interposto sem a assinatura do advogado é considerado inexistente.[210]

Neste sentido, Sérgio Gilberto Porto pondera que "se o processo valoriza o fim de seus atos, é necessário buscar a justificativa para a assinatura de um recurso. Logicamente, a razão de tal exigência só pode ser a comprovação de que o procurador da parte – e não outra pessoa – elaborou a peça".[211]

Frente a tais situações, José Carlos Barbosa Moreira leciona que não devem os tribunais arvorar em motivos de não conhecimento circunstâncias de que o texto legal não cogita, nem mesmo implicitamente, agravando sem razão consistente exigências por ele feitas, ou apressando-se a interpretar em desfavor do recorrente dúvidas suscetíveis de suprimento.[212]

---

[206] LACERDA, Galeno. O código e o formalismo processual. *Revista da Ajuris*, v. 10, n° 28, p. 8, jul. 1983.

[207] CAPPELLETTI, Mauro. *Juízes legisladores?* Trad. Carlos Alberto Alvaro de Oliveira. Porto Alegre : S. A. Fabris, 1993, p. 24.

[208] SOSA, Gualberto Lucas. Abuso de derechos processales. *In:* BARBOSA MOREIRA, José Carlos; MÉDEZ, Francisco Ramos ... [et. al.]. *Abuso dos direitos processuais.* Rio de Janeiro: Forense, 2000, p. 65-66.

[209] BRASIL. Superior Tribunal de Justiça. Quarta Turma. Recurso Especial n° 15.713-MG. Relator Min. Sálvio de Figueiredo Teixeira. *Diário de Justiça,* 24.02.1992.

[210] BRASIL. Superior Tribunal de Justiça. Terceira Turma. Recurso Especial n° 442.055-RN. Relator: Min. Antônio de Pádua Ribeiro. *Diário de Justiça,* 05.12.2002. Registre-se que o Supremo Tribunal Federal, em acórdão de lavra do Ministro Soares Muñoz, decidiu: "a falta de assinatura na petição recursal constitui mero lapso, pois foi ela datilografada em papel timbrado pertencente aos advogados que desde a inicial, vêm patrocinando os interesses dos recorrentes e que, posteriormente, através de vários atos inequívocos, inclusive pela interposição do agravo de instrumento, ratificaram a interposição do recurso excepcional". (BRASIL. Supremo Tribunal Federal. *Recurso Extraordinário n° 90.116-3.* Primeira Turma. Relator: Min. Soares Muños. Revista dos Tribunais, v. 546, p. 243, s.d.).

[211] PORTO, Sérgio Gilberto. *Manual dos recursos cíveis.* 3. ed Porto Alegre: Livraria do Advogado, 2011, p. 74.

[212] BARBOSA MOREIRA, José Carlos. *Temas de Direito Processual.* São Paulo: Saraiva, 2007, p. 270.

Para Guilherme Rizzo Amaral, grave deformidade causada pela massificação dos litígios é a supervalorização da forma, como um meio de reduzir as pilhas de autos que se acumulam nos tribunais. O volume absurdo de processos tende a tornar os juízes verdadeiras máquinas, incapazes muitas vezes de refletir sobre soluções adequadas e moldadas para cada caso.[213]

A prática forense demonstra que não conhecer um recurso por eventual irregularidade formal, seja por eventual ausência de peça facultativa ou por ausência de assinatura do advogado procurador do recorrente, é muito mais célere e conveniente do que enfrentar o seu mérito. Entretanto, na verdade, a criação de requisitos formais por órgãos do Judiciário distancia-se da celeridade pretendida, pois a parte sucumbente tende a recorrer para discutir problemas de forma, como num círculo vicioso.

O processo civil deve viabilizar, tanto quanto possível, a resolução de mérito de forma que se alcance efetiva distribuição de Justiça.[214] O formalismo processual deve servir para a conservação da paz jurídica, a aplicação e o estabelecimento do direito.[215]

Não obstante se tratem de ações repetitivas, nas quais os órgãos jurisdicionais têm utilizado de técnicas de julgamento em larga escala (massificação), não se pode condicionar o reexame de um caso concreto extremamente danoso e irreversível a um juízo de admissibilidade despropositado e injusto. Em consonância com o princípio do devido processo legal, há que se adotar, sempre que possível, a opção que aumente a viabilidade do processo e as chances de julgamento da causa.

1.4. Notas sobre as reformas processuais, a contenção da litigiosidade e o reflexo da estrutura do Judiciário

Há algumas décadas o atual Código de Processo Civil brasileiro, que resultou da Lei 5.869, de 11 de janeiro de 1973, tem sido alvo de diversas reformas com o objetivo de adaptar as normas processuais a mudanças na sociedade e ao funcionamento das instituições.[216]

---

[213] AMARAL, Guilherme Rizzo. A proposta de um "incidente de resolução de demandas repetitivas". In: TESHEINER, José Maria (Org.). *Processos coletivos.* Porto Alegre: HS Editora, 2012, p. 268-269.

[214] BRASIL. Superior Tribunal de Justiça. Quinta Turma. *Recurso Especial 963.977-RS.* Relatora: Ministra Nancy Andrighi. Julgado em: 05-09-2008.

[215] TROLLER, Alois. *Dos fundamentos do formalismo no processo civil.* Tradução de Carlos Alberto Alvaro de Oliveira. Porto Alegre: Sergio Antonio Fabris, 2009, p. 37.

[216] Guilherme Rizzo Amaral refere que "em especial a partir de 1985, com a promulgação da Lei 7.347 (Lei da Ação Civil Pública), juristas de escol passaram a implementar reformas pontuais no sistema processual brasileiro" (AMARAL, Guilherme Rizzo. Técnicas de tutela e o cumprimento da sentença no Projeto de Lei 3.253/04: uma análise crítica da reforma do Processo Civil brasileiro. In: AMARAL, Guilherme Rizzo Amaral; CARPENA, Márcio Louzada (Coords.). *Visões críticas do processo civil brasileiro:* uma homenagem ao Prof. Dr. José Maria Rosa Tesheiner. Porto Alegre: Livraria do Advogado, 2005, p. 126). Já Araken de Assis

Segundo José Eduardo Faria, embora o país tenha evoluído de uma sociedade agrário-exportadora para uma sociedade urbana de massas, o que modificou profundamente a natureza, a intensidade e o alcance dos conflitos, muitas de suas leis básicas não foram modernizadas, obrigando assim a magistratura a aplicar normas em inúmeros casos ultrapassadas.[217]

A preocupação com a eficiência e a efetividade passaram a ocupar grande relevância no processo civil. Athos Gusmão Carneiro assinala que o processo teve de mudar, porque o mundo vem mudando muito rapidamente. Diz o autor:

> Antigamente todos aceitavam que processo era uma coisa para alongar-se muito tempo, as necessidades processuais não tinham este caráter de urgência da atualidade. As relações jurídicas, as relações negociais, tudo era muito lento. A única coisa considerada urgente mesmo eram as ações possessórias de força nova, as violações ao direito de posse. Fora disso, os processos tramitavam calmamente, e ninguém se insurgia contra isso, porque o mundo também andava calmamente. De repente, eclodiu esta verdadeira revolução nas comunicações. E a estrutura do processo cumpria acompanhar esta revolução. Tudo passou a ser rápido, tudo passou a ser urgente.[218]

Rodolfo de Carmargo Mancuso refere que a garantia constitucional da inafastabilidade do Judiciário (ou do acesso à justiça) tem recebido, no Brasil, leitura ou compreensão muito acentuada, o que invariavelmente tem acarretado no acúmulo de serviço judiciário.[219]

Com a ampliação do acesso à jurisdição e o aumento expressivo das demandas de massa, segundo Carlos Alberto Alvaro de Oliveira, houve reflexos na legislação processual que, como se sabe, tem sido objeto de diversas reformas com vistas a uma atuação mais efetiva do processo e do Poder Judiciário.[220]

---

registra que "desde 1992 realizam-se com afinco e desenvoltura, entre nós, tais alterações na lei processual. A bem da verdade, o movimento renovador iniciou durante os trabalhos do Primeiro Congresso Nacional de Direito Processual Civil, organizado pelo Instituto dos Advogados do Rio Grande do Sul – então presidido por Luiz Carlos Lopes Madeira, hoje integrante do Conselho Nacional do Ministério Público – e realizado em Porto Alegre, no ano de 1983, no qual processualistas de todo o Brasil apresentaram numerosas teses. E uma delas, de autoria de Ovídio A. Baptista da Silva, teve a ventura de originar a antecipação dos efeitos da sentença, hoje prevista no art. 273 do CPC" (ASSIS, Araken de. Duração razoável do processo e reformas da lei processual civil. *Revista Jurídica,* Porto Alegre, v. 372, p. 11-27, out. 2008).

[217] FARIA, José Eduardo Campos de Oliveira. A crise do poder judiciario no brasil. Justiça e Democracia., *Revista Semestral de Informação e Debates,* São Paulo, Associação Juízes para a Democracia, v. 1, p. 18-64, 1996.

[218] CARNEIRO, Athos Gusmão. Execução de título extrajudicial. In: *As recentes reformas processuais:* leis 11.187, de 19/10/05; 11.232, de 22/12/05; 11.276, de 07/02/06; 11.277, de 07/02/06; 11.280, de 16/02/06. [ciclo de estudos]. Coordenação Geral: Luiz Felipe Brasil Santos; coordenação adjunta: Rejane Maria Dias de Castro Bins. Porto Alegre: Tribunal de Justiça do Estado do Rio Grande do Sul. Departamento de Artes Gráficas, 2006, p. 16. (Cadernos do Centro de Estudos; v. 1).

[219] MANCUSO, Rodolfo de Camargo. A realidade judiciária brasileira e os tribunais da federação. In: FUX, Luiz; NERY JÚNIOR, Nelson; ALVIM, Teresa Arruda (Coord.). *Processo e Constituição:* estudos em homenagem ao Professor José Carlos Barbosa Moreira, São Paulo: Revista dos Tribunais, 2006, p. 1068-1077.

[220] ALVARO DE OLIVEIRA, Carlos Alberto. Efetividade e Processo de Conhecimento. *Revista de Processo*, São Paulo: Revista dos Tribunais, 1999, v. 96, p. 59-69.

Cândido Rangel Dinamarco refere que o Código de Processo Civil de 1973 veio a lume como um excelente instrumento técnico, mas faltavam-lhe ingredientes que hoje não se pode prescindir. Tratava-se de um Código individualista, como o de antes, e o estilo de processo e procedimentos que oferece é o mesmo; havia muito a fazer, e ele não fez, em prol da desburocratização e consequente agilização do sistema.[221]

Por conseguinte, na visão do referido processualista, o atual diploma processual tem se adaptado de modo a observar três premissas fundamentais:

A abertura do processo aos influxos metajurídicos que a ele chegam pela via do direito material, a transmigração do individual para o coletivo e a necessidade de operacionalizar o sistema, desburocratizá-lo e deformalizá-lo tanto quanto possível, com vista a facilitar a obtenção dos resultados justos que dele é lícito esperar.[222]

Entre as reformas processuais importantes, José Maria Tesheiner e Mariângela Guerreiro Milhoranza destacam:

A generalização da antecipação de tutela; a preferência pela tutela específica, com escolha pelo juiz, dos meios conducentes a este resultado; a penhora *on line;* a interposição de agravo de instrumento perante o tribunal *ad quem;* a súmula vinculante; o requisito da repercussão geral no recurso extraordinário; o procedimento para o julgamento de recursos com fundamento em idêntica questão de direito no STJ.[223]

---

[221] DINAMARCO, Cândido Rangel. *A reforma da reforma.* 5. ed. rev. atual. São Paulo: Malheiros, 2003, p. 24.

[222] Ibidem, p. 38. Cândido Rangel Dinamarco alerta que "o espírito da Reforma da Reforma é o mesmo da própria Reforma. Tanto quanto esta também aquela é filha do empenho em oferecer meios para que a tutela jurisdicional seja efetiva, tempestiva e justa" (Ibidem, p. 36). Quanto aos motivos que desencadearam as reformas parciais do Código de Processo Civil de 1973, José Maria Tesheiner e Mariângela Guerreiro Milhoranza apontam como existentes quatro ondas de reformas (TESHEINER, José Maria Rosa; MILHORANZA, Mariângela Guerreiro. *Estudos sobre as reformas do Código de Processo Civil.* Porto Alegre: Notadez/HS Editora, 2009, p. 46-47).

[223] TESHEINER, José Maria Rosa; MILHORANZA, Mariângela Guerreiro. *Estudos sobre as reformas do Código de Processo Civil.* Porto Alegre: Notadez/HS Editora, 2009, p. 46-47. Dentre as principais leis recentes que reformaram o Código de Processo Civil, José Augusto Delgado destaca: (...) a) a primeira, com a Lei nº 5.925/73 (antes da entrada em vigor do Código de Processo Civil de 1973, no período de sua *vacatio legis,* alterou vários artigos); b) a segunda, após a promulgação da Constituição Federal de 1988, com a Lei nº 8.038/90 (instituiu normas procedimentais para os processos em curso perante o STJ e STF); c) a terceira, refletindo retrocesso, com a Lei nº 8.076/90 (estabeleceu hipóteses em que fica suspensa a concessão de medidas liminares, lei que vigorou até 15.09.92); d) a quarta, com a Lei nº 8.397/92 (instituiu a medida cautelar fiscal); e) a quinta, com a Lei nº 8.437/92 (restringiu a concessão de medidas cautelares contra atos do Poder Público); f) a sexta, com a Lei nº 8.950/94 (alterou dispositivos relativos aos recursos); g) a sétima, com a Lei nº 8.952/94 (alterou o processo de conhecimento e o processo cautelar, instruindo, entre outras entidades, os efeitos da tutela antecipada), h) a oitava, com a Lei nº 9.307/96 (arbitragem); i) a nona, com a Lei nº 9.494/97 (disciplina a aplicação de tutela antecipada contra a Fazenda Pública); j) a décima, com a Lei nº 9.868/99 (regulou o processo e o julgamento da ADIN e da ADC perante o STF); k) a décima primeira, com a Lei nº 11.187/05 (deu nova disciplina aos agravos), l) a décima segunda, com a Lei nº 11.232/2005 (estabeleceu a fase de cumprimento das sentenças no processo de conhecimento e revogou dispositivos relativos à execução fundada em título judicial contra pessoas físicas e jurídicas), m) a décima terceira, com a Lei nº 11.276/06 (alterou dispositivos relativamente à forma de interposição de recursos, ao saneamento de nulidades processuais, ao recebimento do recurso de apelação e outras questões); n) a décima quarta, com a Lei nº 11.277/06 (autoriza o julgamento liminar de improcedência da demanda); o) a décima quinta com a Lei nº 11.280/06 (alterou dispositivos relativos à incompetência relativa, meios eletrônicos no processo, prescrição, distribuição por dependência, exceção de incompetência, revelia, carta precatória e rogatória, ação

A par das diversas reformas processuais já ocorridas, Araken de Assis observa que se difundiu a impressão de que a causa provável da lentidão reside na obsolescência das leis processuais, concebidas sob a égide do individualismo, antiquadas e imprestáveis para veicular o processo na sociedade de massas contemporânea. Daí a relação que se estabelece, para o bem ou para o mal, entre a duração razoável do processo e mudanças nas respectivas leis.[224]

No que tange à crença de que cabe aos defeitos da legislação processual a maior responsabilidade pela duração excessiva dos pleitos, José Carlos Barbosa Moreira sustenta: "a demora resulta da conjugação de múltiplos fatores, entre os quais não me parece que a lei com todas as suas imperfeições que tem, ocupe o lugar de máximo relevo".[225]

Para Ernane Fidélis dos Santos, a falta de metodologia das reformas parciais do Código de Processo Civil de 1973 apresenta inconvenientes. "As emendas parciais exigem uma convergência de ideias e estudos que nem sempre se opera".[226] José Augusto Delgado destaca que o panorama de reformas legislativas cria insegurança nos meios do processo ser trabalhado pelos juízes monocráticos e pelos Tribunais.[227]

Araken de Assis, ao indagar quais os frutos produzidos pelo labor legislativo, responde que infelizmente se o objetivo das reformas tende a alcançar a efetividade, e a economia de tempo e esforços em cada processo é um dos fatores determinantes para o sucesso da empreitada, torna-se imperioso reconhecer o efeito contrário da imensa maioria das erráticas alterações. Entretanto, "impõe-se persistir no afã reformista, afinal a única vereda promissora para tornar efetiva a proposição do art. 5º, LXXXVIII, da CF/88, e obter a almejada duração razoável do processo".[228]

---

rescisória e vista dos autos); p) a décima sexta, com a Lei nº 11.382/2006 (processo de execução); q) a décima sétima, com a Lei nº Lei nº 11.418/2007 (regulamentação da repercussão geral no recurso extraordinário); r) a décima oitava, com a Lei nº 11.419/2006 (instituiu a informatização do processo judicial); s) a décima nova, com a Lei nº 11.441/2007 (possibilidade de realização de inventário, partilha, separação consensual e divórcio consensual por via administrativa); t) a vigésima, com a Lei nº 11.672/08 (alterando o artigo 543-C, estabelece procedimento para o julgamento de recursos repetitivos no âmbito do STJ) (DELGADO, José Augusto. Aspectos controvertidos da reforma do CPC – 2006/2007. Repercussão geral, recursos repetitivos e súmula vinculante. *Revista Jurídica,* Porto Alegre, v. 383, p. 12-13, set. 2009).

[224] ASSIS, Araken de. Duração razoável do processo e reformas da lei processual civil. *Revista Jurídica,* Porto Alegre, v. 372, p. 11-27, out. 2008.

[225] O autor prossegue: "Recordemos, antes de mais nada, a escassez dos órgãos judiciais, a baixa relação entre o número deles e a população em constante aumento, com a agravante de que os quadros existentes registram uma vacância de mais de 20%, que na primeira instância nem a veloz sucessão de concursos públicos consegue preencher. (...)" (BARBOSA MOREIRA, José Carlos. *Temas de direito processual.* Oitava série. São Paulo: Saraiva, 2004, p. 4).

[226] SANTOS, Ernane Fidélis dos. *As reformas de 2005 do Código de Processo Civil:* execução dos títulos judiciais e agravo de instrumento. São Paulo: Saraiva, 2006, p. 94.

[227] DELGADO, José Augusto. Aspectos controvertidos da reforma do CPC – 2006/2007. Repercussão geral, recursos repetitivos e súmula vinculante. *Revista Jurídica,* Porto Alegre, v. 383, p. 11-44, set. 2009.

[228] O autor refere como exemplo o art. 71 da Lei 10.741/03 (Estatuto do Idoso), o qual assegurou, em qualquer instância, prioridade à tramitação do processo em que figure como parte ou interveniente pessoa com idade

José Maria Tesheiner e Mariângela Guerreiro Milhoranza ressaltam que houve alterações que em nada afetaram a prática; outras mais provocaram dúvidas do que resolveram problemas. Mas houve, também, reformas importantes, que modernizaram o Código. Pesados os prós e os contras, o saldo das reformas é amplamente positivo.[229]

Para a correta valoração das reformas processuais, José Carlos Barbosa Moreira sustenta a necessidade de dados objetivos sobre o impacto por elas produzido no cotidiano forense. "Infelizmente estatísticas não são o nosso forte: ou simplesmente inexistem, ou, quando existem, nem sempre se mostram acessíveis e fidedignas".[230]

Na mesma linha, Humberto Theodoro Júnior pondera que é preciso conhecer as causas que, *in concreto,* frustram o desiderato normativo. E isto, obviamente, será inatingível, pelo menos com seriedade e segurança, se a organização dos serviços judiciários não contar com órgãos especiais de estatísticas.[231]

Vale referir que a partir da Emenda Constitucional nº 45, de 30 de dezembro de 2004, que incluiu o artigo 103-B na Constituição Federal, foi criado no Poder Judiciário o Conselho Nacional de Justiça (CNJ), o qual foi instalado em 14 de junho de 2005. Desde a referida data, cabe ao Conselho Nacional de Justiça elaborar semestralmente relatório estatístico sobre processos e sentenças prolatadas, por unidade da Federação, nos diferentes órgãos do Poder Judiciário, em observância aos termos do disposto no artigo 103-B, § 4º, inciso VI, da Constituição Federal.[232]

Embora criticadas e elogiadas, não serão, como é intuitivo, as simples reformas processuais que irão tornar realidade, entre nós, o acesso à justiça e a efetividade do processo. Nas palavras de Humberto Theodoro Júnior: "O tão

---

igual ou superior a 60 (sessenta) anos. É uma disposição que propicia, em tese, duração razoável a tal classe de processos. No entanto, o expediente revela-se insuficiente para impor à realidade multiforme de processos heterogêneos, tão só porque alheis participe pessoa idosa, a almejada brevidade (ASSIS, Araken de. Duração razoável do processo e reformas da lei processual civil. *Revista Jurídica,* Porto Alegre, v. 372, p. 14, out. 2008).

[229] TESHEINER, José Maria Rosa; MILHORANZA, Mariângela Guerreiro. *Estudos sobre as reformas do Código de Processo Civil.* Porto Alegre: Notadez. HS Editora, 2009, p. 46-47.

[230] BARBOSA MOREIRA, José Carlos. Reformas processuais e poderes do juiz. *Revista Jurídica,* Porto Alegre: Notadez Informação, v. 306, p. 17, 2003. A este respeito, Araken de Assis sustenta: "Apenas a coleta de dados permitiria avaliar em que medida a lei infraconstitucional favorece e concede aos litigantes os 'meios' referidos na Constituição para obter a 'duração razoável' do processo. Entre nós, porém, poucos se entregam a semelhantes pesquisas. Não é demasia afirmar que a base racional de todas as alterações empreendidas sofre de vício congênito e insanável. Baseiam-se em palpites mais ou menos felizes" (ASSIS, Araken de. Duração razoável do processo e reformas da lei processual civil. *Revista Jurídica,* Porto Alegre, v. 372, p. 13, out. 2008).

[231] THEODORO JÚNIOR, Humberto. Celeridade e efetividade da prestação jurisdicional, insuficiência da reforma das leis processuais. *O Sino do Samuel: Jornal da Faculdade de Direito da UFMG,* Belo horizonte, Universidade Federal de Minas Gerais, n. 76, p. 4-5, 2004.

[232] O artigo 103-B, § 4º, inciso VI, da Constituição Federal dispõe: "Art. 103-B. (...) § 4º Compete ao Conselho o controle da atuação administrativa e financeira do Poder Judiciário e do cumprimento dos deveres funcionais dos juízes, cabendo-lhe, além de outras atribuições que lhe forem conferidas pelo Estatuto da Magistratura: (...) VI – elaborar semestralmente relatório estatístico sobre processos e sentenças prolatadas, por unidade da Federação, nos diferentes órgãos do Poder Judiciário;".

sonhado processo justo, que empolgou e dominou todos os processualistas no final do século XX continua a depender de reformas, não de leis processuais, mas da justiça como um todo".[233]

De modo geral, diversas reformas têm sido implementadas na seara do processo civil brasileiro buscando, ainda que implicitamente, conter a grande litigiosidade da sociedade contemporânea.

Quanto ao grande aumento da litigiosidade no mundo contemporâneo, Araken de Assis diz:

> A pessoa na sociedade pós-moderna, devidamente etiquetada (consumidor, contribuinte, cidadão e assim por diante, conforme a situação), assume a condição de litigante inverterado e intransigente (...). Não é aqui o lugar nem temos habilitação para avaliar as causas dessa tendência universal. Presumivelmente a preponderância do individualismo, o abandono das práticas comunitárias, a insuficiência dos mecanismos de repressão política, a complexidade e a diversidade sociais, contribuem em grau variável para o quadro.[234]

De modo geral, "poucos aquiescem passivamente à adversidade. O vencido nunca se conforma com a decisão desfavorável. Se a decisão é justa ou injusta é questão insolúvel da qual se ocupam os filósofos sem muito sucesso".[235]

Carlos Alberto Carmona e José Roberto Bedaque salientam que "a nossa formação cultural estimula os advogados a recorrerem de tudo, contra tudo e contra todos", tornando intermináveis os processos.[236]

No mesmo sentido, Vicente Greco Filho entende que de nada adianta tentar inibir a sofreguidão impugnativa dos litigantes através de reformas processuais. Defende o autor:

> A intenção de inibir a interposição de recursos ou mesmo a exclusão de algumas espécies, tem sido e, certamente será, frustrante no Brasil, porque, excluído ou inibido um recurso, imediatamente a criatividade dos advogados descobre um sucedâneo, às vezes muito mais complexo. E os tribunais acabam aceitando.[237]

Conforme relembra Teresa Arruda Alvim Wambier, a história demonstra que a limitação excessiva à recorribilidade das decisões interlocutórias, se imposta em um procedimento que, por sua própria natureza, tende a ser demorado e complexo, dificilmente conduzirá a resultados plenamente satisfatórios.

---

[233] THEODORO JÚNIOR, op. cit., p. 4-5.

[234] ASSIS, Araken de. Duração razoável do processo e reformas da lei processual civil. *Revista Jurídica,* Porto Alegre, v. 372, p. 17, out. 2008.

[235] ASSIS, Araken de. *Manual dos recursos.* 5. ed. São Paulo: Revista dos Tribunais, 2012, p. 71.

[236] BEDAQUE, José Roberto dos Santos; CARMONA, Carlos Alberto. A posição do juiz: tendências atuais. *Revista Forense,* Rio de Janeiro, v. 349, p. 86, 2000.

[237] GRECO FILHO, Vicente. Questões sobre a Lei 9.756, de 17 de dezembro de 1998 In: ALVIM, Teresa Arruda; NERY JÚNIOR, Nelson (Coord.). *Aspectos polêmicos e atuais dos recursos cíveis de acordo com a Lei 9.756/98.* São Paulo: Revista dos Tribunais, 1999, p. 599.

É que, diante de uma restrição excessiva à admissibilidade de um recurso, pouco a pouco a comunidade jurídica tende a admitir o alargamento de suas hipóteses de cabimento, ou o uso, ainda que anômalo, de um outro remédio processual. Trata-se do que ocorria com o manejo do mandado de segurança.[238]

Por mais que se pretenda conter a litigiosidade reduzindo a quantidade de processos ou recursos, não se pode esquecer que a sociedade brasileira é altamente resistente à adoção de mecanismos neste sentido.

Para Ovídio Araújo Batista da Silva, a crise do Poder Judiciário é reflexo de uma ampla e profunda crise institucional. Os problemas da justiça são estruturais e não funcionais:

> Nossa percepção não alcança os problemas estruturais que condicionam a atual situação vivida pelo Poder Judiciário – seja porque eles se tornaram, para nossa compreensão, "naturais", como o dia e a noite e o movimento dos astros –, seja por parecerem-nos, de qualquer modo, como inalteráveis.[239]

O artigo 5°, inciso LXXXVIII, da CF/88, incluído por força da Emenda Constitucional n° 45, de 2005, antevê a existência de meios para assegurar a qualquer processo uma "duração razoável". Esta regra se refere tanto a meios hábeis para agilizar o processo os mecanismos porventura existentes ou a instituir nas leis processuais, quanto a "meios humanos e materiais" acerca da ampliação da "oferta" jurisdicional.[240]

José Rogério Cruz e Tucci, ao afirmar a existência de um inequívoco descompasso entre a legislação codificada e a realidade do serviço judiciário, questiona:

> É normal aguardar-se mais de 2 anos pelo exame, no juízo *a quo*, da admissibilidade do recurso especial ou extraordinário? É normal esperar por mais de 4 anos, após encerrada a instrução, a prolação de sentença num determinado processo em curso perante a Justiça Federal? É normal a publicação de um acórdão do Supremo mais de 3 anos depois do julgamento? É normal, etc., etc., etc.?!? A resposta, em senso negativo, para todas estas indagações, é elementar....[241]

Na prática, a estrutura do Poder Judiciário é extremamente precária para atender ao enorme número de causas atualmente ajuizadas e recursos interpostos. A demanda judicial não guarda proporção compatível com o número de

---

[238] WAMBIER, Teresa Arruda Alvim. *Os agravos no CPC brasileiro*. 4. ed. rev. atual. e ampl. de acordo com a nova Lei do Agravo (Lei 11.187/2005). São Paulo: Revista dos Tribunais, 2005, p. 95.

[239] SILVA, Ovídio Araújo Baptista da. Da função à estrutura. *Revista de Processo*, São Paulo, v. 33, n. 158, p. 11, abr. 2008.

[240] ASSIS, Araken de. Duração razoável do processo e reformas da lei processual civil. *Revista Jurídica*, Porto Alegre, v. 372, p. 13, out. 2008. A Emenda Constitucional n° 45, de 2005, acrescentou ao art. 93, XIII, da CF/88, a exigência de que "o número de juízes na unidade jurisdicional será proporcional à efetiva demanda judicial e à respectiva população".

[241] TUCCI, José Rogério Cruz e. O judiciário e os principais fatores de lentidão da justiça. *Revista do Advogado*, São Paulo, aasp, v. 56, p. 78, 1999.

magistrados. Segundo José Carlos Barbosa Moreira, é inexpressivo o número de juízes brasileiros em relação à população.[242]

Com efeito, Humberto Theodoro Júnior observa que os quadros de magistrados e a organização de seus gabinetes são completamente incompatíveis com o volume gigantesco e sempre crescente dos serviços do foro brasileiro.[243]

No que tange à média de juízes estaduais por habitante, conforme dados do Conselho Nacional de Justiça, em 2007, havia uma proporção de seis magistrados para cada 100 mil habitantes. Em 2010, havia nove magistrados por 100 mil habitantes brasileiros, o que equivale a aproximadamente 1 magistrado para cada 11.111 cidadãos.[244]

No Uruguai, a relação Juiz-cidadão é 1 por 5.000 habitantes, enquanto na Alemanha é 1 por 4.000 habitantes.[245]

A título ilustrativo e atécnico, vale comparar o número de juízes e de julgamentos havidos no Superior Tribunal de Justiça e na *Corte di Cassazione* italiana.[246] O Superior Tribunal de Justiça, como se sabe, conta com trinta e três ministros, divididos em seis Turmas, às quais cabe o julgamento de questões de direito público, privado e criminal e, em 2002, julgaram 169.043 processos. Por outro lado, conforme dados citados por Andrea Proto Pisani, a *Corte di Cassazione* italiana conta com 140 juízes apenas para as causas cíveis, e, em 1995, foram julgadas 15 mil causas.[247]

A corregedora do Conselho Nacional de Justiça (CNJ), Ministra Eliana Calmon, defende o fortalecimento da Justiça de 1ª instância:

A Justiça de 1ª instância está sucateada. Faltam equipamentos e servidores; os juízes estão sobrecarregados. Há muitos processos com sentença acumulados nos cartórios, porque não há, sequer, servidor para fazer o registro necessário à publicação da sentença.[248]

---

[242] BARBOSA MOREIRA, José Carlos. *Temas de direito processual*. São Paulo: Saraiva, 1997, p. 101.

[243] THEODORO JÚNIOR, Humberto. Abuso de direito processual no ordenamento jurídico brasileiro. In BARBOSA MOREIRA, José Carlos; MÉDEZ, Francisco Ramos ... [*et al.*]. *Abuso dos direitos processuais*. Rio de Janeiro: Forense, 2000, p. 93-129.

[244] EUZÉBIO, Gilson Luiz. *Número de magistrados cresce 3,2% no ano. Agência CNJ de Notícias*. 29 ago. 2011. Disponível em: <http://www.cnj.jus.br/noticias/cnj/15586:numero-de-magistrados-cresce-32-no-ano&catid= 223:cnj>. Acesso em: 13 maio 2012.

[245] ALMEIDA, Jorge Luiz de (Coord.). *A reforma do poder judiciário. Uma abordagem sobre a Emenda Constitucional n. 45/2004*. Campinas: Millennium, 2006.

[246] SICA, Heitor Vitor Mendonça. Recorribilidade das interlocutórias e reformas processuais: novos horizontes do agravo retido. In: Coord. NERY JÚNIOR, Nelson; WAMBIER, Teresa Arruda Alvim (Coords.). *Aspectos polêmicos e atuais dos recursos cíveis e de outros meios de impugnação às decisões judiciais*. São Paulo: Revista dos Tribunais, 2005, p. 161-230.

[247] PISANI, Andrea Proto. *Lezioni di diritto processuale civile*. 3. ed. Napoli: Jovene, 1999, p. 18-19.

[248] BRASÍLIA. Distrito Federal. Jorge Vasconcelos. Agência CNJ de Notícias. Divulgado em: 16/09/2011. Ministra Eliana Calmon defende fortalecimento da Justiça de 1ª instância. Disponível em: <http://www.cnj. jus.br/noticias/cnj/15953-ministra-eliana-calmon-defende-fortalecimento-da-justica-de-1-instancia>. Aces-

Em sentido contrário, Rodolfo de Camargo Mancuso sustenta que:

Os programas e estratégias que dentre nós vão sendo excogitados e implementados em termos de política judiciária, mostram-se focados na vertente quantitativa do problema, isto é, no volume excessivo de processos: ao aumento da demanda (mais processos) se intenta responder com um incessante crescimento da base física do Judiciário (mais fóruns, mais juízes, mais equipamentos de informática, enfim: mais custeio), sem que se dê conta de que tal estratégia muito se assemelha do popular enxugar gelo, a par de agravar a situação existente, na medida em que o aumento da oferta acaba por retroalimentar a demanda, disseminando junto à população a falácia de que toda e qualquer controvérsia pode e deve ser judicializada, quando antes e superiormente, caberia expandir a informação quanto ao acesso a outros meios, auto ou heterocompositivos.[249]

Na mesma linha, Araken de Assis entende que a expansão do aparato judiciário, se mostra equivocada por duas razões:

Em primeiro lugar, se a Justiça é um serviço público, e subordina-se aos princípios gerais desses serviços, então é inútil o aumento da oferta. Ele jamais alcançará o nível das necessidades atuais e, ao contrário, realimentará a demanda. Embora a ausência de dados confiáveis, a implantação dos Juizados Especiais Federais, criados pela Lei 10.259, de 12.07.2001, sugere que não cabe depositar as esperanças nesta solução. Os Juizados Especiais foram dimensionados considerando a quantidade e a qualidade dos litígios então pendentes nas Varas federais. Tão-logo se anunciou com o estrépito dos meios de comunicação social o serviço, contudo, observou-se o recrudescimento da demanda, surgindo novos e variados litígios. O colapso não se mostra iminente, conforme testemunham seus zelosos e idealistas participantes; porém, tampouco atingiu a brevidade almejada.

No entanto, há outra razão crucial: as limitações orçamentárias.[250]

Já Antonio Pessoa Cardoso afirma que o simples aumento do número de juízes não resolve a desordem atual do Judiciário. O erro situa-se na ineficiência das corregedorias para separar e apontar os juízes que julgam daqueles que se limitam a despachar ou a ostentar a toga para obtenção de vantagens indevidas.[251]

---

so em: 10 jul. 2012. Ruy Rosado de Aguiar fez uma análise pessimista sobre as perspectivas de melhoria da estrutura do judiciário. Segundo o ministro, seriam necessários mais recursos para investimento na estrutura do Judiciário, com a contratação de novos juízes e criação de novas varas. Entretanto, dificilmente haverá no Brasil uma política voltada ao aumento na aplicação de verbas no Poder Judiciário. O motivo é simples: a Justiça Estadual já gasta 6% da receita dos Estados. E não há perspectiva de redução. "Quando um juiz se aposenta não há criação de uma nova vaga porque a despesa continua com a aposentadoria" (BRASÍLIA. Distrito Federal. Conselho Nacional de Justiça (CNJ). Número de processos dobra e o de juízes aumenta só 15%. *Notícia*. 23 ago 2002. Disponível em: <http://www.conjur.com.br/2002-ago-23/ministro_nao_preve_perspectivas_melhoria_justica>. Acesso em: 10 jul. 2012).

[249] MANCUSO, Rodolfo de Camargo. A resolução dos conflitos e a função judicial no contemporâneo estado de direito. *Revista dos Tribunais*, São Paulo: Revista dos Tribunais, n. 888, p. 9-34, out. 2009.

[250] ASSIS, Araken de. Duração razoável do processo e reformas da lei processual civil. *Revista Jurídica*, Porto Alegre, v. 372, p. 18, out. 2008.

[251] CARDOSO, Antonio Pessoa. A sentença e o juiz: as principais causas da lentidão dos julgamentos. *Consulex: Revista Jurídica*, Brasília, v. 6, n. 122, p. 10-12, 2002.

A par de tais posicionamentos desfavoráveis ao aumento do número de juízes no Judiciário, nada garante que o aumento do número de juízes provocaria a maior lesão ou ameaça de lesão a direitos a ensejar que a população se dirigisse aos foros para ajuizar ações.

Não se pode olvidar, como destaca Adão de Assunção Duarte, que a Constituição Federal de 1988 brindou a todos com a mais intensa e extensa gama de direitos e garantias, individuais e coletivos, sociais e econômicos, profissionais e culturais, a ponto de se chocarem alguns entre si, daí emergindo conflitos que desembocam no Judiciário e a necessidade de maiores recursos materiais e humanos. Na visão do autor,

> Basta lembrarmos que a implementação de cada plano econômico produziu uma avalanche de processos e procedimentos em direção ao Judiciário. A sociedade ficou mais atenta (...). Espoucaram mandados de segurança individuais e coletivos. Choveram ações cautelares. Brotaram ações declaratórias, de repetição de indébito, ordinárias e outras em uma proporção sem precedentes.

> Ora, com essa nova arrancada da sociedade rumo ao Judiciário, este Poder, mormente nas grandes questões a nível nacional, pode responder, à altura, aos anseios sociais e institucionais e assim o fez, e está fazendo, (...) porque se moderniza e se modernizou nesses últimos anos (...).

> Entretanto, com a efervescência e mobilização por que passa a sociedade brasileira, sentimos que a modernização do Poder Judiciário deve prosseguir. Mais juízes, mais Varas, mais servidores, mais recursos materiais e humanos deverá ter esse Poder, a fim de que possa continuar enfrentando os problemas e processos que lhe sejam encaminhados pela sociedade.[252]

Segundo ensinamento de Tomás Pará Filho, o Poder Judiciário tem que obedecer a uma crescente adequação ao mundo dos fatos, pois "a vida real não existe para os sistemas, e, pelo contrário, os sistemas devem ser feitos para a vida real".[253]

Para José Carlos Barbosa Moreira, "não se promove uma sociedade mais justa, ao menos primariamente, por obra do aparelho judicial. É todo o edifício, desde as fundações, que para tanto precisa ser revisto e reformado".[254]

Carlos Alberto Alvaro de Oliveira assevera ser impossível esquecer alguns fatores extraprocessuais entre os quais o excesso de causas no sistema (a determinar as chamadas etapas mortas do processo), a composição numérica adequada dos quadros que administram a justiça (juízes e serventuários em

---

[252] DUARTE, Adão de Assunção. Um judiciário mais ágil, um processo mais veloz. *Revista do Tribunal Regional Federal da Primeira Região,* Brasília, v. 6, n. 3, p. 30, jul. 1994.

[253] PARÁ FILHO, Tomás. A chamada "uniformização da jurisprudência". *Revista de Processo,* São Paulo: Revista dos Tribunais, v. 1, p. 75, 1976.

[254] BARBOSA MOREIRA, José Carlos Barbosa. Por um processo socialmente efetivo. *Revista Síntese de Direito Civil e Processual Civil,* São Paulo, v. 2, n. 11, p. 181, 2001.

geral), a formação técnica e ética de juízes, advogados, promotores de justiça, procuradores, funcionários da justiça, peritos, etc.[255]

A verdade é que a estrutura do sistema não é questionada, nem problematizada pelos que sofrem os danos de uma justiça que perdeu, até mesmo, a desejada funcionalidade. Os processualistas não questionam a estrutura do sistema, limitam-se a melhorar o seu funcionamento, como se o problema residisse em algum defeito funcional.[256]

Neste particular, Ovídio Araújo Baptista da Silva afirma que o Estado brasileiro não dotou o Poder Judiciário da estrutura que seria necessária para corresponder aos desafios de uma sociedade complexa, de massas. "O apoio material não acompanhou as exigências da sociedade brasileira. O crescimento da demanda foi exponencial e a oferta do serviço judiciário caminhou muito lentamente".[257]

Castro Filho acredita que para se ter melhor justiça é preciso ter mais juízes. O ministro afirma que o descompasso entre o número de juízes e a demanda na justiça é a maior causa de morosidade do Judiciário.[258]

Assim, percebe-se que não obstante as reformas processuais sejam necessárias e até desejáveis, o problema da grande quantidade de processos que emperram as pautas de julgamento e assolam o Poder Judiciário não está unicamente relacionado à quantidade de ações ajuizadas ou recursos interpostos, mas também aos problemas estruturais do sistema.

1.5. Mecanismos tópicos vigentes para tratamento das ações repetitivas no Direito brasileiro

Conforme já referido, as reformas processuais dos últimos anos têm demonstrado a grande preocupação com a celeridade do processo, bem como com o atraso na apresentação da tutela jurisdicional gerado pelo congestionamento do Poder Judiciário, agravado em razão da multiplicação de demandas repetitivas.[259]

---

[255] ALVARO DE OLIVEIRA, Carlos Alberto. Os direitos fundamentais à efetividade e à segurança em perspectiva dinâmica. *Revista de Processo,* v. 155, p. 11-26, jan. 2008.

[256] SILVA, Ovídio Araújo Baptista da. Da função à estrutura. *Revista de Processo,* São Paulo, v. 33, n. 158, p. 9-19, abr. 2008.

[257] SILVA, Ovídio Araújo Baptista da. Das alterações no procedimento dos recursos e da ação rescisória (Lei nº 11.276/06 e nova redação dos arts. 489 e 555, dada pela Lei nº 11.280/06). In: *As recentes reformas processuais:* leis 11.187, de 19/10/05; 11.232, de 22/12/05; 11.276, de 07/02/06; 11.277, de 07/02/06; 11.280, de 16/02/06. [ciclo de estudos]. Coordenação geral: Luiz Felipe Brasil Santos; coordenação adjunta: Rejane Maria Dias de Castro Bins. Porto Alegre: Tribunal de Justiça do Estado do Rio Grande do Sul. Departamento de Artes Gráficas, 2006, p. 116-120. (Cadernos do Centro de Estudos; v. 1).

[258] CASTRO FILHO. Por um novo Código. STJ PERFIL. *Anuário da Justiça 2007.* São Paulo: Consultor Jurídico, 2007. p. 136.

[259] PINTO, Fernanda Guedes. As ações repetitivas e o novel art. 285-A do CPC (racionalização para as demandas de massa). *Revista de Processo,* São Paulo, v. 32, n. 150, p. 122, ago. 2007.

Dierle Nunes e Nicola Picardi referem que, especialmente, ao se estabelecer, com nova dimensão, a garantia de um devido processo legal e de um pleno acesso à justiça, foram sendo dimensionadas técnicas para tratamento das ações repetitivas.[260]

As ações de massa, ou de alta intensidade, têm por base pretensões isomórficas, com especificidades, bem como apresentam questões (jurídicas e/ou fáticas) comuns para a resolução da causa.[261]

A multiplicação de demandas idênticas é algo que faz parte do dia a dia do Judiciário. Quando as ações, propostas isoladamente, começam a se repetir com o mesmo fundamento, visando a obter tutela jurisdicional, "as sentenças passam a ser reproduzidas, como o auxílio do computador, na mesma proporção em que as petições iniciais e as contestações têm alterados apenas os dados relativos às partes".[262]

Mônica Bonetti Couto e Samantha Ribeiro Meyer-pflug sustentam que "com a eliminação de processos repetitivos permite-se que o magistrado examine com maior acuidade os processos distintos garantindo assim um acesso à justiça mais eficaz, em sentido amplo".[263]

Para o tratamento das ações repetitivas passou-se a instituir diversos mecanismos: o instituto da repercussão geral da matéria constitucional em sede de recurso extraordinário (art. 543-A e 543-B, CPC), o julgamento de recurso especial por amostragem (art. 543-C, CPC), a previsão de súmula vinculante no âmbito do Supremo Tribunal Federal (art. 103-A, CF), o julgamento de improcedência sem citação do réu (art. 285-A, CPC) e as ações coletivas relativas a direitos individuais homogêneos, os quais passarão a ser analisados abaixo.

1.5.1. Repercussão geral no STF

O recurso extraordinário encontra-se previsto no artigo 496, inciso VII, do Código de Processo Civil de 1973[264] e no artigo 102, inciso III, da Constituição Federal de 1988.[265]

---

[260] PICARDI, Nicola, NUNES, Dierle. O Código de Processo Civil brasileiro: origem, formação e projeto de reforma. *Revista de Informação Legislativa,* n. 190, t. 2, p. 100, abr.-jun. 2011.

[261] Ibidem, p. 100.

[262] MARINONI, Luiz Guilherme; ARENHART, Sérgio Cruz. *Processo de conhecimento.* 11. ed. rev e atual. São Paulo: Revista dos Tribunais, 2013. p. 98.

[263] COUTO, Mônica Bonetti; MEYER-PFLUG, Samantha Ribeiro. Os mecanismos de contenção: repercussão geral e súmula vinculante e o acesso à justiça. Tema: "Democracia e reordenação do pensamento jurídico: compatibilidade entre a autonomia e a intervenção estatal". *Anais do XX Encontro Nacional do CONPEDI.* Belo Horizonte-MG, 22, 23, 24 e 25 junho de 2011. ISBN 978-85-7840-059-0. Disponível em: <http://www.conpedi.org.br>. Acesso em: 30 maio 2012.

[264] "Art. 496. São cabíveis os seguintes recursos: (...) VII – recurso extraordinário;".

[265] O art. 102, inciso III, da Constituição Federal dispõe: "Compete ao Supremo Tribunal Federal, precipuamente, a guarda da Constituição, cabendo-lhe: (...) III – julgar, mediante recurso extraordinário, as causas

Trata-se de remédio introduzido no Direito pátrio pela Constituição Republicana de 1891 e que encontra raízes históricas no *writ of error* do direito norte-americano.[266] A repercussão geral tem por missão propiciar à Corte Suprema meio de exercer seu encargo de guardião da Constituição, fazendo com que seus preceitos sejam corretamente interpretados e fielmente aplicados.[267]

Luiz Fux esclarece que:

> Esta espécie de "filtro recursal" é amplamente adotada por diversas Cortes Supremas, dentre as quais, a Corte Norte-Americana através do "writ of certiorari"; a Suprema Corte Argentina via o "Requisito de Transcendência" assemelhando-se o novel instituto à antiga arguição de relevância da questão federal, que tantos recursos excepcionais impediu acudissem à Egrégia Corte antes da sua repartição constitucional de competência recursal, *ratione materiae*, com o E. Superior Tribunal de Justiça.[268]

Exemplo significativo de regulamentação estrangeira que evidencia a importância da filtragem dos recursos extraordinários é o do Código de Processo Civil nacional argentino. Segundo Augusto Morello, no direito argentino, o recurso extraordinário para alcançar o exame de mérito da Suprema Corte tem de revelar uma repercussão geral (ou institucional) a ser extraída do seu objeto revelado pelas razões recursais.[269]

Humberto Theodoro Júnior leciona que:

> O problema é antigo e universal. A Constituição anterior enfrentou por meio do mecanismo então denominado "arguição de relevância". Por se tratar de remédio concebido durante a ditadura militar, a reconstitucionalização democrática do país, levada a efeito pela Carta de 1988, a repeliu por completo, ao invés de aprimorá-la ou substituí-la por outro meio de controle que desempenhasse a mesma função mas de maneira mais adequada ao Estado Democrático de Direito.[270]

O recurso extraordinário nunca teve a função de proporcionar ao litigante inconformado com o resultado do processo uma "terceira instância" revisora da injustiça acaso cometida nas instâncias ordinárias. Toca ao Supremo

---

decididas em única ou última instância, quando a decisão recorrida: a) contrariar dispositivo desta Constituição; b) declarar a inconstitucionalidade de tratado ou lei federal; c) julgar válida lei ou ato de governo local contestado em face desta Constituição; d) julgar válida lei local contestada em face de lei federal.".

[266] BARBOSA MOREIRA, José Carlos. *Comentários ao Código de Processo Civil, Lei n° 5.869, de 11 de janeiro de 1973*, vol. V: arts. 476 a 565. 17. ed. rev. e atual. Rio de Janeiro: Forense, 2013, p. 577.

[267] THEODORO JÚNIOR, Humberto. Repercussão geral no recurso extraordinário (Lei n°11.418) e súmula vinculante do Supremo Tribunal Federal (lei n°11.417). *Revista Magister de Direito Empresarial, Concorrencial e do Consumidor,* Porto Alegre, v. 3, n. 14, p. 80, abr./maio 2007.

[268] FUX, Luiz. *A reforma do processo civil: comentários e análise crítica da reforma infraconstitucional do Poder Judiciário e da reforma do CPC.* 2. ed. Niterói, RJ: Impetus, 2008. p. 285.

[269] MORELLO, Augusto M. *La nueva etapa del recurso extraordinario*

[270] THEODORO JÚNIOR, Humberto. Repercussão geral no recurso extraordinário (Lei n°11.418) e súmula vinculante do Supremo Tribunal Federal (lei n°11.417). *Revista Magister de Direito Empresarial, Concorrencial e do Consumidor,* Porto Alegre, v. 3, n. 14, p. 80, abr./maio 2007.

Tribunal Federal, por via dos julgamentos dos recursos extraordinários, realizar a autoridade e supremacia da Constituição.[271]

Sucede que, por conta da falta de filtragem da relevância do recurso extraordinário, o Supremo Tribunal Federal passou a acumular anualmente um excessivo número de recursos, desnaturando por completo seu verdadeiro papel institucional, de modo a impedir que questões de verdadeira dimensão pública pudessem merecer a apreciação detida e ponderada exigível de uma autêntica Corte Constitucional.[272]

Por isso, a Emenda Constitucional nº 45, de 8 de dezembro de 2004, trouxe relevante modificação no âmbito do recurso extraordinário,[273] ao acrescentar o seguinte § 3º ao art. 102 da Constituição Federal:

> No recurso extraordinário o recorrente deverá demonstrar a repercussão geral das questões constitucionais discutidas no caso, nos termos da lei, a fim de que o Tribunal examine a admissão do recurso, somente podendo recusá-lo pela manifestação de dois terços de seus membros.

O objetivo desta restrição é possibilitar que o Supremo Tribunal Federal selecione os recursos extraordinários que irá analisar, de acordo com critérios de relevância jurídica, política, social ou econômica.[274] Visa, ainda, outorgar ao Supremo Tribunal Federal as condições necessárias para que bem exerça sua função de órgão de cúpula, consistindo em instrumento de controle de acesso à Corte Constitucional, de modo a coibir a indevida ordinarização da instância extraordinária e reforçar o papel do recurso extraordinário como instrumento de defesa da Constituição Federal.[275]

Conforme Daniel Mitidiero e Luiz Guilherme Marinoni:

> Trata-se de salutar expediente que, ao mesmo tempo, visa a concretizar o valor de igualdade e patrocinar sanável economia processual, racionalizando a atividade judicial sobre, consoante já se destacou, contribuir para a realização da unidade do Direito em nosso Estado Constitucional.[276]

Assim, o recorrente, além de ter que fundamentar o seu recurso em alguma das hipóteses do art. 102, III, da Constituição Federal, terá que demonstrar repercussão geral do que está sendo alegado. A verificação da repercussão geral

---

[271] THEODORO JÚNIOR. Op. cit., p. 80.

[272] Ibidem, p. 81.

[273] Cabe referir que a EC 45/2004 também consagrou nova hipótese de cabimento do recurso extraordinário, acrescendo uma nova alínea ao art. 102, III, da CF/88: "d) julgar válida lei local contestada em face de lei federal."

[274] BARBOSA MOREIRA, José Carlos. A Emenda Constitucional 45/2004 e o processo. *Revista de Processo*, São Paulo, v. 130, p. 240, 2005.

[275] AZEM, Guilherme Beux Nassif. *Repercussão geral da questão constitucional no recurso extraordinário*. Dissertação (Mestrado em Direito) – Faculdade de Direito, Pós-Graduação em Direito, Pontifícia Universidade Católica do Rio Grande do Sul, Porto Alegre, 2010, p. 119.

[276] MARINONI, Luiz Guilherme; MITIDIERO, Daniel. *Repercussão geral no recurso extraordinário*. São Paulo: Revista dos Tribunais, 2007, p. 17.

da questão constitucional somente se dará se positivo o juízo sobre a presença de todos os demais pressupostos de admissibilidade do recurso extraordinário.[277]

A fim de regulamentar o § 3° do artigo 102 da Constituição Federal, a Lei n° 11.418, de 2006, acrescentou os artigos 543-A e 543-B ao Código de Processo Civil de 1973.

No art. 543-A, foram ditadas as regras definidoras da extensão do que se deva entender por repercussão geral das questões constitucionais debatidas no caso além de questões afins, estas relativas à aprovação ou negação da incidência do instituto.[278]

Já o art. 543-B pautou-se por dispor das regras relativas ao trâmite de uma multiplicidade de recursos extraordinários pendentes, cuja controvérsia se pautam em fundamentos idênticos. A análise da repercussão geral é processada nos termos do Regimento Interno do Supremo Tribunal Federal, conforme previsão do art. 543-B, § 1°.[279]

A decisão sobre a repercussão geral, positiva ou negativa, é irrecorrível (art. 543-A, *caput*).[280] No entanto, é possível a oposição de embargos declara-

---

[277] AZEM. Op. cit., p. 92.

[278] O art. 543-A do Código de Processo Civil dispõe: "O Supremo Tribunal Federal, em decisão irrecorrível, não conhecerá do recurso extraordinário, quando a questão constitucional nele versada não oferecer repercussão geral, nos termos deste artigo. § 1° Para efeito da repercussão geral, será considerada a existência, ou não, de questões relevantes do ponto de vista econômico, político, social ou jurídico, que ultrapassem os interesses subjetivos da causa. § 2° O recorrente deverá demonstrar, em preliminar do recurso, para apreciação exclusiva do Supremo Tribunal Federal, a existência da repercussão geral. § 3° Haverá repercussão geral sempre que o recurso impugnar decisão contrária a súmula ou jurisprudência dominante do Tribunal. § 4° Se a Turma decidir pela existência da repercussão geral por, no mínimo, 4 (quatro) votos, ficará dispensada a remessa do recurso ao Plenário. § 5° Negada a existência da repercussão geral, a decisão valerá para todos os recursos sobre matéria idêntica, que serão indeferidos liminarmente, salvo revisão da tese, tudo nos termos do Regimento Interno do Supremo Tribunal Federal. § 6° O Relator poderá admitir, na análise da repercussão geral, a manifestação de terceiros, subscrita por procurador habilitado, nos termos do Regimento Interno do Supremo Tribunal Federal. § 7° A Súmula da decisão sobre a repercussão geral constará de ata, que será publicada no Diário Oficial e valerá como acórdão".

[279] O art. 543-B do Código de Processo Civil dispõe: "Quando houver multiplicidade de recursos com fundamento em idêntica controvérsia, a análise da repercussão geral será processada nos termos do Regimento Interno do Supremo Tribunal Federal, observado o disposto neste artigo. § 1° Caberá ao Tribunal de origem selecionar um ou mais recursos representativos da controvérsia e encaminhá-los ao Supremo Tribunal Federal, sobrestando os demais até o pronunciamento definitivo da Corte. § 2° Negada a existência de repercussão geral, os recursos sobrestados considerar-se-ão automaticamente não admitidos. § 3° Julgado o mérito do recurso extraordinário, os recursos sobrestados serão apreciados pelos Tribunais, Turmas de Uniformização ou Turmas Recursais, que poderão declará-los prejudicados ou retratar-se. § 4° Mantida a decisão e admitido o recurso, poderá o Supremo Tribunal Federal, nos termos do Regimento Interno, cassar ou reformar, liminarmente, o acórdão contrário à orientação firmada. § 5° O Regimento Interno do Supremo Tribunal Federal disporá sobre as atribuições dos Ministros, das Turmas e de outros órgãos, na análise da repercussão geral".

[280] Para Daniel Mitidiero e Luiz Guilherme Marinoni, do não recebimento do recurso extraordinário por ausência de repercussão geral caberá a parte recorrente impetrar mandado de segurança (art. 5°, II, L. 1.533/51). Sustentam que embora existam precedentes do STF que não admitem mandado de segurança contra ato de seus ministros certo é que a Constituição Federal autoriza a cogitação de seu cabimento (art. 102, I, *d*), grifando a jurisprudência dessa mesma Corte o regime de direito estrito dessa previsão, que não

tórios, nas hipóteses de omissão, obscuridade ou contradição, uma vez que, por imperativo constitucional, a decisão sobre a repercussão geral deverá ser pública e motivada.

O texto constitucional não conceitua o que seja repercussão geral, conforme se pode visualizar no § 1º do art. 543-A:

> § 1º Para efeito da repercussão geral, será considerada a existência, ou não, de questões relevantes do ponto de vista econômico, político, social ou jurídico, que ultrapassem os interesses subjetivos da causa.

Guilherme Beux Nassif Azem esclarece que, para que esteja presente a repercussão geral da questão constitucional, dois requisitos devem, em regra, vir conjugados: relevância do ponto de vista econômico, político, social ou jurídico; e transcendência (questões que ultrapassem os interesses subjetivos da causa).[281]

Daniel Mitidiero e Luiz Guilherme Marinoni ensinam que a repercussão geral é algo que deve transcender os limites subjetivos da causa, sendo um assunto de relevância extrema e que repercuta para muitas pessoas ou para diversos segmentos da sociedade, devendo ser analisado em cada caso concreto, já que cada situação é diferente da outra.[282]

Extrai-se da redação do artigo 543, § 1º, do CPC, que foram utilizados conceitos jurídicos indeterminados, o que aponta imediatamente para a caracterização da relevância e transcendência da questão debatida como algo a ser aquilatado em concreto, nesse ou a partir desse ou daquele caso apresentado ao Supremo Tribunal Federal.[283]

Quanto à expressão "repercussão geral", observa Teresa Arruda Alvim Wambier:

> O fato é que, cada vez mais, expressões e conceitos vagos integram os textos de lei, são relevantíssimos para a formulação verbal de princípios jurídicos e são a pedra de toque das cláusulas gerais. Esses fenômenos são cada vez mais comuns no direito do mundo contemporâneo. São postos pelo legislador de propósito na lei, pois têm a função de driblar a complexidade do mundo atual. São, de fato, características típicas das técnicas atuais de normatização. Entende-se que leis minuciosas e numerações taxativas não são mais eficazes para coibir a realidade que o direito precisa disciplinar.[284]

É relevante sublinhar que na maioria das normas, existe uma relativa indeterminação, tendo em vista a impossibilidade de presciência integral de tudo

---

admite nem a sua ampliação, nem, tampouco, a sua restrição (MARINONI, Luiz Guilherme; MITIDIERO, Daniel. *Repercussão geral no recurso extraordinário*. São Paulo: Revista dos Tribunais, 2007, p. 57).

[281] AZEM, Guilherme Beux Nassif. *Repercussão geral da questão constitucional no recurso extraordinário*. Dissertação (Mestrado em Direito) – Faculdade de Direito, Pós-Graduação em Direito, Pontifícia Universidade Católica do Rio Grande do Sul, Porto Alegre, 2010, p. 120.

[282] MARINONI, Luiz Guilherme; MITIDIERO, Daniel. *Repercussão geral no recurso extraordinário*. São Paulo: Revista dos Tribunais, 2007, p. 34.

[283] Ibidem, p. 20.

[284] WAMBIER, Teresa Arruda Alvim. Repercussão geral. *Revista do IASP,* ano 10, n. 19, p. 369, jan./jun. 2007.

o que pode ocorrer. A indeterminação de um conceito costuma erradamente ser apontada como uma imperfeição das línguas, entretanto, às vezes, atinge maior perfeição e requinte com conceitos vagos do que precisos, até porque, no caso concreto, apenas a atividade cotidiana da Corte Suprema construirá o conceito de repercussão geral.[285]

De todo necessária, em verdade, uma elasticidade no conceito definidor da repercussão geral, não somente pelas naturais e cada vez mais constantes mutações sociais, mas, inclusive, para que casos extremamente relevantes, que em princípio não se enquadrariam em normas fechadas, possam ser julgados pelo Supremo Tribunal Federal.[286]

Para Guilherme Beux Nassif Azem, a instituição de mecanismo de filtragem para a admissibilidade do recurso extraordinário se deu em momento oportuno, pois se trata de medida necessária diante do número de processos submetidos ao Supremo Tribunal Federal e, se bem utilizado, mormente no que toca aos recursos com fundamento em idêntica controvérsia, é possível que gere os efeitos pretendidos.[287]

Hamilton Carvalhido, ministro do Superior Tribunal de Justiça, alerta que os filtros criados no Superior Tribunal de Justiça e no Supremo Tribunal Federal para diminuir a subida de recursos, como a Repercussão Geral e a Lei de Recursos Repetitivos, não têm a função de estancar novas ações. Destaca que "instrumentos como a repercussão geral não vão fazer cessar a torrente de processos, e sim estabelecer o que o Direito decide ou deve decidir naquela questão, durante aquele período histórico (...)".[288]

Por fim, ao se exigir a demonstração da repercussão geral no recurso extraordinário, afasta-se a "vulgarização do acesso" ao Supremo Tribunal Federal, em não raras vezes instado a se pronunciar sobre questões absolutamente incompatíveis com a sua função.[289]

1.5.2. Recursos repetitivos (Lei nº 11.672/2008)

Para Araken de Assis, "um dos fenômenos da sociedade de massas reside na constituição de numerosos litígios, exibindo ou não uma das partes em

---

[285] WAMBIER, Luiz Rodrigues; WAMBIER, Teresa Arruda Alvim; MEDINA, José Miguel Garcia. *Breves comentários à nova sistemática processual civil.* 3. ed. São Paulo: Revista dos Tribunais, 2007, p. 243.

[286] AZEM, Guilherme Beux Nassif. Recurso extraordinário e Repercussão geral. *Páginas de Direito.* Disponível em: <http://www.tex.pro.br/tex/index.php>. Acesso em: 27 jan. 2012.

[287] AZEM. Op. cit., p. 120.

[288] BRASIL. Superior Tribunal de Justiça. Institucional. Notícias. *Filtros processuais não impedem início de ações, diz Ministro Carvalhido.* Disponível em: <http://www.stj.gov.br/portal_stj/publicacao/engine.wsp?tmp.area=398&tmp.texto=101234&tmp.area_anterior=44&tmp.argumento_pesquisa=quantidadedeprocessos>. Acesso em: 28 jan. 2012.

[289] AZEM. Op. cit., p. 120.

comum, nos quais a controvérsia abrange idêntica questão de direito". Assim, "para obter o máximo de eficiência no julgamento de recursos vertidos nessas causas, e uniformizar rapidamente a solução em proveito comum, a Lei nº 11.672, de 08.05.2008, instituiu regime específico para o procedimento do recurso especial por intermédio do art. 543-C e parágrafos".[290]

O procedimento em referência foi regulamentado pela Resolução nº 08, de 14 de julho de 2008, do Superior Tribunal de Justiça.

Humberto Gomes de Barros, ministro do Superior Tribunal de Justiça, afirma que:

> A Lei nº 11.672/2008 representa uma "carta de alforria" para o Superior Tribunal de Justiça. Em 2007, o tribunal julgou mais de 330 mil processos, dos quais 74% referiam-se a questões já pacificadas na corte. Esses processos lotam os gabinetes e dificultam o julgamento de matérias de maior interesse da sociedade.[291]

A Lei 11.672/2008 inspirou-se no procedimento previsto na Lei nº 11.418/06, que criou mecanismo simplificando o julgamento de recursos múltiplos, fundados em idêntica matéria, no Supremo Tribunal Federal. Não criou propriamente um requisito específico de admissibilidade a exemplo do instituto da repercussão geral para o recurso extraordinário, mas tratou apenas do processamento a ser observado quando interposto determinado recurso especial na situação particular de ser um entre tantas causas repetitivas.

Segue o modelo de regramento do processo para julgamento dos recursos extraordinários repetitivos (art. 543-B, CPC). Assim, o tribunal local deverá proceder à seleção dos recursos que melhor representem as discussões em torno da questão, ficando suspensos os demais recursos especiais até o pronunciamento definitivo do Superior Tribunal de Justiça (art. 543-C, § 1º, CPC), permitindo-se a intervenção de *amicus curiae* neste julgamento (art. 543-C, § 4º, CPC).

Quanto à seleção dos casos representativos da controvérsia,[292] o § 1º do art. 543-C do CPC aduz que serão escolhidos um ou mais recursos sobre a questão de direito reprisada, em sede de recurso especial, no Judiciário. O § 1º do art. 1º da Resolução nº 08/2008, do STJ, afirma que serão selecionados ao menos um processo de cada Relator e, dentre esses, os que contiverem maior diversidade de fundamentos no acórdão e de argumentos no recurso especial.

Contra a decisão que seleciona determinado recurso, ou que deixa de escolher outro, não cabe recurso. Observa Araken de Assis, "a errônea seleção

---

[290] ASSIS, Araken de. *Manual dos recursos.* 5. ed. São Paulo: Revista dos Tribunais, 2012, p. 815.

[291] BARROS, Humberto Gomes de. Carta de alforria: Lei 11.672/08 vai resgatar o STJ da inviabilidade. *Consultor Jurídico,* São Paulo, 2008. (ISSN 1809-2929). Disponível em: <http://www.conjur.com.br/2008-mai-16/lei_1167208_resgatar_stj_inviabilidade>. Acesso em: 25 jan. 2012.

[292] São sinônimos verificados na doutrina pátria precedente paradigmático, recurso paradigma, recurso-piloto, caso piloto, recurso líder, casos representativos, paciente indicado.

não tem remédio direto. Resta ao interessado intervir, como *amicus curiae,* no julgamento".[293]

No que se refere ao sobrestamento dos demais recursos especiais, Marcus Vinícius Motter Borges registra que "ainda que a normativa silencie, parece claro que, em tais situações, além da suspensão dos recursos nos tribunais de origem, também poderá ocorrer o sobrestamento dos demais recursos especiais, aqueles que não foram selecionados como representativos e que já estão na Corte Superior".[294]

Ocorrendo a instauração do procedimento no âmbito da Corte Superior, igualmente, os recursos representativos deverão passar pelo crivo da admissibilidade.[295]

Nos termos do art. 543-C, § 7º, CPC, uma vez julgado o recurso especial selecionado e publicado o acórdão do Superior Tribunal de Justiça, os recursos especiais, cujo processamento ficaram sobrestados na origem:

> I – terão seguimento denegado na hipótese de o acórdão recorrido coincidir com a orientação do Superior Tribunal de Justiça, ou II – serão novamente examinados pelo tribunal de origem na hipótese de o acórdão recorrido divergir da orientação do Superior Tribunal de Justiça.

Para instruir o julgamento por *amostragem,* o relator poderá solicitar informações dos tribunais de segunda instância a respeito da controvérsia, que, no caso, funcionarão como *amicus curiae* (art. 543-C, § 3º, CPC).

Impõe-se, também, a intimação do Ministério Público, para que se manifeste em quinze dias no procedimento para julgamento do recurso especial por *amostragem* (art. 543-C, § 5º, CPC). Para Luis Guilherme Aidar Bondioli:

> O julgamento por amostragem envolve *macrolides* e tem predisposição a produzir efeitos na vida de um grande número de pessoas. Daí a pertinência da participação no procedimento regulado no art. 543-C de instituição com vocação para a fiscalização da lei.[296]

Em sentido contrário, sustenta Nelson Rodrigues Netto que, salvo se for o caso de atuação do *parquet* em decorrência dos arts. 82 e 83 do CPC, art. 25 da Lei 8.625/93 e arts. 127 e 129 da CF, a lei acabou criando "outra hipótese de intervenção obrigatória, o que em muitos casos, apenas prolongará o anda-

---

[293] ASSIS, Araken de. *Manual dos recursos.* 5. ed. São Paulo: Revista dos Tribunais, 2012, p. 816.

[294] BORGES, Marcus Vinícius Motter. *O julgamento por amostragem nos recursos especiais repetitivos:* celeridade e efetividade da prestação jurisdicional no âmbito do Superior Tribunal de Justiça. Dissertação (Mestrado em Direito) – Faculdade de Direito, Pós-Graduação em Direito, Pontifícia Universidade Católica do Rio Grande do Sul, Porto Alegre, 2010, p. 59.

[295] Ibidem, p. 50.

[296] BONDIOLI, Luis Guilherme Aidar. A nova técnica de julgamento dos recursos extraordinário e especial repetitivos. *Revista Jurídica,* Porto Alegre, v. 387, p. 32, jan. 2010.

mento do processo, sem que haja efetivamente interesse público a ser resguardado".[297]

Estabelece-se a preferência para esse julgamento, ressalvados os casos que envolvam *réu preso* e *habeas corpus* (art. 543-C, § 6º, CPC).

O não conhecimento dos recursos especiais selecionados não importará, necessariamente, na inadmissibilidade dos recursos especiais sobrestados.[298]

O Superior Tribunal de Justiça, no julgamento da Questão de Ordem no Recurso Especial nº 1.063.343-RS, firmou entendimento de ser "inviável o acolhimento de pedido de desistência recursal formulado quando já iniciado o procedimento de julgamento do Recurso Especial representativo da controvérsia, na forma do art. 543-C do CPC c/c Resolução nº 08/08 do STJ".[299]

Ainda, na Questão de Ordem no Recurso Especial nº 1.067.237-SP ficou decidido:

> A realização de acordo entre as partes, ou mesmo a desistência da ação principal, quando se tratar de agravo de instrumento, qualquer uma delas realizadas posteriormente à seleção do recurso especial, não têm a virtualidade de afastar a principal finalidade desse tipo de procedimento, que é a tutela do direito infraconstitucional objetivo, esse já desprendido do direito subjetivo dos litigantes.[300]

No ano de 2010, dados do próprio Superior Tribunal de Justiça dão conta de julgamento recorde em número de processos. Foram recebidos 214.437 processos novos e julgados 323.350, fechando o ano com superávit de 108.913 processos. Segundo o Ministro Ari Pargendler, tal efeito no número de julgamentos se deu em virtude do rito dos recursos repetitivos, previsto desde 2008 no art. 543-C do CPC.[301]

1.5.3. Súmula vinculante

A súmula vinculante, introduzida na Constituição Federal pela Emenda Constitucional nº 45/2004, surgiu como filtro com o objetivo de diminuir a sobrecarga do Supremo Tribunal Federal.

---

[297] RODRIGUES NETTO, Nelson. Análise crítica do julgamento "por atacado" no STJ (lei 11.672/2008 sobre recursos especiais repetitivos). *Revista de Processo,* São Paulo, v. 33, n. 163, p. 234, set. 2008.

[298] AZEM, Guilherme Beux Nassif. *Repercussão geral da questão constitucional no recurso extraordinário.* Dissertação (Mestrado em Direito) – Faculdade de Direito, Pós-Graduação em Direito, PUCRS, 2010, p. 118.

[299] BRASIL. Superior Tribunal de Justiça. Questão de Ordem no Recurso Especial nº 1.063.343-RS. Relatora: Ministra Nancy Andrighi. Segunda Seção. Julgado em: 12/08/2009. *Diário de Justiça Eletrônico,* 16/11/2010.

[300] BRASIL. Superior Tribunal de Justiça. Quarta Turma. Questão de Ordem no Recurso Especial nº 1.067.237-SP. Relator: Ministro Luiz Felipe Salomão. Julgado em: 24/06/2009. *Diário de Justiça Eletrônico,* 23/09/2009.

[301] BRASIL. Superior Tribunal de Justiça. Institucional. Ari Pargendler destaca mais de 323 mil processos julgados pelo STJ em 2010. *Notícia.* Divulgado em: 17/12/2010. Disponível em: <http://www.stj.gov.br/portal_stj/publicacao/engine.wsp?tmp.area=398&tmp.texto=100283&tmp.area_anterior=44&tmp.argumento_pesquisa=recursos repetitivos>. Acesso em: 30 jul. 2012.

Humberto Theodoro Júnior afirma que a meta da súmula vinculante consiste na prevalência da vontade constitucional legitimamente definida e redução da duração dos processos nas instâncias inferiores.[302]

Ressalta-se que tanto a súmula vinculante quanto a repercussão feral possuem o confessado propósito de limitar o número de processos que sobem ao STF, que atualmente correspondem a uma autêntica avalanche de proporções incompatíveis com a sua natureza de Corte Constitucional.[303]

Observa Arruda Alvim:

> É certo que com a repercussão geral fica minimizado o acesso ao STF, e, com a súmula vinculante quando e na medida em que editadas, ter-se-á ainda maior eficácia das decisões do STF, porquanto a súmula será obrigatória, ou, vinculante, para os assuntos que tenham sido sumulados, atingindo o Judiciário e a Administração, ou seja, juízes e litigantes, e, Administração e administrados.[304]

O mecanismo técnico-jurisprudencial denominado súmula, ou mais precisamente de enunciado da súmula de jurisprudência, foi concebido nos anos sessenta pelo Ministro do STF Vitor Nunes Leal, com a finalidade de agilizar os julgamentos e de tornar mais acessíveis à sociedade os entendimentos consolidados daquela Corte sobre determinadas questões jurídicas.[305]

Paulo Roberto Soares Mendonça refere que a atribuição de efeito vinculante a certas decisões oriundas do Supremo Tribunal Federal é algo que já se verifica há algum tempo no direito pátrio. Segundo o mencionado autor:

> Com o incremento dos mecanismos de controle concentrado de constitucionalidade a partir da Constituição Federal de 1988, foram consagrados os efeitos gerais e vinculantes das decisões do Supremo que declaram a constitucionalidade ou inconstitucionalidade de uma lei. É inclusive compreensível que assim o seja, uma vez que a Carta da República instituiu uma ação própria, cujo objeto é tão somente a aferição pela Corte Constitucional da compatibilidade de um texto legal com a Constituição e não faria o menor sentido que os demais órgãos jurisdicionais e administrativos pudessem simplesmente agir em dissonância com o entendimento firmado pelo órgão constitucionalmente responsável pela interpretação da Lei Maior.[306]

A novidade reside, em realidade, na possibilidade de atribuição de tal efeito a entendimentos jurisprudenciais consolidados a partir do julgamento

---

[302] THEODORO JÚNIOR, Humberto. Repercussão geral no recurso extraordinário (Lei nº11.418) e súmula vinculante do Supremo Tribunal Federal (lei nº11.417). *Revista Magister de Direito Civil e Processual Civil,* Porto Alegre, v. 18, n. 18, p. 6, maio/jun. 2007.

[303] Ibidem, p. 7.

[304] ALVIM, Arruda. A EC n. 45 e o instituto da repercussão geral. In: WAMBIER, Teresa Arruda Alvim (Cood.). *Reforma do Judiciário:* primeiros ensaios críticos sobre a EC 45/2004. São Paulo: Revista dos Tribunais, 2005, p. 67.

[305] MENDONÇA, Paulo Roberto Soares. A súmula vinculante como fonte hermenêutica de direito. *Interesse Público – IP,* Belo Horizonte, ano 13, n. 67, p. 173, maio/jun. 2011.

[306] Ibidem, p. 172-173.

de casos concretos, por meio das denominadas súmulas, que fazem parte da técnica jurídica adotada nos tribunais brasileiros.[307]

Segundo Roberto Rosas, a súmula vinculante "torna mais ágil a justiça, sobre o mesmo tema, com impedimento de multiplicação de demandas, ou encerramento de múltiplas demandas, no percurso dos vários graus de justiça".[308]

A súmula vinculante foi regulamentada pela Lei 11.417/2006, que cuidou da disciplina da edição, revisão e cancelamento de enunciado de súmula vinculante pelo STF.

A Lei n° 11.417/2006 faculta ao Supremo Tribunal Federal, em sessão plenária, por decisão tomada por dois terços de seus membros, após reiteradas decisões em matéria constitucional,[309] de ofício ou por provocação, editar, revisar ou cancelar súmula vinculante em relação aos órgãos do Poder Judiciário e da Administração Pública direta e indireta.[310]

O objetivo da súmula é a interpretação e eficácia de normas cuja controvérsia atual acarrete insegurança jurídica e proliferação de processos idênticos. Neste sentido é a redação do artigo 103-A, § 1°:

> § 1º A súmula terá por objetivo a validade, a interpretação e a eficácia de normas determinadas, acerca das quais haja controvérsia atual entre órgãos judiciários ou entre esses e a administração pública que acarrete grave insegurança jurídica e relevante multiplicação de processos sobre questão idêntica.

Na lição de Rodolfo de Camargo Mancuso, "a ideia-força da súmula vinculante trifurca-se nos objetivos de (a) conferir previsibilidade às decisões, (b) assegurar tratamento isonômico aos jurisdicionados e administrados e (c) operar como filtro ou elemento de contenção de ações e recursos, abreviando, outrossim, o rito daquelas e destes já em curso".[311]

No que tange à legitimidade para propor a edição de súmulas vinculantes, o artigo 103-A, § 2° dispõe:

> § 2º Sem prejuízo do que vier a ser estabelecido em lei, a aprovação, revisão ou cancelamento de súmula poderá ser provocada por aqueles que podem propor a ação direta de inconstitucionalidade.

---

[307] MENDONÇA. Op. cit., p. 173.

[308] ROSAS, Roberto. Segurança jurídica. Efetividade. Jurisprudência. *Revista de Informação Legislativa,* Brasília, v. 48, n. 190, t. II, p. 219, abr./jun. 2011.

[309] O artigo 103-A, *caput,* da Constituição Federal de 1988, repetido no artigo 2° da Lei 11.417/2006, exige "reiteradas decisões sobre matéria constitucional".

[310] Conforme disposto no art. 103-A, *caput,* "O Supremo Tribunal Federal poderá, de ofício ou por provocação, mediante decisão de dois terços dos seus membros, após reiteradas decisões sobre matéria constitucional, aprovar súmula que, a partir de sua publicação na imprensa oficial, terá efeito vinculante em relação aos demais órgãos do Poder Judiciário e à administração pública direta e indireta, nas esferas federal, estadual e municipal, bem como proceder à sua revisão ou cancelamento, na forma estabelecida em lei.".

[311] MANCUSO, Rodolfo de Camargo. *Divergência jurisprudencial e súmula vinculante.* 5. ed. São Paulo: Revista dos Tribunais, 2013, p. 425.

A norma permitiu antever, inicialmente, que os legitimados a provocar a edição de súmulas vinculantes não seriam somente aqueles legitimados para a ação direta de inconstitucionalidade. "É que o citado § 2º, não pretendeu esgotar o tema, tanto que sua prórpia redação inicia-se por fazer concessão ao que vier a ser determinado pela lei de regência".[312]

A súmula vinculante tem eficácia imediata, mas o Supremo Tribunal Federal, por decisão de dois terços de seus membros, poderá restringir os efeitos vinculantes ou decidir que tenha eficácia a partir de outro momento, tendo em vista a segurança jurídica ou excepcional interesse público.

Proposta a edição, revisão ou cancelamento das súmulas vinculantes há suspensão dos processos em andamento que analisem a mesma questão.

Cabe reclamação da decisão judicial ou ato administrativo que contrariar ou negar vigência à súmula vinculante, consoante dispõe o artigo 103-A, § 3º, Constituição Federal.[313]

Luiz Fux destaca que "não se poderia admitir a criação de súmula, que se pretendesse vinculante, sem que houvesse qualquer espécie de sanção ao seu descumprimento, ou sem que se possibilitasse a utilização de instrumentos legais para que a parte prejudicada pudesse fazer valer seus direitos".[314]

A súmula vinculante tem efeito *erga omnes*, o que "estreita sua ligação com os princípios da celeridade e da efetividade, gerando barreira quase instransponível para ações improcedentes em primeiro grau e para recursos contrários a sua orientação perante os Tribunais, pela aplicação das ferramentas previstas no art. 285-A, no § 1º do art. 518 e no art. 557, *caput* e § 1º-A do CPC".[315]

Há conteúdo compulsório na súmula vinculante e, portanto, a obediência a essas decisões, por todos os níveis.[316] José Joaquim Calmon de Passos afirma que "pouco importa o nome de que elas se revistam – súmulas, súmulas vinculantes, jurisprudência predominante ou o que for, obrigam".[317]

---

[312] FUX, Luiz. *A reforma do processo civil: comentários e análise crítica da reforma infraconstitucional do Poder Judiciário e da reforma do CPC.* 2. ed. Niterói, RJ: Impetus, 2008. p. 279.

[313] O art. 103-A, § 3º, da Constituição Federal dispõe: "§ 3º Do ato administrativo ou decisão judicial que contrariar a súmula aplicável ou que indevidamente a aplicar, caberá reclamação ao Supremo Tribunal Federal que, julgando-a procedente, anulará o ato administrativo ou cassará a decisão judicial reclamada, e determinará que outra seja proferida com ou sem a aplicação da súmula, conforme o caso.".

[314] FUX, Luiz. *A reforma do processo civil: comentários e análise crítica da reforma infraconstitucional do Poder Judiciário e da reforma do CPC.* 2. ed. Niterói, RJ: Impetus, 2008. p. 283.

[315] PINTO, Luis Filipe Marques Porto Sá. Técnicas de tratamento macromolecular dos litígios – Tendência de coletivização da tutela processual civil. *Revista de Processo,* São Paulo, v. 35, n. 185, p. 120, jul. 2010.

[316] ROSAS, Roberto. Segurança jurídica. Efetividade. Jurisprudência. *Revista de Informação Legislativa,* Brasília, v. 48, n. 190, t. II, p. 218, abr./jun. 2011.

[317] CALMON DE PASSOS, José Joaquim. Súmula Vinculante. *Revista do Tribunal Federal da 1ª Região,* Brasília, v. 9, n. 1, p. 163, jan./mar. 1997.

Paulo Roberto Soares Mendonça entende que não há violação à autonomia decisória dos juízes "nem atuação legislativa anômala por parte do Supremo Tribunal Federal", mas tão somente:

> A consagração de uma interpretação constitucional obrigatória daquele Tribunal, que inegavelmente traz em si uma carga de normatividade, que a identifica como um tipo peculiar de fonte normativa no sistema jurídico brasileiro, que tem como elemento produtor a jurisdição constitucional.[318]

No mesmo sentido Roberto Rosas defende que a súmula vinculante não ofende a liberdade do juiz:

> Dirão: mas há liberdade do juiz em decidir! Verdade. Mas o verbete de uma súmula somente será decisivo depois de muito debate – por isso foi sumulado. A liberdade judicial, apanágio do Estado Democrático, dirige-se às novas questões, a novas leis, aos temas em aberto. Aí, sim, o juiz, com sua livre decisão, prestará notável serviço à justiça.[319]

De fato, a vinculação das decisões jurisdicionais no direito pátrio sofre severas críticas. Trata-se de tema passional entre os juristas brasileiros. A grande maioria dos autores se posiciona categoricamente contra ou a favor da adoção do sistema.[320]

A adoção de decisões vinculantes suscita controvérsias principalmente no que tange ao princípio do livre convencimento motivado. O princípio do livre convencimento consagra a liberdade judicial. Significa que o juiz avaliará a prova dos fatos e formará a sua convicção livremente quanto à verdade deles.

Segundo posição do filósofo de direito, Chaïm Perelman, citada por Toshio Mukai, a autonomia decisória do magistrado é importante, do contrário, a justiça poderia ser substituída por máquinas:

> (...) Se a justiça pudesse dispensar o julgamento, se pudesse mecanizá-la, as máquinas poderiam dizer o direito de uma forma muito mais rápida e menos onerosa do que o homem. Mas as máquinas não têm discernimento, sendo por isso que, em todas as situações delicadas, o recurso ao juiz é indispensável.[321]

Entretanto, o filósofo também adverte que duas decisões diferentes, sobre o mesmo objeto, podem ser ambas razoáveis, enquanto expressão de um ponto de vista coerente e fundamentado. Por razões práticas, é indispensável uma linha de conduta uniforme. É necessário dirimir o conflito entre dois posicionamentos igualmente razoáveis levando em conta que a solução encontrada

---

[318] MENDONÇA, Paulo Roberto Soares. A súmula vinculante como fonte hermenêutica de direito. *Interesse Público – IP,* Belo Horizonte, ano 13, n. 67, p. 170, maio/jun. 2011.

[319] ROSAS, Roberto. Segurança jurídica. Efetividade. Jurisprudência. *Revista de Informação Legislativa,* Brasília, v. 48, n. 190, t. II, p. 218, abr./jun. 2011.

[320] SOUZA, Valmecir José de. A súmula vinculante diante do princípio do livre convencimento motivado do juiz. *Jurisprudência Catarinense,* Florianópolis, v. 35, n. 117, p. 230, jul. /set. 2008.

[321] MUKAI, Toshio. Ética e direito em Chaïm Perelman. *Revista da Ordem dos Advogados do Brasil.,* Brasília, Conselho Federal da OAB, 1998. v. 69, p. 94. *apud* PERELMAN, Chaïm. *Ética e direito.* Trad. Maria Ermantina Galvão G. Pereira. São Paulo: Martins Fontes, 1996.

deverá atentar às consequências de que resultam a sua aplicação. Cumpre que a solução encontrada seja equitativa, conforme ao interesse geral, razoável, numa palavra, aceitável.[322]

Já José Joaquim Calmon de Passos sustenta que a força vinculante das decisões não ofende o princípio do livre convencimento motivado, pois se trata de uma necessidade do sistema em prol do valor segurança. O jurista relata que, ao falar para juízes federais sobre a irrecusabilidade da força vinculante de algumas decisões de tribunais superiores, foi assim interpelado:

> Professor Calmon, e onde fica a minha liberdade de consciência e o meu sentido de justiça? Respondi-lhe, na oportunidade, o que aqui consigno. (...) Por que os juízes poderiam nos torturar e estariam livres de ser torturados por um sistema jurídico capaz de oferecer alguma segurança aos jurisdicionados?[323]

Registre-se que a independência decisória dos juízes, para Antonio Castanheira Neves, significa independência vinculada à exclusiva dependência da lei, pois só esta, a lei enquanto norma geral e abstrata, pode dirigir a decisão judicial no caso concreto, ficando o juiz adstrito exclusivamente ao ordenamento jurídico vigente, com exclusão de qualquer outra interferência no seu agir jurisdicional, seja de ordem interna ou externa ao Poder Judiciário, em absoluta harmonia com o sistema de distinção de poderes adotado pela Constituição, na hipótese do sistema pátrio.[324]

Consoante Luiz Guilherme Marinoni e Sérgio Cruz Arenhart, afirmar que o juiz tem o direito de julgar de forma diferente dos tribunais superiores constitui gritante equívoco. "Se é o Superior Tribunal de Justiça quem dá a última palavra em relação à interpretação da lei federal, qual é a racionalidade de se dar ao juiz o poder de proferir uma decisão que lhe seja contrária?". Decidir de forma contrária à súmula apenas obriga à interposição de recurso, consumindo mais tempo e despesas, seja da administração da justiça, seja do próprio cidadão.[325]

Para os autores, a afirmação da prerrogativa de o juiz decidir de forma diferente do entendimento fixado nos tribunais superiores, longe de ser algo que tenha a ver com a consciência do magistrado, constitui um ato de falta de compromisso com o Poder Judiciário que deve estar preocupado, dentro do

---

[322] MUKAI, Toshio. Ética e direito em Chaïm Perelman. *Revista da Ordem dos Advogados do Brasil.*, Brasília, Conselho Federal da OAB, 1998. v. 69, p. 94. *apud* PERELMAN, Chaïm. *Ética e direito.* Trad. Maria Ermantina Galvão G. Pereira. São Paulo: Martins Fontes, 1996.

[323] CALMON DE PASSOS, José Joaquim. Súmula Vinculante. Revista do Tribunal Federal da 1ª Região, Brasília, v. 9, n. 1, p. 176, jan./mar. 1997.

[324] CASTANHEIRA NEVES, Antonio. *O instituto dos "assentos" e a função jurídica dos Supremos Tribunais.* Coimbra: Coimbra Editora Ltda, 1983. pp. 95 e segs.

[325] MARINONI, Luiz Guilheme; ARENHART, Sérgio Cruz. *Processo de conhecimento.* 11. ed. São Paulo: Revista dos Tribunais, 2013. p. 97.

seu sistema de produção de decisões, com a efetividade e a tempestividade da distribuição da justiça.[326]

A edição de súmulas vinculantes apresenta diversos propósitos bem nítidos dentro do sistema jurídico processual. Na opinião de Luiz Fux a súmula vinculante

> visa de forma inequívoca, dar uniformidade de entendimento e aplicação das normas jurídicas, porquanto impede o tratamento diferenciado aos jurisdicionados que se encontram na mesma situação fática sem prejuízo de em decorrência de sua edição, estabilizarem-se as relações sociais, o que carreia coo consequência imediata, segurança jurídica para aqueles que se socorrem do Poder Judiciário para a solução de seus conflitos de interesse. Em outra senda, a súmula vinculante funciona como impeditivo natural da interposição de recursos, muitas vezes protelatórios. Por esta razão a Lei nº 11.417 procedeu à regulamentação do art. 103-A da CF/88, cuidando da edição, revisão e cancelamento das súmulas vinculantes, sob comento.[327]

No Estado Democrático de Direito, a adoção de decisões vinculantes, além de obedecer à normatização que se encontra prevista e acobertada na Lei Maior, desempenha relevante papel na preservação e garantia de valores muito prezados no direito pátrio: a segurança e a previsibilidade.

Por outro lado, no dizer de Roberto Rosas, "a súmula vinculante sozinha não resolverá completamente a demora dos processos. Entretanto, é grande auxiliar na busca desse desejo, de juízes, advogados e jurisdicionados".[328]

Segundo Gilmar Mendes, "graças à aplicação de institutos como a repercussão geral e a súmula vinculante, o tribunal reduziu em quase 40% o número de processos distribuídos para os ministros em relação a 2008".[329]

1.5.4. Julgamentos de improcedência sem citação do réu (art. 285-A)

A reforma introduzida pela Lei 11.277/2006 trouxe o artigo 285-A ao Código de Processo Civil consistindo na técnica de julgamento de imediato de improcedência do mérito quando se tratar de causa repetitiva, ou seja, causa que verse sobre questão jurídica objeto de processos semelhantes, com a seguinte redação:

> Art. 285-A. Quando a matéria controvertida for unicamente de direito e no juízo já houver sido proferida sentença de total improcedência em outros casos idênticos, poderá ser dispensada a citação e proferida sentença, reproduzindo-se o teor da anteriormente prolatada.

---

[326] MARINONI, Luiz Guilheme; ARENHART, Sérgio Cruz. *Processo de conhecimento.* 11. ed. São Paulo: Revista dos Tribunais, 2013. p. 97.

[327] FUX, Luiz. *A reforma do processo civil: comentários e análise crítica da reforma infraconstitucional do Poder Judiciário e da reforma do CPC.* 2. ed. Niterói, RJ: Impetus, 2008. p. 278.

[328] Ibidem, p. 220.

[329] MENDES, Gilmar. Controle ampliado. *Anuário da Justiça,* São Paulo: Conjur, p. 41, 2010.

§ 1º Se o autor apelar, é facultado ao juiz decidir, no prazo de 5 (cinco) dias, não manter a sentença e determinar o prosseguimento da ação.

§ 2º Caso seja mantida a sentença, será ordenada a citação do réu para responder ao recurso.

Conforme dispõe o artigo 285-A, se o magistrado já tiver concluído, em outros processos, que aquela pretensão não deve ser acolhida, fica dispensado de citar o réu, podendo julgar antecipadamente o mérito da causa, pela improcedência.[330]

Trata-se de faculdade do magistrado a aplicação do art. 285-A, pois, consoante lição de Cássio Scarpinella Bueno:

Sempre haverá espaço para que o juízo reveja o seu entendimento anterior ou, mais propriamente, considerando as pessoas físicas que exercem, em nome do Estado, jurisdição, os juízes ou juízas que ocupam os juízos, que ele ou ela discorde do entendimento anterior.[331]

Nelson Nery Júnior refere que a norma em lume é medida de celeridade e de economia processual, pois evita a citação e demais atos do processo, uma vez que o juiz já havia decidido questão idêntica anteriormente. Seria perda de tempo, dinheiro e de atividade jurisdicional insistir-se na citação e na prática dos demais atos do processo, quando o juízo já tem posição firmada quanto à pretensão deduzida pelo autor.[332]

O dispositivo visa a abreviar o procedimento quando a questão controvertida é preponderantemente de direito e o juiz já firmou o seu convencimento, em casos anteriores. A expressão "matéria controvertida unicamente de direito" relaciona-se com aqueles casos em que o magistrado prescinde da produção de prova pericial e/ou oral para o julgamento do pedido do autor, isto é, basta-lhe a prova documental.[333]

Mantovanni Colares Cavalcante esclarece que o requisito em análise deve ser entendido como matéria "preponderantemente" de direito, uma vez que é praticamente impossível haver matéria unicamente de direito, sendo que toda postulação em juízo é sustentada por fatos, os quais, no caso, precisam estar previamente provados para autorizar o julgamento liminar do mérito.[334]

---

[330] PINTO, Fernanda Guedes. As ações repetitivas e o novel art. 285-A do CPC (racionalização para as demandas de massa). *Revista de Processo,* São Paulo, v. 32, n. 150, p. 128, ago. 2007.

[331] BUENO, Cássio Scarpinella. *A nova etapa da reforma do Código de Processo Civil.* São Paulo: Saraiva, 2006, p. 72.

[332] NERY JUNIOR, Nelson; NERY, Rosa Maria de Andrade. *Código de Processo Civil comentado e legislação extravagante.* 13. ed. São Paulo: Revista dos Tribunais, 2013, p. 483.

[333] ARAÚJO, Luciano Vianna. Art. 285-A do CPC (julgamento imediato, antecipado e maduro da lide): evolução do sistema desde o CPC de 1939 até o CPC reformado. *Revista de Processo,* São Paulo, v. 33, n. 160, p. 169, jun. 2008.

[334] CAVALCANTE, Mantovanni Colares. A sentença liminar de merito do art.285-a do codigo de processo civil e suas restricoes. *Revista Dialética de Direito Processual,* São Paulo, Oliveira Rocha, n. 42, p. 95, set. 2006.

Para a incidência do art. 285-A, é preciso que o juiz, ele próprio, já tenha prolatado sentenças de improcedência sobre a tese jurídica analisada, sendo vedado que o magistrado se baseie em decisões proferidas em outro juízo.[335]

Outrossim, Cássio Scarpinella Bueno adverte que a sentença de primeiro grau só pode ser utilizada como paradigma interpretativo para os fins propugnados pelo art. 285-A na exata medida em que ela, sentença, esteja em plena consonância com as decisões dos Tribunais recursais competentes.[336]

Na mesma linha, Luiz Rodrigues Wambier, Teresa Arruda Alvim Wambier e José Miguel Garcia Medina dizem:

> O sistema jurídico-processual mostra evidente preferência pelos entendimentos sumulados ou, até mesmo, adotados por jurisprudência dominante (v., por exemplo, CF/88, art. 103-A, e CPC, art. 120, parágrafo único, art. 518, § 1º, na redação da Lei 11.276/2006, e art. 557).[337]

Luciano Vianna Araújo observa que a doutrina diverge quanto à constitucionalidade do art. 285-A, CPC.[338]

Daniel Mitidiero sustenta a inconstitucionalidade do art. 285-A afirmando que com ele aniquila-se o contraditório, subtraindo-se das partes o poder de convencer o órgão jurisdicional do acerto de seus argumentos. Substitui-se, em suma, a acertada combinação de uma legitimação material e processual das decisões judiciais por uma questionável legitimação pela eficiência do aparato judiciário.[339] Diz o autor:

> O art. 285-A, CPC, segundo pensamos, traz em si uma grave ofensa ao direito fundamental ao contraditório. Todavia, não ao contraditório do demandado, mas ao contraditório do demandante. (...) o direito fundamental ao contraditório não se cinge mais a *garantir* tão-somente a bilateralidade da instância, antes conferindo direito, tanto ao demandante como ao demandado, de envidar argumentos para influenciar na conformação da decisão judicial. (...) Em linha de conclusão, temos que o artigo 285-A, CPC, está em absoluta dissonância com a dimensão ativa do direito funda-

---

[335] PINTO, Fernanda Guedes. As ações repetitivas e o novel art. 285-A do CPC (racionalização para as demandas de massa). *Revista de Processo*, São Paulo, v. 32, n. 150, p. 128, ago. 2007. Em sentido contrário, Fernando da Fonseca Gajardoni entende que pode ser aplicado o art. 285-A no âmbito do juízo, ou seja, podem o juiz titular, substituto ou auxiliar se valerem dos precedentes já havidos no âmbito do mesmo juízo (GAJARDONI, Fernando da Fonseca. O princípio constitucional da tutela jurisdicional sem dilações indevidas e o julgamento antecipadíssimo da lide. *Revista IOB de Direito Civil e Processual Civil*, São Paulo, v. 8, n. 45, p. 129, jan./fev. 2007).

[336] BUENO, Cássio Scarpinella. *A nova etapa da reforma do Código de Processo Civil*. São Paulo: Saraiva, 2006, p. 53.

[337] WAMBIER, Luiz Rodrigues; WAMBIER, Teresa Arruda Alvim; MEDINA, José Miguel Garcia. *Breves comentários à nova sistemática processual civil*. 3. ed. São Paulo: Revista dos Tribunais, 2007, p. 243.

[338] ARAÚJO, Luciano Vianna. Art. 285-A do CPC (julgamento imediato, antecipado e maduro da lide): evolução do sistema desde o CPC de 1939 até o CPC reformado. *Revista de Processo*, São Paulo, v. 33, n. 160, p. 164, jun. 2008.

[339] MITIDIERO, Daniel. *Comentários ao Código de Processo Civil*. Tomo 3. São Paulo: Memória Jurídica, 2006, p. 253.

mental ao contraditório, entendido como possibilidade de convencer o órgão jurisdicional da argumentação exposta na inicial.[340]

Por outro lado, sustentando a constitucionalidade do artigo 285-A, CPC, José Maria Tesheiner assevera que:

O novo dispositivo favorece o demandante, porque o libera da condenação em honorários advocatícios; favorece o demandado, porque não o perturba; favorece o aparelho jurisdicional, porque reduz o número de processos em tramitação inútil. Não há inconstitucionalidade no dispositivo apontado, assim como não o há, no processo penal quando o juiz, sem ouvir o réu, rejeita a denúncia, porque o fato narrado não constitui crime ou porque extinta a punibilidade (art. 43).[341]

No mesmo sentido, Vicente de Paula Ataíde Júnior refere que o art. 285-A do CPC não padece de inconstitucionalidade. "É medida salutar que contribui para a realização do direito fundamental à duração razoável do processo, conforme o inciso LXXVIII, do art. 5° da CF/88".[342]

Jaqueline Mielke Silva e José Tadeu Neves Xavier entendem que o art. 285-A do CPC "não viola o contraditório, porque seu nítido objetivo é a efetividade do processo em demandas que tenham por objeto casos idênticos", podendo significar uma redução de tempo de até mais de cinco anos (apenas na primeira instância) em alguns Estados brasileiros.[343]

Em 29.03.2006, o Conselho Nacional da OAB ingressou com a Ação Direta de Inconstitucionalidade n° 3.695 sustentando que a regra do art. 285-A seria inconstitucional por ferir princípios constitucionais da isonomia, da segurança jurídica, do direito de ação, do contraditório e do devido processo legal.[344]

A Ação Direta de Inconstitucionalidade ainda não foi julgada,[345] mas já houve parecer do Procurador-Geral da República, bem como do Advogado--Geral da União, ambos no sentido da improcedência da ação.[346] Conforme

---

[340] MITIDIERO, Daniel. *Processo civil e estado constitucional.* Porto Alegre: Livraria do Advogado, 2007. p. 37-38.

[341] TESHEINER, José Maria Rosa (Coord.). *Nova sistemática processual civil.* Caxias do Sul, RS: Plenum, 2006. p. 70.

[342] ATAIDE JUNIOR, Vicente de Paula. "A reforma do judiciário e a Emenda Constitucional-45/2004". *Revista do Tribunal Regional Federal 3. Região,* São Paulo, n. 73, p. 12, set./out. 2005.

[343] SILVA, Jaqueline Mielke; XAVIER, José Tadeu Neves. *Reforma do processo civil:* comentários às Leis 11.187, de 19.10.2005; 11.232, de 22.12.2005; 11.276 e 11.277, de 7.2.2006 e 11.280, de 16.2.2006. Porto Alegre: Verbo Jurídico, 2006, p. 210.

[344] ARAÚJO, Luciano Vianna. Art. 285-A do CPC (julgamento imediato, antecipado e maduro da lide): evolução do sistema desde o CPC de 1939 até o CPC reformado. *Revista de Processo,* São Paulo, v. 33, n. 160, p. 165-166, jun. 2008.

[345] BRASIL. Supremo Tribunal Federal. Processos. *Andamento processual.* ADIN n° 3.695/DF, Relatoria Ministro Cezar Peluso. Disponível em: <http://www.stf.jus.br/portal/processo/verProcessoAndamento. asp?incidente=2373898>. Acesso em: 19 jan. 2012.

[346] PINTO, Fernanda Guedes. As ações repetitivas e o novel art. 285-A do CPC (racionalização para as demandas de massa). *Revista de Processo,* São Paulo, v. 32, n. 150, p. 132, ago. 2007.

Fernando da Fonseca Gajardoni, o prognóstico é o da declaração de constitucionalidade da Lei 11.277/2006.[347]

Luciano Vianna Araújo pondera que "não há motivos para se realizar diversos atos processuais (citação, resposta, replica, etc.), se – preenchidos os requisitos do art. 285-A do CPC – o resultado daquela demanda já se mostra previsível".[348] Evita-se o transcurso de tempo inútil, os gastos com a contratação de advogado, os incômodos normais de quem é citado para responder a demanda, sem falar no maior acúmulo de trabalho para todos os integrantes do maquinismo judiciário. Abreviar o procedimento é dar efetividade ao princípio da garantia fundamental do acesso à justiça, consoante Fernanda Guedes Pinto.[349]

Segundo Cássio Scarpinella Bueno, o réu não tem prejuízo com a sentença de improcedência, sendo apenas diferido o contraditório para hipótese de o autor apelar.[350]

Com efeito, o artigo 285-A do Código de Processo Civil apresenta-se como mais uma alternativa para a problemática decorrente do advento das ações repetitivas no ordenamento jurídico brasileiro que contribui ao desafogamento do Judiciário e a evitar a morosidade dos julgamentos.[351]

1.5.5. Ações coletivas relativas a direitos individuais homogêneos

O processo eminentemente individualista teve que sofrer transformações para um processo destinado a atender também a grupos, categorias e classes de pessoas.[352]

Teresa Arruda Alvim Wambier e Luiz Rodrigues Wambier mencionam que a industrialização e o consumo passaram a atingir de forma idêntica grupos significativos de pessoas e às vezes toda a sociedade. Assim:

> ao longo das últimas décadas houve expressivo desenvolvimento de mecanismos processuais voltados à defesa de interesses metaindividuais. Destaquem-se, entre

---

[347] GAJARDONI, Fernando da Fonseca. O princípio constitucional da tutela jurisdicional sem dilações indevidas e o julgamento antecipadíssimo da lide. *Revista IOB de Direito Civil e Processual Civil,* São Paulo, v. 8, n. 45, p. 112, jan./fev. 2007.

[348] ARAÚJO, Luciano Vianna. Art. 285-A do CPC (julgamento imediato, antecipado e maduro da lide): evolução do sistema desde o CPC de 1939 até o CPC reformado. *Revista de Processo,* São Paulo, v. 33, n. 160, p. 167, jun. 2008.

[349] PINTO, Fernanda Guedes. As ações repetitivas e o novel art. 285-A do CPC (racionalização para as demandas de massa). *Revista de Processo,* São Paulo, v. 32, n. 150, p. 133-134, ago. 2007.

[350] BUENO, Cássio Scarpinella. *A nova etapa da reforma do Código de Processo Civil.* São Paulo: Saraiva, 2006, p. 53.

[351] PINTO, op. cit., p. 134.

[352] NOGUEIRA, Vânia Márcia Damasceno. O movimento mundial pela coletivização do processo e seu ingresso e desenvolvimento no direito brasileiro. *De Jure: Revista Jurídica do Ministério Público do Estado de Minas Gerais,* Belo Horizonte, n. 12, p. 336, jan./jun. 2009.

outras, a ação popular, a ação civil pública e, mais recentemente, o mandado de segurança coletivo.[353]

Por isso, não se pode olvidar que "a defesa do direito individual vai muito além da tutela dos interesses das partes envolvidas, pois, quando o direito de qualquer um é violado, toda a sociedade é aviltada com isso".[354] O direito coletivo possui como titular o indivíduo e, ao mesmo tempo, a coletividade.[355]

Vânia Márcia Damasceno Nogueira destaca três momentos históricos que marcaram a tutela do direito coletivo: a Lei da Ação Civil Pública (Lei 7.347/85), a Constituição Federal de 1988 e o Código de Defesa do Consumidor (Lei 8.078/90).[356]

Há ações que são individuais, ainda que delas muitos participem, em litisconsórcio ativo ou passivo, e há ações coletivas, que se dividem em duas grandes categorias: as que visam à tutela de direitos difusos e coletivos *stricto sensu* e as que visam à tutela de direitos individuais homogêneos.[357]

José Carlos Barbosa Moreira denomina os direitos difusos e coletivos em "essencialmente coletivos" e os direitos individuais homogêneos, por sua vez, em "acidentalmente coletivos".[358]

Hermes Zaneti Júnior explica que o Código de Defesa do Consumidor estabeleceu, no artigo 81, parágrafo único,[359] as categorias em que se exerce a defesa dos direitos coletivos *lato sensu*. São elas: os direitos difusos, os direitos coletivos (stricto sensu) e os direitos individuais homogêneos. Prossegue o autor:

> Os direitos difusos (art. 81, parágrafo único, I, do CDC) são transindividuais (metaindividuais, supraindividuais, pertencentes a vários indivíduos), de natureza indivisível

---

[353] WAMBIER, Teresa Arruda Alvim; WAMBIER, Luiz Rodrigues. Anotações sobre as ações coletivas no Brasil – Presente e futuro. *Revista Jurídica,* Porto Alegre, v. 393, p. 11, jul. 2010.

[354] CRUZ, Álvaro Ricardo de Souza. *Hermenêutica jurídica e(m) debate. O constitucionalismo brasileiro entre a teoria do discurso e a ontologia existencial.* Belo Horizonte: Fórum, 2007, p. 339.

[355] Embora admitindo que, a rigor, "há interesses que não são direitos", a doutrina reconhece que, no sistema normativo do processo coletivo, nomeadamente no CDC, os dois termos (direito e interesse) são tomados como sinônimos (TESHEINER, José Maria. Ações coletivas pró-consumidor. *Ajuris,* v. 19, n. 54, p. 76-77).

[356] NOGUEIRA, Vânia Márcia Damasceno. O movimento mundial pela coletivização do processo e seu ingresso e desenvolvimento no direito brasileiro. *De Jure: Revista Jurídica do Ministério Público do Estado de Minas Gerais,* Belo Horizonte, n. 12, p. 337, jan./jun. 2009.

[357] TESHEINER, José Maria Rosa. Ações coletivas relativas a direitos individuais homogêneos e o Projeto de Lei nº 5.139/2009. *Interesse Público,* Sapucaia do Sul, v. 12, n. 59, p. 68, jan./fev. 2010.

[358] BARBOSA MOREIRA, José Carlos. Ações coletivas na Constituição Federal de 1988. *Revista de Processo,* São Paulo, v. 16, n. 61, p. 187, jan. 1991.

[359] O art. 81 do Código de Defesa do Consumidor dispõe: "A defesa dos interesses e direitos dos consumidores e das vítimas poderá ser exercida em juízo individualmente, ou a título coletivo. Parágrafo único. A defesa coletiva será exercida quando se tratar de: I – interesses ou direitos difusos, assim entendidos, para efeitos deste código, os transindividuais, de natureza indivisível, de que sejam titulares pessoas indeterminadas e ligadas por circunstâncias de fato; II – interesses ou direitos coletivos, assim entendidos, para efeitos deste código, os transindividuais, de natureza indivisível de que seja titular grupo, categoria ou classe de pessoas ligadas entre si ou com a parte contrária por uma relação jurídica base; III – interesses ou direitos individuais homogêneos, assim entendidos os decorrentes de origem comum".

(só podem ser considerados como um todo), e os titulares são pessoas indeterminadas (ou seja, indeterminabilidade dos sujeitos, não há individuação) ligadas por circunstâncias de fato, não existe um vínculo comum de natureza jurídica, v.g., a publicidade enganosa ou abusiva, veiculada através de imprensa falada, escrita ou televisionada, a afetar uma multidão incalculável de pessoas, sem que entre elas exista uma relação jurídica-base.

Já os direitos coletivos stricto sensu (art. 81, parágrafo único, II, do CDC) são classificados como transindividuais, de natureza indivisível, de que seja titular grupo, categoria ou classe de pessoas (indeterminadas, mas determináveis, frise-se, enquanto grupo, categoria ou classe) ligadas entre si, ou com a parte contrária, por uma relação jurídica base.[360]

A seu turno, os direitos individuais homogêneos são conceituados pelo Código de Defesa do Consumidor como aqueles decorrentes de origem comum, ou seja, os direitos nascidos em consequência da própria lesão ou ameaça de lesão, em que a relação jurídica entre as partes é *post factum* (fato lesivo).[361]

Os direitos subjetivos das esferas individuais, quando coexistirem por uma origem comum, darão vida ao direito individual homogêneo.[362]

Observa Teori Albino Zavascki as seguintes características para os direitos individuais homogêneos:

individuais e divisíveis, fazem parte do patrimônio individual do seu titular; são transmissíveis por ato inter vivos (cessão) ou mortis causa, salvo exceções (direitos extrapatrimoniais); são sucetíveis de renúncia e transações, salvo exceções (v.g., direitos personalíssimos); são defendidos em juízo, geralmente, por seu próprio titular. O regime de substituição processual dependerá de expressa autorização em lei (art. 6º do CPC).[363]

Diante das dificuldades encontradas pelos inúmeros processos individuais versando sobre a mesma matéria, o legislador tem despertado para a abertura do processo aos influxos metajurídicos que a ele chegam pela via do direito material, a transmigração do individual para o coletivo.[364]

Na ação coletiva relativa a direitos individuais homogêneos há a presença de fatores que recomendam tutela conjunta, aferida por critérios como facilita-

---

[360] ZANETI JÚNIOR, Hermes. Direitos coletivos *lato sensu:* definição conceitual dos direitos difusos, dos direitos coletivos *stricto sensu* e dos direitos individuais homogêneos. In: AMARAL, Guilherme Rizzo Amaral; CARPENA, Márcio Louzada (Coords.). *Visões críticas do processo civil brasileiro:* uma homenagem ao Prof. Dr. José Maria Rosa Tesheiner. Porto Alegre: Livraria do Advogado, 2005, p. 230.

[361] Ibidem, p. 229.

[362] CINTRA, Antonio Carlos Fontes. Interesses individuais homogêneos: natureza e oportunidade da coletivização dos interesses individuais. *Revista de Direito do Consumidor,* São Paulo, v. 72, p. 13, out./dez. 2009.

[363] ZAVASCKI, Teori Albino. *Defesa dos direitos coletivos e defesa coletiva de direitos.* RF 329/147-160. Rio de Janeiro: Forense, 1995, p. 148-149.

[364] DINAMARCO, Cândido Rangel. *A reforma do Código de Processo Civil.* 5. ed. São Paulo: Malheiros, 2001, p. 20.

ção do acesso à justiça, economia processual, preservação da isonomia processual, segurança jurídica ou dificuldade na formação do litisconsórcio.[365]

Segundo Lucélia Biaobock Peres de Oliveira, as ações coletivas para defesa dos direitos individuais homogêneos têm os seguintes escopos:

> rápida solução dos litígios; maior acesso ao judiciário, com a possibilidade de dedução de direitos que, por terem pequena expressão econômica, nem sempre poderiam ser objeto de ação individual; a priorização de determinadas causas, garantindo a importância política que merecem e que provavelmente não teriam se levadas ao conhecimento e análise do Judiciário através de medidas individuais; uniformização de julgados.[366]

Aos direitos individuais "tradicionais" está reservada a legitimação para agir nos termos do que dispõe o art. 6º do Código de Processo Civil.[367] Já para a defesa dos direitos individuais homogêneos, há mecanismos de legitimação previstos tanto no Código de Defesa do Consumidor quanto na Lei da Ação Civil Pública.[368]

Ainda, as ações coletivas relativas a direitos individuais homogêneos podem ser propostas pelo Ministério Público nos casos em que houver interesse público relevante justificando sua atuação.[369]

O artigo 104 do Código de Defesa do Consumidor autoriza a coexistência de ação coletiva e ação individual, dizendo expressamente que o ajuizamento da demanda coletiva não impede o prosseguimento da ação individual, que somente será suspensa a requerimento do seu respectivo autor.[370]

---

[365] TESHEINER, José Maria Rosa. Ações coletivas relativas a direitos individuais homogêneos e o Projeto de Lei nº 5.139/2009. *Interesse Público*, Sapucaia do Sul, v. 12, n. 59, p. 70-71, jan./fev. 2010.

[366] OLIVEIRA, Lucélia Biaobock Peres de. Ações coletivas para defesa dos direitos individuais homogêneos: particularidades processuais. *Debates em Direito Público: Revista de Direito dos Advogados da União*, Brasília, v. 5, n. 5, p. 83, out. 2006.

[367] O art. 6º do Código de Processo Civil dispõe: "Ninguém poderá pleitear, em nome próprio, direito alheio, salvo quando autorizado por lei."

[368] WAMBIER, Teresa Arruda Alvim. Apontamentos sobre as ações coletivas. *Revista de Processo*, nº 75, julho-setembro, 1994, p. 273. Antonio Carlos Fontes Cintra refere que a ação coletiva relativa a direitos individuais homogêneos pode ser proposta por algum dos legitimados indicados no art. 82 do Código de Defesa do Consumidor. O artigo 91 do Código de Defesa do Consumidor prescreve que os legitimados de que trata o artigo 82 poderão propor "em nome próprio e no interesse das vítimas ou seus sucessores, ação civil coletiva de responsabilidade pelos danos individualmente sofridos, de acordo com o disposto nos artigos seguintes" (CINTRA, Antonio Carlos Fontes. Interesses individuais homogêneos: natureza e oportunidade da coletivização dos interesses individuais. *Revista de Direito do Consumidor*, São Paulo, v. 72, p. 13, out./dez. 2009).

[369] OLIVEIRA, op. cit., p. 85. Há polêmica na doutrina brasileira sobre a legitimidade do Ministério Público à propositura de ações coletivas que visam a proteção de direitos individuais homogêneos. O Supremo Tribunal Federal, no julgamento do Recurso Extraordinário nº 163231-3-SP, decidiu que o Ministério Público tem legitimidade ativa para a defesa coletiva dos direitos individuais homogêneos. (BRASIL. Supremo Tribunal Federal. *Recurso Extraordinário nº 163231-3-SP*. Relator: Ministro Maurício Correa. Diário de Justiça, de 29.06.2001). (Em sentido contrário, LEONEL, Ricardo de Barros. *Manual do processo coletivo*. São Paulo: RT, 2002, p. 190).

[370] Segundo José Maria Tesheiner, há continência e não litispendência, porque o pedido formulado na ação coletiva contém o da ação individual (TESHEINER, José Maria Rosa. Ações coletivas relativas a direitos

Julgada procedente a ação coletiva, fica prejudicado o pedido condenatório formulado na ação individual.[371] Já na hipótese de rejeição da demanda, haverá coisa julgada no plano coletivo, mas não no plano individual, podendo os membros do grupo intentar ações individuais sem qualquer restrição. Apenas haverá em seu desfavor, em termos de persuasão do juiz da causa individual, a influência do precedente da sentença coletiva contrária.

José Maria Tesheiner diz que a sentença proferida em ação relativa a direitos individuais homogêneos é condenatória, mas genérica, cabendo ao titular de cada direito individual promover a liquidação e execução da parcela que lhe diz respeito.[372]

A matéria da coisa julgada nas ações coletivas referentes a direitos individuais homogêneos encontra-se prevista no artigo 103, III, e § 2º, do CDC.[373] A coisa julgada é *secundum eventum litis,* ou seja, a decisão fará coisa julgada contra todos apenas no caso de procedência do pedido e para beneficiar todas as vítimas e seus sucessores. Em caso de improcedência do pedido, os interessados que não tiverem intervindo no processo como litisconsortes poderão propor ação de indenização individual.[374]

Para Kazuo Watanabe, essa solução leva em conta as peculiaridades dos países ibero-americanos, tais como a falta de informação e de conscientização de sua população quanto aos direitos que lhe assiste, a dificuldade de comunicação, a distância, a precariedade dos meios de transporte, a dificuldade de acesso à justiça.[375]

Aluisio Gonçalves de Castro Mendes observa que é no âmbito dos direitos individuais homogêneos que as ações coletivas têm a maior significação sob o prisma da economia processual na medida em que podem funcionar como solução para o problema da multiplicação e pulverização de ações individuais, diante de questões comuns de fato e de direito, que podem e devem ser enfren-

---

individuais homogêneos e o Projeto de Lei nº 5.139/2009. *Interesse Público,* Sapucaia do Sul, v. 12, n. 59, p. 79, jan./fev. 2010). O art. 104 do Código de Defesa do Consumidor dispõe: "As ações coletivas, previstas nos incisos I e II e do parágrafo único do art. 81, não induzem litispendência para as ações individuais, mas os efeitos da coisa julgada *erga omnes* ou *ultra partes* a que aludem os incisos II e III do artigo anterior não beneficiarão os autores das ações individuais, se não for requerida sua suspensão no prazo de trinta dias, a contar da ciência nos autos do ajuizamento da ação coletiva".

[371] TESHEINER, op. cit., p. 79.

[372] Ibidem, p. 79.

[373] O art. 103 do Código de Defesa do Consumidor dispõe: "Nas ações coletivas de que trata este código, a sentença fará coisa julgada: (...) III – *erga omnes*, apenas no caso de procedência do pedido, para beneficiar todas as vítimas e seus sucessores, na hipótese do inciso III do parágrafo único do art. 81. (...) § 2º Na hipótese prevista no inciso III, em caso de improcedência do pedido, os interessados que não tiverem intervindo no processo como litisconsortes poderão propor ação de indenização a título individual".

[374] BARROSO, Luís Roberto. A proteção coletiva dos direitos no Brasil e alguns aspectos da *class action* norte-americana. *Revista Forense,* Rio de Janeiro, v. 381, p. 114, set. 2005.

[375] WATANABE, Kazuo. Relação entre demanda coletiva e demandas individuais. In: GRINOVER, Ada Pellegrini ... [et al.]. (Coords.). *Direito processual coletivo e anteprojeto de Código de Brasileiro de Processos Coletivos.* São Paulo: Revista dos Tribunais, 2007, p. 158-159.

tadas de modo conjunto e global, possibilitando, inclusive que o órgão julgador leve em consideração todas as implicações decorrentes do julgamento.[376]

Já Guilherme Rizzo Amaral sustenta que a ação coletiva, como mecanismo de pacificação e efetiva inibição ou redução de litígios de massa, pouco fez pelo processo civil brasileiro.[377]

Ruy Zoch Rodrigues assevera que o atual quadro do direito brasileiro autoriza o irrestrito acesso individual, independente da demanda coletiva. Segundo o autor:

A própria lei contém restrições a demandas coletivas em temas específicos de direito individual homogêneo, do que é exemplo o art. 1º, parágrafo único, da Lei 7.347/1985, que proíbe a tutela coletiva em casos que envolvam contribuições previdenciárias, Fundo de Garantia por Tempo de Serviço e tributos em geral, remetendo os interessados a demandas individuais repetitivas.[378]

Conforme anota Leonardo Carneiro da Cunha, as ações coletivas não têm o alcance de abranger todas as situações repetitivas por várias razões:

Em primeiro lugar, não há uma quantidade suficiente de associações, de sorte que a maioria das ações coletivas tem sido proposta pelo Ministerio Público – e, mais recentemente, pela Defensoria Pública – não conseguindo alcançar todas as situações massificadas que se apresentam a cada momento.

Demais disso, as ações coletivas não são admitidas em alguns casos. No âmbito doutrinário, discute-se se é cabível a ação coletiva para questões tributárias. (...)

Finalmente, o regime da coisa julgada coletiva contribui para que as questões repetitivas não sejam definitivamente solucionadas nas ações coletivas. A sentença coletiva faz coisa julgada, atingindo os legitimados coletivos, que não poderão propor a mesma demanda coletiva. Segundo dispõem os §§ 1º e 2º do art. 103, CDC, a extensão da coisa julgada poderá beneficiar, jamais prejudicar

---

[376] MENDES, Aluisio Gonçalves de Castro. *Ações coletivas no direito comparado e nacional*. 2. ed. rev. atual. e ampl. São Paulo: Revista dos Tribunais, 2010, p. 24. (Temas atuais de direito processual; v. 4).

[377] Na concepção do autor, "a existência de tal mecanismo não impediu a massificação de processos, e tal se deu, em nosso sentir, por dois aspectos fundamentais. O primeiro deles é o fato de que a legitimação para a propositura de ações coletivas está adstrita a um determinado rol de entidades designadas pelo legislador. Isso coloca os juízes na posição de meros expectadores do crescimento assombroso das demandas individuais de massa, sem nada poderem fazer para poder provocar uma solução conjunta e uniforme para elas. (...) Geralmente a reação dos legitimados é tardia. O segundo e principal aspecto diz respeito à impossibilidade da sentença, nas ações coletivas que tratam de direitos individuais homogêneos, fazer coisa julgada contrária aos indivíduos interessados. Ao instituir a coisa julgada *erga omnes secundum eventum probationis* para os demais legitimados (art. 16, LACP, art. 103, I e II, do CDC) ou mesmo *secundum eventum litis* para os indivíduos substituídos (art. 103, III e § 1º do CDC), permitiu o legislador que convivessem com ações coletivas centenas de milhares de ações individuais tratando de questões comuns a todos os interessados, em grave prejuízo do funcionamento da máquina judiciária" (AMARAL, Guilherme Rizzo. A proposta de um "incidente de resolução de demandas repetitivas". In: TESHEINER, José Maria (Org.). *Processos coletivos*. Porto Alegre: HS Editora, 2012, p. 271).

[378] RODRIGUES, Ruy Zoch. *Ações repetitivas:* casos de antecipação de tutela sem o requisito de urgência. São Paulo: Revista dos Tribunais, 2010, p. 101.

os direitos individuais. (...) Quer dizer que as demandas individuais podem ser propostas em qualquer caso de improcedência. (...).[379]

Com efeito, as relações homogeneizadas ganharam terreno sobre os vínculos individualizados, sem, no entanto, extingui-los. Os dois passaram a coexistir, ocupando espaços que ora se confundem, ora se distinguem. Indivíduo e massa passam a conviver simultaneamente, sem que um deva excluir o outro. Um dos desafios da sociedade passa a ser a manutenção do equilíbrio entre ambos. Não é possível pensar somente num modelo massificado, sob pena de acabar com a identidade e a significação do indivíduo e de sua diferença em relação ao outro.[380]

Entretanto, também não é possível conceber um modelo puramente individualista, dada a dinâmica da inserção social em grupos, classes ou categorias, com vantagem para todos os que os integram e problemas que afligem a coletividade.[381]

A ação coletiva relativa a direitos individuais homogêneos possibilita a defesa de muitas pessoas em uma única ação, evita que milhões tenham seus direitos lesados sem chance de reparação e evita uma solução judicial desigual. Contudo, conforme pontua Ruy Zoch Rodrigues, a atual sistemática do direito brasileiro, que oportuniza a via coletiva sem obstacilizar iniciativas individuais, é insuficiente para o fim de evitar o aumento vertiginoso de demandas individuais.[382]

Para Ada Pellegrini Grinover, "no Brasil, não se poderá dar preferência aos processos coletivos, se estes não se revestirem de eficácia, no mínimo igual à que pode ser alcançada em processos individuais".[383] As ações coletivas são

---

[379] CUNHA, Leonardo José Carneiro da. Anotações sobre o incidente de resolução de demandas repetitivas previsto no projeto do novo Código de Processo Civil. *Revista de Processo,* São Paulo, v. 36, n. 193, p. 256-257, mar. 2011.

[380] CINTRA, Antonio Carlos Fontes. Interesses individuais homogêneos: natureza e oportunidade da coletivização dos interesses individuais. *Revista de Direito do Consumidor,* São Paulo, v. 72, p. 9-40, out./dez. 2009.

[381] Ibidem, p. 38.

[382] RODRIGUES, Ruy Zoch. *Ações repetitivas:* casos de antecipação de tutela sem o requisito de urgência. São Paulo: Revista dos Tribunais, 2010, p. 79. Ada Pellegrini Grinover anota que institutos como a legitimação e o interesse em agir, a representação e a substituição processual, a ciência bilateral dos atos processuais e o contraditório, os limites subjetivos e objetivos da coisa julgada, os poderes do juiz e a função do MP, os quais foram construídos para o processo clássico, continuam válidos, porém não se encaixam inteiramente à realidade dos processos coletivos (GRINOVER, Ada Pellegrini. A tutela jurisdicional dos interesses difusos. *Revista Brasileira de Direito Processual,* v. 16, p. 19, 1978). Segundo Sérgio Cruz Arenhart, a necessidade de legislação específica, que trate exclusivamente da tutela coletiva de forma separada do regime de tutela individual, é algo que se impõe (ARENHART, Sérgio Cruz. A tutela de direitos individuais homogêneos e as demandas ressarcitórias em pecúnia. In: GRINOVER, Ada Pellegrini ... [*et al.*]. (Coords.). *Direito processual coletivo e anteprojeto de Código de Brasileiro de Processos Coletivos.* São Paulo: Revista dos Tribunais, 2007, p. 217).

[383] Segue a autora sustentando que: "(...) Se os indivíduos forem obrigados a exercer, num processo de liquidação as mesmas atividades processuais que teriam que desenvolver numa ação condenatória de caráter individual, o provimento jurisdicional terá sido inútil e ineficaz, não representando qualquer ganho para o povo" (GRINOVER, Ada Pellegrini. Da *class action for damages* à ação de classe brasileira: os requisitos de admissibilidade. *Ação civil pública:* Lei 7.347/1985 – 15 anos. São Paulo: Revista dos Tribunais, 2001, p. 19).

insuficientes para resolver, com eficiência e de maneira definitiva, as questões de massa, contribuindo para a existência de inúmeras demandas repetitivas, a provocar acúmulo injustificável de causas perante o Judiciário.[384]

---

[384] CUNHA, Leonardo José Carneiro da. Anotações sobre o incidente de resolução de demandas repetitivas previsto no projeto do novo Código de Processo Civil. *Revista de Processo,* São Paulo, v. 36, n. 193, p. 258, mar. 2011.

2. A proposta de um "incidente de resolução de demandas repetitivas" no Projeto de novo Código de Processo Civil

Uma das maiores causas do esgotamento do Judiciário tem sido o enorme volume de ações repetitivas, que reproduzem litígios calcados em fatos e fundamentos idênticos.[385]

Como refere Ada Pellegrini Grinover, a grande massa de processos que aflige os tribunais, elevando sobremaneira o número de demandas e atravancando a administração da justiça, é constituída por causas em que se discutem e se reavivam questões de direito repetitivas.[386]

Ellen Gracie Northfleet afirma que a maioria das questões trazidas ao foro, especialmente ao foro federal, são causas repetitivas, em que a lide jurídica é a mesma.[387]

O trato das controvérsias objeto de ajuizamento em massa, num ritmo exponencial, com conteúdo idêntico na essência, passou a exigir o emprego de medidas que assegurem a presteza e segurança jurídica aos litigantes.[388]

Conforme já observado, o Código de Processo Civil de 1973 sofreu diversas alterações legislativas como forma de lidar com a grande quantidade de processos, bem como melhorar a prestação jurisdicional e trazer efetividade às demoradas demandas que tramitam no Poder Judiciário.[389] Para Rodolfo de Camargo Mancuso, desde o último quartel do século passado, foi-se reconhe-

---

[385] PINTO, Fernanda Guedes. As ações repetitivas e o novel art. 285-A do CPC (racionalização para as demandas de massa). *Revista de Processo,* São Paulo, v. 32, n. 150, p. 122, ago. 2007.

[386] GRINOVER, Ada Pellegrini. O tratamento dos processos repetitivos. In: FARAIA, Juliana Cordeiro de; JAYME, Fernando Gonzaga; LAUR, Maira Terra (Coords.). *Processo civil:* novas tendências. Estudos em homenagem ao Prof. Humberto Theodoro Junior. Belo Horizonte: Del Rey, 2008, p. 1.

[387] NORTHFLEET, Ellen Gracie. Ainda sobre o efeito vinculante. *Revista de Informação Legislativa,* v. 33, n. 131, p. 133-134, jul./set. 1996.

[388] GOMES, Fernando Cleber de Araújo. Mecanismos processuais para agilização do julgamento de macrolides. *Coleção Jornada de Estudos ESMAF,* Brasília, v. 4, p. 80, ago. 2010.

[389] ROSSONI, Igor Bimkowski. O "incidente de resolução de demandas repetitivas" e a introdução do *Group Litigation* no Direito Brasileiro: avanço ou retrocesso?. *Páginas de Direito.* Editores: José Maria Tesheiner e Mariângela Milhoranza. Disponível em: <http://www.tex.pro.br/tex/listagem-de-artigos/50-artigos-dez-

cendo a inaptidão do processo civil clássico para instrumentalizar megacontrovérsias, próprias de uma sociedade conflitiva.[390]

Para Cândido Rangel Dinamarco, as reformas não se pautam por preocupações concentradamente sistemáticas, o que gera o risco de alojar no Código disposições malcosturadas entre si – "colcha de retalhos", sem a indispensável coordenação orgânica, funcional e mesmo conceitual.[391]

No que se refere à necessidade de padronização do Código de Processo Civil ou exposição de sua matéria e apreciação de seu conteúdo, Luiz Antônio da Costa Carvalho pondera que eventual desarmonia na disposição dos textos, embora possa parecer "esquisita",

> assenta em razão de natureza pessoal, isto é, resulta do modo de apreciar o problema, para solucioná-lo, dos Autores, de cada um desses Diplomas, que neles, assim fazendo, deixavam a marca indelével do seu pensamento, da sua formação técnica, da sua opinião pessoal a respeito.[392]

Segundo Claus-Wilhelm Canaris, a grande vantagem de criar-se um modelo totalmente novo, se bem elaborado, é dar ordem e unidade ao sistema, características fundamentais.[393]

Diante da necessidade de um novo regramento processual para as novas exigências do sistema jurídico nacional, a Comissão de juristas encarregada de elaborar anteprojeto do novo Código de Processo Civil, instituída em outubro de 2009 e presidida pelo Ministro Luiz Fux, por meio do Ato n° 379, do então Presidente do Senado Federal, José Sarney, empenhou-se na criação de um novo Código de Processo Civil que privilegiasse a simplicidade da linguagem e da ação processual, a celeridade do processo e a efetividade do resultado da ação, além do estímulo à inovação e à modernização de procedimentos, garantindo o respeito ao devido processo legal.[394]

2010/7360-o-incidente-de-resolucao-de-demandas-repetitivas-e-a-introducao-do-group-litigation-no-direito-brasileiro-avanco-ou-retrocesso>. Acesso em: 10 set. 2011.

[390] MANCUSO, Rodolfo de. *A resolução de conflitos e a função judicial no contemporâneo Estado de Direito*. São Paulo: Revista dos Tribunais, 2009, p. 379-380.

[391] DINAMARCO, Cândido Rangel. *A reforma da reforma*. 5. ed. rev. atual. São Paulo: Malheiros, 2003, p. 39.

A metáfora da "colcha de retalhos" é utilizada no sentido de demonstrar um trabalho não ordenado e, aliás, nada artístico, onde apenas junta-se pedaços de retalhos desordenadamente sem qualquer preocupação com combinação de cores e matizes (TESHEINER, José Maria Rosa; MILHORANZA, Mariângela Guerreiro. *Estudos sobre as reformas do Código de Processo Civil*. Porto Alegre: Notadez. HS Editora, 2009, p. 52).

[392] CARVALHO, Luiz Antonio da Costa. A padronização do Código de Processo Civil ou exposição da sua matéria e apreciação do seu conteúdo. *Revista Brasileira de Direito Processual,* Uberaba, Vitoria, v. 1, p. 112, 1975.

[393] CANARIS, Claus-Wilhelm. *Pensamento sistemático e conceito de sistema na ciência do direito*. 4. ed. Lisboa: Fundação Calouste Gulbenkian, 2008, p. 12.

[394] BRASIL. *Anteprojeto do Novo Código de Processo Civil*. Comissão de Juristas Responsável pela Elaboração do Anteprojeto do Novo Código de Processo Civil. Brasília: Senado Federal, Subsecretaria de Edições Técnicas, 2010, p. 5.

Ultimados os trabalhos da comissão, o anteprojeto veio a transformar-se no projeto de lei do Senado n° 166/2010 (PLS 166/2010), resultando na apresentação pelo relator, Senador Valter Pereira, de relatório geral que contém várias alterações,[395] com sugestão de texto substitutivo do texto originário, o qual foi aprovado pelo plenário do Senado Federal em dezembro de 2010.[396]

O projeto de novo Código de Processo Civil atualmente encontra-se na Câmara de Deputados, com tramitação sob o n° 8.046/2010, onde está recebendo sugestões de aperfeiçoamento, com alteração de redação, inclusões e supressões, como é da essência do debate legislativo.[397]

No ambiente composto por demandas massificadas, visando a obter maior racionalidade e confessada uniformidade para as causas repetitivas, a Comissão responsável pelo anteprojeto de novo Código de Processo Civil propôs um incidente de resolução de demandas repetitivas.[398]

Sidnei Beneti considera que o chamado incidente de resolução de demandas repetitivas, contemplado no Projeto do novo Código de Processo Civil, é o seu ponto alto, abrindo, realmente, perspectivas para a melhoria do sistema de justiça, mediante a redução dos casos de macrolides ao julgamento apenas uma vez, sem repetir-se, infindavelmente, no tocante a cada caso individual de litigante que tenha sua lide absolutamente idêntica às demais lides dos demais litigantes.[399]

A proposta de incidente de resolução de demandas repetitivas teve inspiração no procedimento modelo do mercado de capitais alemão – *musterverfahren*, com algumas alterações, o qual será estudado especificamente neste Capítulo.

A análise do incidente de resolução de demandas repetitivas se dará tendo por base a previsão e redação contida especificamente no texto de Projeto de Lei n°s 6.025/2005 e 8.046/2010, aprovado em novembro de 2013, disponível no sítio da Câmara dos Deputados.[400] Tendo em vista que durante a tramitação

---

[395] A Comissão técnica de apoio à elaboração do relatório geral foi composta por Athos Gusmão Carneiro, Cássio Scarpinella Bueno, Dorival Renato Pavan e Luiz Henrique Volpe Camargo.

[396] SILVA, Larissa Clare Pochmann da. Incidente de resolução de demandas repetitivas: tutela coletiva ou padronização do processo? *Revista da Seção Judiciária do Rio de Janeiro*, v. 18, n. 32, 2011. Disponível em: <http://www4.jfrj.jus.br/seer/index.php/revista_sjrj/article/view/285>. Acesso em: 30 maio 2012.

[397] Ibidem, p. 747.

[398] CUNHA, Leonardo José Carneiro da. Anotações sobre o incidente de resolução de demandas repetitivas previsto no projeto do novo Código de Processo Civil. *Revista de Processo*, São Paulo, v. 36, n. 193, p. 259, mar. 2011.

[399] BENETI, Sidnei Agostinho. A reforma do Código de Processo Civil e os recursos para os tribunais superiores. *Revista de Informação Legislativa*, Brasília, v. 48, n. 190, t. II, p. 246, abr./jun. 2011.

[400] BRASIL. Câmara dos Deputados. Projetos de Leis e Outras Proposições. Projeto de Lei n° 6.025/2005, arts. 988 a 999, aprovado em 26 novembro 2013, Emenda Aglutinativa Substitutiva Global n° 6. Disponível em: <http://www.camara.gov.br/proposicoesWeb/fichadetramitacao?idProposicao=302638&ord=1>. Acesso em: 05 jan. 2014. (v. Anexo).

do Projeto na Câmara de Deputados pode ocorrer a alteração do número de vários artigos, bem como visando a evitar dificuldades de remissão, ao longo do presente trabalho se fará referência apenas ao conteúdo dos dispositivos.[401]

2.1. Surgimento, características e finalidade da proposta de um "incidente de resolução de demandas repetitivas"

Há certo tempo tem-se buscado um instrumento que seja apto a resolver os litígios massificados, com a presença constante de certos litigantes e os mesmos fundamentos.

A explosão da litigiosidade levou o ordenamento jurídico a criar métodos de tratamento coletivo (molecular) de questões comuns[402] para conferir celeridade ao processo e evitar o abarrotamento do Judiciário.

Para que o volume de ações judiciais envolvendo temas repetitivos não represente fator de empecilho à qualidade e ao bom fluxo da atividade jurisdicional, faz-se imperativo prestigiar mecanismos que evitem o dispêndio de atenção e de recursos com controvérsias que já tiveram a complexidade esmaecida.[403]

No que tange às inúmeras reformas legislativas implementadas nas últimas décadas, Antônio Pereira Gaio Jr. refere que:

> Continuam-se os esforços no sentido de minorar cada vez mais a incidência de ações decorrentes de mesma questão de direito, aprimorando-se métodos já no canal inicial, por onde as aludidas demandas, possivelmente de índole repetitiva, procedimentalmente, iniciam sua trajetória, ou seja, nas instâncias judiciais originárias, mais frequentemente, diante do juízo monocrático.[404]

De suma importância atentar-se que a celeridade e a redução de processos e recursos que se busca implementar, com as diversas reformas processuais já referidas, sofrem consequência direta da divergência nos julgamentos proferidos nos órgãos jurisdicionais.

Teresa Arruda Alvim afirma que os órgãos jurisdicionais devem se preocupar com a estabilidade de suas decisões e orientações, pois quanto maior o descompasso entre a decisão proferida e a jurisprudência oriunda do tribunal que lhe seja superior e quanto maior a controvérsia existente a respeito de um

---

[401] BRASIL. Câmara dos Deputados. Projetos de Leis e Outras Proposições. Projeto de Lei n° 6.025/2005, arts. 988 a 999, aprovado em 26 novembro 2013, Emenda Aglutinativa Substitutiva Global n° 6. Disponível em: <http://www.camara.gov.br/proposicoesWeb/fichadetramitacao?idProposicao=302638&ord=1>. Acesso em: 05 jan. 2014. (v. Anexo).

[402] PINTO, Luis Filipe Marques Porto Sá. Técnicas de tratamento macromolecular dos litígios – Tendência de coletivização da tutela processual civil. *RePro* 185/117.

[403] GOMES, Fernando Cleber de Araújo. *Mecanismos processuais para agilização do julgamento de macrolides.* Brasília: Esmaf, ago. 2010. Coleção Jornada de Estudos Esmaf, vol. 4, p. 80.

[404] GAIO JR., Antônio Pereira. Op. cit., p. 250.

determinado tema na jurisprudência, mais motivos terão as partes para recorrer.[405]

Na mesma linha, Guilherme Rizzo Amaral refere que a ausência de um julgamento concentrado das causas nos julgamentos das ações de massa atinge diretamente a segurança jurídica.[406]

Portanto, verifica-se que um dos grandes responsáveis pela ausência de celeridade nos processos e pelo acúmulo de feitos para julgamento é exatamente o próprio Poder Judiciário, em razão da flagrante contradição de decisões a respeito de um mesmo assunto.[407]

Segundo Pontes de Miranda, o propósito de encontrar uma técnica que observasse aos males da contradição entre julgados vem, no Brasil, de longa data. Já era previsto antes mesmo do Código de Processo Civil de 1939.[408]

Em busca de uniformização de jurisprudência dos tribunais, o atual Código de Processo Civil prevê, no art. 476,[409] o incidente de uniformização de jurisprudência.[410] Tal mecanismo, como sustenta Eduardo Henrique de Oliveira Yoshikawa, "desde a promulgação do Código Buzaid não logrou atingir os resultados que dele poderiam ser esperados".[411]

---

[405] WAMBIER, Teresa Arruda Alvim. *Os agravos no CPC brasileiro.* 4. ed. rev., atual. e ampl. de acordo com a nova Lei do Agravo (Lei 11.187/2005). São Paulo: Ed. RT, 2006. p. 101.

[406] AMARAL, Guilherme Rizzo. Efetividade, segurança, massificação e a proposta de um "incidente de resolução de demandas repetitivas". *RePro* 196/251-252.

[407] ARENHART, Sérgio Cruz. A tutela de direitos individuais homogêneos e as demandas ressarcitórias em pecúnia. In: GRINOVER, Ada Pellegrini et al (coords.). *Direito processual coletivo e Anteprojeto de Código de Brasileiro de Processos Coletivos.* São Paulo: Ed. RT, 2007. p. 217.

[408] Segundo o autor: "Na república, o Estado de Minas Gerais tentara, em 1891, novo julgamento de decisão divergente, transmitindo-se ao Poder Legislativo o resultado, para que levasse em conta a necessidade de se prover, com mais clareza, à espécie. Mas é, em 1923, que o Distrito Federal, por sugestão de Crisólito de Gusmão, inicia um sistema mais complexo de prejulgados e de revistas. Em 1926, dá-se-lhes golpe mortal. Em 1930, volve-se ao prejulgado, em 1932, à revista. O Código do Processo Civil e Comercial de S. Paulo representa experiência mais segura, de que se aproveitou o legislador de 1936" (PONTES DE MIRANDA, Francisco Cavalcanti. *Embargos, prejulgado e revista no direito processual brasileiro: Corte Suprema e Lei n. 319, de 25 de novembro de 1937, relativa às Cortes de apelação de todo o Brasil.* Rio de Janeiro: A. Coelho Branco Ed., 1937. p. 166).

[409] O art. 476 do Código de Processo Civil dispõe: "Compete a qualquer juiz, ao dar o voto na turma, câmara, ou grupo de câmaras, solicitar o pronunciamento prévio do tribunal acerca da interpretação do direito quando: I – verificar que, a seu respeito, ocorre divergência; II – no julgamento recorrido a interpretação for diversa da que lhe haja dado outra turma, câmara, grupo de câmaras ou câmaras cíveis reunidas. Parágrafo único. A parte poderá, ao arrazoar o recurso ou em petição avulsa, requerer, fundamentadamente, que o julgamento obedeça ao disposto neste artigo".

[410] Luiz Rodrigues Wambier ensina que: "a uniformização de jurisprudência é um expediente que tem por objetivo evitar a desarmonia de interpretação de teses jurídicas, uniformizando, assim, a jurisprudência interna dos tribunais (WAMBIER, Luiz Rodrigues (coord.). *Curso avançado de processo civil.* 13. ed. São Paulo: Ed. RT, 2013. vol. 1, p. 242).

[411] YOSHIKAWA, Eduardo Henrique de Oliveira. O incidente de resolução de demandas repetitivas no novo Código de Processo Civil. Comentários aos arts. 930 a 941 do PL 8.046/2010. *RePro* 206/245. No mesmo sentido, Bernardo Pimentel Souza refere que o incidente de uniformização de jurisprudência não atingiu o seu objetivo. O instituto raramente é acionado na prática judiciária, apesar das inúmeras controvérsias jurídicas verificadas diariamente nos tribunais pátrios (SOUZA, Bernardo Pimentel. Da uniformização da jurisprudência. *O Direito em Movimento* 3/64).

Visando a proporcionar legislativamente melhores condições para operacionalizar formas de uniformização do entendimento dos tribunais brasileiros, bem como criar instrumentos capazes de conferir celeridade e reduzir o número de demandas e recursos que tramitam pelo Poder Judiciário, a Comissão de Juristas responsável pela elaboração de um Anteprojeto de novo Código de Processo Civil propôs o incidente de resolução de demandas repetitivas em exame.[412]

Para Luiz Guilherme Marinoni e Daniel Mitidiero, rigorosamente, o incidente de resolução de demandas repetitivas constitui na essência, incidente de uniformização de jurisprudência com caráter vinculante, possibilitando a suspensão dos casos análogos, de participação da sociedade civil em geral no seu julgamento e de reclamação para inobservância da autoridade do precedente firmado. "Sua previsão foi uma das razões pelas quais o Projeto propôs a supressão do incidente de uniformização de jurisprudência".[413]

O incidente de coletivização dos denominados litígios de massa, como já referido, teve como berço o modelo alemão de resolução de ações seriadas – *mustervefahren*, mas com feição própria.[414]

Em verdade, o direito brasileiro não é totalmente alheio a procedimentos como o *musterverfahren* do Direito alemão. O Conselho Federal da OAB refere que a criação do incidente de resolução de demandas repetitivas, embora seja instituto completamente novo no ordenamento jurídico brasileiro, parte da experiência já realizada com a criação do julgamento de recursos repetitivos no STJ, previsto no art. 543-C do atual CPC.[415]

É neste cenário que se insere o surgimento de um incidente de resolução de demandas repetitivas, como instrumento que seja capaz de dar tratamento célere aos inúmeros litígios de massa, com a mesma questão de direito, de forma a conferir uniformidade nestes julgamentos. Pode-se, então, destacar a "redução de processos", a "celeridade" e a "uniformidade" como principais metas a serem alcançadas por este instrumento.

Os requisitos para instauração do incidente consistem na existência de questão unicamente de direito com risco de ofensa à isonomia e à segurança jurídica proveniente da efetiva existência de repetição de processos.[416]

---

[412] BRASIL. Anteprojeto... cit., p. 21-23.

[413] MARINONI, Luiz Guilherme; MITIDIERO, Daniel. *O Projeto do CPC: críticas e propostas*. São Paulo: Ed. RT, 2010. p. 178.

[414] COSTA, Ana Surany Martins. As luzes e sombras do incidente de resolução de demandas seriadas no novo Projeto do Código de Processo Civil. *Revista Síntese de Direito Civil e Processual Civil 75/46*.

[415] BRASÍLIA. *Ofício n. 2873/2011-GPR. 28 nov. 2011. OAB. Conselho Federal da Ordem dos Advogados do Brasil. Comissão Especial de Reforma do Código de Processo Civil*. Ofício apresentado ao Deputado Federal Sérgio Barradas Carneiro em relação ao Projeto de Lei n. 8.046/2010.

[416] No que tange à questão de direito, Teresa Arruda Alvim entende que: "É praticamente impossível haver matéria unicamente de direito, sendo que toda postulação em juízo é sustentada por fatos. O que se pode afirmar é que determinada questão é predominantemente de fato ou predominantemente de direito"

Ainda, soma-se aos requisitos para instauração do incidente que somente seja suscitado na pendência de qualquer causa de competência do respectivo Tribunal de Justiça ou Tribunal Regional Federal, bem como é incabível o incidente de resolução de demandas repetitivas quando um dos tribunais superiores, no âmbito de sua respectiva competência, já tiver afetado recurso para definição de tese sobre questão de direito material ou processual repetitiva.

Recebido o pedido de instauração do incidente pelo Presidente do Tribunal competente, será distribuído a um relator, que, no despacho de recebimento, determinará providências para ampla divulgação e publicidade do pedido, entre as quais, obrigatoriamente, o registro eletrônico no Conselho Nacional de Justiça. Para possibilitar a identificação das causas abrangidas pela decisão do incidente, o registro eletrônico das teses jurídicas constantes do cadastro conterá, no mínimo, os fundamentos determinantes da decisão e os dispositivos normativos a ela relacionados.

Têm legitimidade para realizar pedido de instauração do incidente o relator ou o órgão colegiado, por ofício, as partes, o Ministério Público, a Defensoria Pública, a pessoa jurídica de direito público e a associação civil, cuja finalidade institucional inclua a defesa do interesse ou direito objeto do incidente, por petição. Os legitimados poderão pleitear a revisão da tese jurídica e, visando a garantia da segurança jurídica, requerer ao tribunal competente para conhecer de eventual recurso extraordinário ou especial a suspensão de todos os processos em curso no território nacional que versem sobre a questão de direito objeto do incidente já instaurado.

Já os terceiros interessados não têm legitimidade para suscitar a instauração do incidente, mas possuem legitimidade para requerer a juntada de documentos e diligências necessárias para a elucidação da questão de direito controvertida.

A competência para admitir, processar e julgar o incidente caberá ao órgão do tribunal que o regimento interno indicar, o qual deverá ter, dentre suas atribuições, a competência para editar enunciados de súmula.

Uma vez admitido o incidente, o relator competente determinará a suspensão dos processos pendentes, individuais ou coletivos, que tramitam no Estado ou na Região, conforme o caso.

Segundo Andrea Carla Barbosa e Diego Martinez Fervenza Cantoario, o sentido a retirar do texto do PL 8.046/2010 é de que, na pendência do incidente, os processos individuais não se suspendem, antes prosseguem a sua marcha. Os desenvolvimentos processuais individuais dependentes da prática do ato conjunto (ditos subordinados) e só estes é que aguardarão pela sua

---

(ARRUDA ALVIM WAMBIER, Teresa. Distinção entre questão de fato e questão de direito para fins de cabimento de recurso especial. *Revista da Ajuris* 74/253-278).

AS AÇÕES REPETITIVAS NO DIREITO BRASILEIRO

conclusão. Os demais podem, e devem, ser praticados por cada juiz, em cada um dos processos.[417]

José Maria Tesheiner refere que essa suspensão ofende o princípio do acesso à Justiça, porque impede a entrega da prestação jurisdicional.[418] Em sentido diverso, Eduardo Henrique de Oliveira Yoshikawa entende que a suspensão dos processos se mostra medida apta a assegurar a aplicação oportuna da tese que vier a ser consagrada pelo tribunal e não acarreta, aparentemente, maiores inconvenientes, ante a previsão de um prazo máximo para o julgamento do incidente.[419]

O texto do Projeto de Lei 8.046/2010 prevê que o interessado pode requerer o prosseguimento do seu processo, demonstrando a distinção do seu caso. O requerimento deve ser dirigido ao juízo onde tramita o processo suspenso e da decisão que negar o requerimento cabe agravo de instrumento. A possibilidade de recorrer do ato que determina a suspensão do processo não confere celeridade ao incidente projetado na medida em que não evita impugnações no curso do procedimento.[420]

Julgado o incidente, a solução da questão fática será aplicada a todos os processos em que essa questão seja relevante para a solução da causa, ou seja, a tese jurídica adotada na decisão do incidente será aplicada tanto aos casos já ajuizados quanto às ações supervenientes.

Para Eduardo Henrique de Oliveira Yoshikawa, a tese da proposta de incidente deverá ser aplicada, igualmente, aos casos futuros (eficácia prospectiva), até que seja alterado ou revogado o precedente.[421] No mesmo sentido, Júlio César Rossi entende que o incidente almeja projetar-se para além dos processos suspensos ou ajuizados até a formação da tese pelo Tribunal, ou seja, para o futuro.[422]

Ana Surany Martins Costa registra que a decisão proferida no incidente tem natureza de uma súmula vinculante em tribunal local:

---

[417] BARBOSA, Andrea Carla; CANTOARIO, Diego Martinez Fervenza. O incidente de resolução de demandas repetitivas no Projeto de Código de Processo Civil: apontamentos iniciais. In: FUX, Luiz (coord.). *O novo processo civil brasileiro (direito em expectativa): reflexões acerca do Projeto do novo Código de Processo Civil.* Rio de Janeiro: Forense, 2011. p. 511.

[418] TESHEINER, José Maria Rosa. Do incidente de resolução de demandas repetitivas no Anteprojeto de Código de Processo Civil (artigos 895 a 906). *Revista Jurídica* 393/29.

[419] YOSHIKAWA, Eduardo Henrique de Oliveira. Op. cit., p. 258.

[420] Registra-se que no procedimento alemão (*musterverfahren*), o qual serviu de inspiração para a proposta de incidente de resolução de demandas repetitivas, a requisição de instauração de um procedimento-modelo também dá ensejo à suspensão dos demais processos que versem sobre a mesma questão. Ainda, não há possibilidade de recorrer da ordem de suspensão (CABRAL, Antonio do Passo. Op. cit., p. 136).

[421] YOSHIKAWA, Eduardo Henrique de Oliveira. O incidente de resolução de demandas repetitivas no novo Código de Processo Civil: comentários aos arts. 930 a 941 do PL 8.046/2010. *Revista de Processo,* São Paulo, v. 37, n. 206, p. 263, abr. 2012.

[422] ROSSI, Júlio Cesar. O precedente à brasileira: súmula vinculante e o incidente de resolução de demandas repetitivas. *Revista de Processo,* São Paulo, v. 37, n. 208, p. 231, jun. 2012.

A decisão proferida no incidente tem a natureza de uma súmula vinculante em Tribunal local; tratando-se, sob nosso olhar, de um precedente judicial vinculante, em face de a decisão ser oriunda do órgão especial ou do plenário do Tribunal e do seu resultado deve ser imposto a todos os processos pendentes sobre o mesmo assunto, sob pena de reclamação ao Tribunal.[423]

Consoante Júlio César Rossi, "a ideia estabelecida no IRDR é a de que a tese formada produza os efeitos de um precedente vinculante com efeitos prospectivos".[424] O incidente tem a pretensão de estabelecer uma tese (sobre questão de direito), cujo comando terá a natureza de norma geral e abstrata a ser seguido obrigatoriamente pelo juízo competente para decidir o conflito posto.

No mesmo sentido, Andrea Carla Barbosa e Diego Martinez Fervenza Cantoario sustentam que, no incidente, "a decisão almeja projetar-se para o futuro, o que permite a equiparação da decisão do incidente a um verdadeiro precedente vinculante". A eficácia vinculativa do precedente judicial se dá *erga omnes* e apenas em relação à sua fundamentação.[425]

Portanto, considerando-se que os efeitos da decisão proferida no incidente não se restringem aos autos nos quais foi proferida – se opera para os processos futuros que venham a abordar a mesma matéria jurídica objeto do incidente (efeito prospectivo), o incidente terá efeitos de um precedente judicial vinculante com eficácia erga omnes.[426]

Isto quer dizer, o precedente originado do incidente, mais do que força persuasiva, será dotado de força vinculante. A inobservância da tese adotada ensejará, inclusive, reclamação, por desacato à autoridade de que se reveste:

---

[423] COSTA, Ana Surany Martins. As luzes e sombras do incidente de resolução de demandas seriadas no novo projeto do Código de Processo Civil. *Revista Síntese de Direito Civil e Processual Civil,* Porto Alegre, n. 75, p. 48, jan./fev. 2012.

[424] ROSSI, op. cit., p. 231.

[425] BARBOSA, Andrea Carla; CANTOARIO, Diego Martinez Fervenza. O incidente de resolução de demandas repetitivas no Projeto de Código de Processo Civil: Apontamentos Iniciais. In: FUX, Luiz (Coord.). *O novo processo civil brasileiro (direito em expectativa):* reflexões acerca do projeto do novo Código de Processo Civil. Rio de Janeiro: Forense, 2011, p. 482.

[426] Para Sérgio Gilberto Porto a proposta de incidente trata de eficácia *ultra partes.* Diz o autor: "Quando o projeto fala, expressamente, que a tese jurídica decidida será aplicada a todos os processos que versem sobre idêntica questão de direito, está, na realidade, no que diz respeito a tais limites, a outorgar eficácia *ultra partes* à decisão, pois todas aquelas partes que integram o grupo de titulares de direito idêntico estarão subordinadas à decisão proferida no incidente e seu respectivo entendimento em torno da matéria jurídica apreciada. Não se trata, pois, de eficácia *erga omnes,* mas sim de eficácia *ultra partes,* vez que apenas os integrantes do grupo dos titulares do direito apreciado é que serão atingidos pela decisão" (PORTO, Sérgio Gilberto. Apontamentos sobre duas relevantes inovações no projeto de um novo CPC. *Repertório de Jurisprudência IOB: Civil, Processual, Penal e Comercial,* São Paulo: IOB Thomson, v. III, n. 21, p. 743, 1ª quinzena, nov. 2011). No mesmo sentido, Renato Xavier da Rosa entende pela eficácia *ultra partes* do incidente (ROSA, Renato Xavier da Silveira. *Incidente de resolução de demandas repetitivas:* artigos 895 a 906 do Projeto de Código de Processo Civil, PLS nº 166/2010. [Monografia]. Faculdade de Direito, Universidade de São Paulo, Largo São Francisco-SP, jul. 2010, p. 18).

AS AÇÕES REPETITIVAS NO DIREITO BRASILEIRO

autoridade de vedadeira norma jurídica emanada do próprio Poder Judiciário.[427]

Os efeitos da decisão proferida no incidente ficam restritos à área de jurisdição do respectivo tribunal. Entretanto, se houver recurso e a matéria for apreciada, em seu mérito, pelo Supremo Tribunal Federal ou pelo Superior Tribunal de Justiça, a tese jurídica firmada será aplicada a todos os processos que versem sobre idêntica questão de direito e que tramitem no território nacional.

Leonardo Carneiro da Cunha entende que a aplicação do incidente se dará nos processos em trâmite no âmbito da competência territorial do tribunal. Não se poderia cogitar que, por força própria, a súmula produzida por um tribunal tenha força vinculante a ser imposta sobre outros tribunais.[428] Contudo, caso seja interposto recurso especial ou extraordinário, a ser apreciado pelo STJ ou STF, a decisão dada no incidente terá vinculação a todo território nacional, mediante declaração desses efeitos pelo STJ ou STF, estes sim com competência para atribuir tal vinculatividade a todo o território nacional.[429]

Para Eduardo Henrique de Oliveira Yoshikawa, o Projeto de Lei nº 8.046/2010 etabelece, de forma clara e inequívoca, o caráter vinculante da decisão, determinando a aplicação da tese jurídica a todas as causas, na área de jurisdição (competência) do tribunal, tanto em primeira, quanto em segunda instância.[430]

O Projeto de Lei 8.046/2010[431] dispõe que não serão exigidas custas processuais no incidente de resolução de demandas repetitivas. Entretanto, não prevê qualquer regulamentação quanto ao pagamento de honorários advocatícios. Assim, atentando-se que a proposta de incidente em análise é voltada à uniformização em si, isto é, ao interesse público concernente a evitar decisões conflitantes sobre a mesma questão de direito; não há vencido ou vencedor a ensejar a responsabilização do vencido nas despesas processuais.

---

[427] BARBOSA, Andrea Carla; CANTOARIO, Diego Martinez Fervenza. O incidente de resolução de demandas repetitivas no Projeto de Código de Processo Civil: apontamentos iniciais. In: FUX, Luiz (Coord.). *O novo processo civil brasileiro (direito em expectativa):* reflexões acerca do projeto do Novo Código de Processo Pivil. Rio de Janeiro: Forense, 2011, p. 484.

[428] CUNHA, Leonardo José Carneiro da. Anotações sobre o incidente de resolução de demandas repetitivas previsto no projeto do novo Código de Processo Civil. *Revista de Processo,* São Paulo, v. 36, n. 193, p. 277, mar. 2011.

[429] ROSA, Renato Xavier da Silveira. *Incidente de resolução de demandas repetitivas:* artigos 895 a 906 do Projeto de Código de Processo Civil, PLS nº 166/2010. [Monografia]. Faculdade de Direito, Universidade de São Paulo, Largo São Francisco-SP, jul. 2010, p. 48.

[430] YOSHIKAWA, Eduardo Henrique de Oliveira. O incidente de resolução de demandas repetitivas no novo Código de Processo Civil: comentários aos arts. 930 a 941 do PL 8.046/2010. *Revista de Processo,* São Paulo, v. 37, n. 206, p. 263, abr. 2012.

[431] BRASIL. Câmara dos Deputados. Projetos de Leis e Outras Proposições. Projeto de Lei n. 6025/2005, apresentado em 26 novembro 2013, Emenda Aglutinativa Substitutiva Global n.º 6. Disponível em: <http://www.camara.gov.br/proposicoesWeb/fichadetramitacao?idProposicao=302638&ord=1>. Acesso em: 05 jan. 2014. (v. Anexo).

2.2. Os riscos de uma padronização decisória indevida

A partir da redação do Projeto de Lei nº 8.046/2010, pode-se identificar os riscos da ocorrência de uma padronização indevida por parte do magistrado, responsável pelo processo do qual deriva o incidente, em dois momentos: (I) no momento da determinação de suspensão das ações que versem sobre a mesma questão de direito material ou processual, e (II) no momento da aplicação da tese jurídica a todos os processos que a tese jurídica fixada no incidente seja relevante para a solução da causa.

Para que o magistrado, responsável pelo processo do qual deriva o incidente, não efetue uma padronização indevida, é essencial a análise pormenorizada no sentido de identificar há a presença da mesma questão de direito material ou processual suscitada no incidente no processo em curso, bem como o afastamento de todas ações que não se versem a mesma matéria jurídica objeto do incidente.

Vale dizer, no cenário de ações repetitivas nem todos os processos são iguais e podem ser tratados da mesma maneira. Há ações que não se encontram na mesma condição, que não apresentam idêntica questão e, portanto, não se identificarão com a matéria jurídica objeto da proposta de incidente. Por mais óbvio que possa parecer, há que se tratar de forma diferente as ações que não apresentem as mesmas características a fim de se obter a esperada segurança jurídica.

Esta análise poderá sofrer a influência de duas circunstâncias: (I) a eventual dificuldade do julgador na identificação de que o processo do qual deriva o incidente versa a mesma questão de direito, e (II) as condições estruturais dispostas ao julgador para a realização desta análise.

No que tange à eventual dificuldade do julgador na identificação de que o processo do qual deriva o incidente versa a mesma questão de direito, não se pode olvidar que a questão que venha a ser definida na tese jurídica, estará, também, vinculada à uma questão de fato.[432]

Carlos Maximiliano afirma que, versando o aresto sobre fatos, é quase impossível que se nos deparem dois absolutamente idênticos, ou, ao menos, semelhantes sob todos os aspectos. Qualquer diferença entre espécies em apreço obriga a mudar também o modo de decidir, pois pequena diferença de fato induz grande diversidade de direito.[433]

Geraldo Gonçalves da Costa entende que apesar da boa intenção do projeto, na prática tal inovação não produzirá o resultado desejado, isso ante à dificuldade de identificação de idêntica questão jurídica ocorrente em mais de

---

[432] ROSSI, Júlio Cesar. O precedente à brasileira: súmula vinculante e o incidente de resolução de demandas repetitivas. *Revista de Processo,* São Paulo, v. 37, n. 208, p. 233, jun. 2012.

[433] MAXIMILIANO, Carlos. *Hermenêutica e aplicação do direito.* 19. ed. Rio de Janeiro: Forense, 2004, p. 81.

uma demanda, já que nem mesmo na natureza é fácil encontrar duas coisas idênticas, uma vez que tudo tem as suas peculiaridades. Diz o autor:

> Tal é o que mostra a experiência do art. 285-A, do Código vigente, em que os magistrados do primeiro grau, dificilmente conseguem identificar os chamados "casos idênticos" aos anteriormente julgados no mesmo juízo, que autorizem a reprodução de sentença de improcedência do pedindo, levando, na maioria das vezes, os tribunais de segundo grau a terem de cassar ou reformar a sentença reproduzida sob tal fundamento, frustrando a finalidade da norma, que seria a de evitar as demandas repetitivas.[434]

Como adverte Maurício Ramires, "é preciso estar atento às distinções e identificações exigidas pelas especificidades dos casos".[435] Daí a importância da atuação do julgador em identificar que o processo do qual deriva o incidente versa a mesma matéria jurídica objeto do incidente, pois "nem todo caso é idêntico ao outro".[436]

Por outro lado, há que se atentar para as condições estruturais dispostas ao julgador para realizar a referida análise.

A vida forense tem demonstrado que, com grande frequência, decisões padronizadas são aplicadas a ações supostamente repetitivas. Conforme já analisado, nas ações repetitivas há vários casos de julgamentos *extra petita* em que o conteúdo decisório é completamente dissociado da pretensão autoral.

A grande carga de trabalho que assoberba o magistrado interfere diretamente na necessária reflexão do caso concreto.

Eduardo Oteíza aponta que a sobrecarga de trabalho dos juízes atenta contra a capacidade para que estes brindem respostas eficientes.[437]

Nos dizeres de José Carlos Barbosa Moreira, "em não poucos casos, ante a primeira impressão do *déjà vu*, a própria leitura da petição inicial corre o perigo de ver-se truncada, ou reduzida a sumária olhadela, desatenta e argumentos porventura novos que autor suscite". O julgador, para desvincilhar-se rapidamente do estorvo de novo processo, acaba aplicando a "lei do menor esforço" e enxergando identidade onde talvez não exista a vaga semelhança.[438]

---

[434] COSTA, Geraldo Gonçalves da. Algumas inovações previstas no projeto de reforma do Código de Processo Civil. *Revista Jurídica,* Porto Alegre, v. 59, n. 399, p. 47, jan. 2011.

[435] RAMIRES, Maurício. *Crítica à aplicação de precedentes no direito brasileiro.* Porto Alegre: Livraria do Advogado, 2010, p. 130.

[436] FABIANO, Isabela Márcia de Alcântara. Incidente de resolução de demandas repetitivas: acesso democrático à justiça? Tema: "Democracia e reordenação do pensamento jurídico: compatibilidade entre a autonomia e a intervenção estatal". *Anais do XX Encontro Nacional do CONPEDI.* Belo Horizonte-MG, 22, 23, 24 e 25 junho de 2011. ISBN 978-85-7840-059-0. Disponível em: <http://www.conpedi.org.br>. Acesso em: 30 maio 2012.

[437] OTEÍZA, Eduardo. *Reforma procesal civil.* 1. ed. Santa Fe: Rubinzal-Culzoni, 2010, p. 721.

[438] MOREIRA, José Carlos Barbosa. Súmula, jurisprudência, precedente: uma escalada e seus riscos. *Revista Dialética de Direito Processual,* São Paulo: Dialética, n. 27, p. 58, jun. 2005.

Segundo Rolf Stürner, em última análise, a observância de acórdãos dos tribunais superiores depende sempre do conhecimento e do raciocínio dos juízes. Diz o autor:

> Os acórdãos-modelo dos tribunais superiores para uma série de casos semelhantes é – como já indicado – uma instituição com uma expectativa de sucesso muito incerta. (...) Processos-modelo têm um efeito muitas vezes retardante, e os casos individuais diferenciam-se freqüentemente do modelo. Uma racionalidade pragmática dos magistrados pode conduzir a resultados superiores.[439]

Como visto, a proposta de incidente prevê que o magistrado, a partir da identificação de que o processo do qual deriva o incidente versa idêntica questão de direito, determinará tanto a suspensão deste quanto a posterior aplicação da tese jurídica. Assim, pertinente verificar as condições oferecidas pelo aparato judicial e a necessidade de se confiar nele para a realização deste intento.

Pode-se dizer que a efetividade da proposta de incidente é proporcional, portanto, à possibilidade de que as questões nele decididas sejam fundamentos de muitas pretensões similares, e que possam tais questões ser resolvidas coletiva e uniformemente para todas as demandas individuais.[440]

Ana Surany Martins Costa sustenta que tudo dependerá da forma como a proposta de incidente for utilizada pelo julgador, pois muitos dos enunciados de lei não possuem aplicação automática em todos os casos práticos, ou seja, não será possível padronizar, em larga escala, os julgamentos, podendo ser de bom alvitre o prolatar de uma sentença coadunada com a particular individualidade da causa.[441]

O grande cuidado que se deve ter é no sentido de não utilizar mal a tese jurídica fixada no incidente, transformando-a numa causa de equívocos em fileira. Ou seja, parece fundamental, sempre, a cada nova invocação, que o julgador dê uma boa checada nos termos e na pertinência da utilização da decisão-paradigma, pois há que se verificar se o caso prático se ajusta à tese jurídica, e não o contrário.

Do que se colhe da redação do Projeto de Lei nº 8.046/2010, evidentemente, pouco adiantará todo o esforço empreendido na admissão, processamento e julgamento do incidente, se o resultado da decisão proferida vier a ser aplicado a um caso concreto completamente dissociado da tese fixada no incidente – quer seja por conta da possível dificuldade na identificação da

---

[439] STÜRNER, Rolf. Sobre as reformas recentes no direito alemão e alguns pontos em comum com o projeto brasileiro para um novo Código de Processo Civil. *Revista de Processo*, São Paulo, v. 36, n. 193, p. 369, mar. 2011.

[440] CABRAL, Antonio do Passo. O novo procedimento modelo (*Musterverfahren*) alemão: uma alternativa às ações coletivas. *Revista de Processo*, São Paulo, v. 32, n. 147, p. 129, maio 2007.

[441] COSTA, Ana Surany Martins. As luzes e sombras do incidente de resolução de demandas seriadas no novo projeto do Código de Processo Civil. *Revista Síntese de Direito Civil e Processual Civil*, Porto Alegre, n. 75, p. 61, jan./fev. 2012.

matéria jurídica objeto do incidente, quer seja por conta da provável sobrecarga de processos a que estará submetido o julgador.

Ao que parece, nestas situações, restarão violados, em especial, os princípios constitucionais do acesso à justiça e devido processo legal, bem como se distanciará da celeridade e racionalidade pretendidas, pois a parte sucumbente tenderá a recorrer para afastar a aplicação inadequada do incidente no caso concreto, como num círculo vicioso.

2.3. O procedimento-modelo alemão de mercado de capitais *musterverfahren*

Para incorporar, ainda que parcialmente, à nossa legislação o direito de outros sistemas jurídicos é imprescindível que se conheça o que se pretender introduzir aqui.[442]

O problema da litigiosidade em massa é um dilema da processualística mundial, mas que sofre tratamento diferenciado em face de cada sistema.[443]

Segundo Antônio do Passo Cabral, a adoção de métodos de decisão em bloco que partam de um caso concreto entre contendores individuais não é nova.[444]

No exterior, uma das soluções possíveis adotadas para se resolver coletivamente questões comuns a inúmeros processos em que se discutam pretensões isomórficas são as chamadas *causas piloto* ou *processos-teste*. Nos *processos-teste* uma ou algumas causas, pela similitude na sua tipicidade, são escolhidas para serem julgadas inicialmente e, a partir desta solução, resolve-se todas as demais. Assim ocorre na Inglaterra, por força das *Parts* 19.13 (b) e 19.15 das *Civil Procedure Rules*, e também encontra paralelo no ordenamento austríaco.[445]

Ao lado dos *processos-teste*, outros instrumentos ganharam previsão normativa em dois dos mais importantes ordenamentos europeus, o procedimento-modelo alemão *"mustervefahren"* e a *"Group Litigation Order* (GLO)"*, prevista nas *rules of civil procedure* de 1999.[446]

---

[442] OTHARAN, Luiz Felipe. Incidente de resolução de demandas repetitivas como uma alternativa as ações coletivas: notas de direito comparado. *Revista Jurídica,* Porto Alegre, v. 402, p. 20, abr. 2011.

[443] THEODORO JÚNIOR, Humberto; NUNES, Dierle José Coelho; BAHIA, Alexandre Gustavo Melo Franco. Litigiosidade em massa e repercussão geral no recurso extraordinário. *Revista de Processo,* São Paulo, v. 34, n. 177, p. 10, nov. 2009. Moacyr Amaral Santos afirma que: "Cada povo tem o seu processo. As condições peculiares ao povo, ao tempo e ao regime político conferem características próprias ao respectivo sistema processual, que o distinguem de outros sistemas, de outros povos, de outros tempos, de outros regimes" (SANTOS, Moacyr Amaral. *Primeiras linhas de direito processual civil.* 29. ed. São Paulo: Saraiva, 2012, p. 72-73).

[444] CABRAL, Antonio do Passo. O novo procedimento modelo (*Musterverfahren*) alemão: uma alternativa às ações coletivas. *Revista de Processo,* São Paulo, v. 32, n. 147, p. 129, maio 2007.

[445] Ibidem, p. 50.

[446] CABRAL, Antonio do Passo. O novo procedimento modelo (*Musterverfahren*) alemão: uma alternativa às ações coletivas. *Revista de Processo,* São Paulo, v. 32, n. 147, p. 123-146, maio 2007. Na Inglaterra, apesar de

Ana Surany Martins Costa destaca que há outros países, tais como os de *common law* (especialmente a Inglaterra, EUA e Canadá), que possuem um sistema de litigância em massa. Enquanto nos Estados Unidos há, ao menos em nível federal, um sistema uniforme de *class actions*, no Canadá há uma legislação diferente para cada província, algumas adotando ações similares às *class actions*.[447]

Para que haja a adequada delimitação do tema, passará a ser analisado o tratamento dispensado aos processos repetitivos no direito alemão (*musterverfahren*). A opção pelo modelo alemão deve-se ao fato de que a Comissão responsável pelo Anteprojeto de Novo Código Civil afirmou publicamente a inspiração da proposta de incidente no procedimento-modelo tedesco para o mercado de capitais.

O ordenamento processual alemão não possui regulamentação extensa e genérica sobre tutela coletiva como existe no Brasil. O legislador tedesco optou por modificações normativas pontuais, havendo poucas leis previdentes de qualquer tipo de tutela para direitos transindividuais.[448]

Segundo Antonio do Passo Cabral, nos países de origem germânica, não houve grande pressão para adoção de mecanismos de tutela coletiva, até mesmo por conta da eficácia de mecanismos extrajudiciais de solução de conflitos. Muitas das questões são resolvidas administrativamente por órgãos fiscalizatórios governamentais que têm o bom hábito de cumprir e fazer cumprir as leis.[449]

No ordenamento alemão, a adoção de um mecanismo para tratamento de direitos agrupados pela identidade das questões a serem resolvidas (ações seriais) foi primeiramente disciplinado no ainda vigente § 93ª do Ordenamento dos Tribunais Administrativos (*Verwaltungsgerichtsordnung – VwGO*).[450]

Nesta linha de instrumentos esparsos de tutela coletiva, foi introduzido o procedimento-modelo de mercado de capitais *musterverfahren*.[451]

---

não haver uma ação coletiva, há um incidente, uma ordem, que determina o processamento de demandas em grupo, denominado de *Group Litigantion Order* (ou simplesmente GLO), o qual é uma determinação judicial associada a *case management* (administração de processos) para lidar com a multiplicidade de demandas sobre as mesmas questões de fato ou de direito. (COSTA, Ana Surany Martins. As luzes e sombras do incidente de resolução de demandas seriadas no novo projeto do Código de Processo Civil. *Revista Síntese de Direito Civil e Processual Civil,* Porto Alegre, n. 75, p. 50, jan./fev. 2012).

[447] COSTA, Ana Surany Martins. As luzes e sombras do incidente de resolução de demandas seriadas no novo projeto do Código de Processo Civil. *Revista Síntese de Direito Civil e Processual Civil,* Porto Alegre, n. 75, p. 50, jan./fev. 2012.

[448] CABRAL, Antonio do Passo. Op. cit., p. 130.

[449] Idem, p. 123-146.

[450] BAETGE, Dietmar. *Class actions, group litigation & other forms of collective litigation.* Disponível em: <http://globalclassactions.stanford.edu/sites/default/files/documents/Germany_National_Report.pdf>. Acesso em: 30.05.2012.

[451] Os textos originais em alemão e inglês podem ser obtidos no sítio do Ministério Federal da Justiça alemão. ALEMANHA. *Kapitalanleger – Musterverfahrensgesetz – KapMuG.* Disponível em: <www.bmj.de/files/80c4b7e86e5195d2bf66ea42c3bdd5bc/1110/KapMuG_english.pdf>. Acesso em: 30.05.2012.

O procedimento-modelo de mercado de capitais *musterverfahren*, foi aprovado no ordenamento alemão, em 16.08.2005, pela Lei de Introdução do Procedimento-Modelo para os investidores em mercado de capitais ("Gesetz zur Einführung von Kapitalanleger-Musterverfahrensgesetz", abreviada de KapMuG) – Lei Federal Gazette I, p. 2437, a qual foi gerada por um caso concreto no mercado financeiro – "caso *Telekom*".[452]

Nos anos de 1999 e 2000, ao colocar as suas ações na Bolsa de Frankfurt, o prospecto informativo da empresa de telefonia *Deutsche Telekom* omitiu uma série de informações relevantes. Pouco tempo depois, o preço das ações sofreu uma considerável desvalorização e os acionistas, decepcionados, agiram contra a *Deutsche Telekom*.[453]

Tendo em vista que as informações contidas no prospecto informativo eram errôneas ou lacunosas, foram propostas mais de 13.000 ações para a busca de reparação de prejuízos perante o Tribunal de Frankfurt, competente exclusivamente por força de sede da Bolsa de Valores, o qual autorizou previamente o prospecto. Isso levou a uma paralisação total da seção de direito comercial daquele Tribunal.[454]

Em razão da demora no processamento das referidas ações, em 2004, houve a interposição de um recurso constitucional diretamente ao Tribunal Constitucional alemão alegando-se violação ao direito de duração razoável do processo. O Tribunal respondeu ao recurso afirmando que, no caso concreto, a demora era tolerável, tendo em conta as circunstâncias envolvidas. Ao mesmo tempo, aludiu à possibilidade de utilização do processo-modelo.[455]

Neste contexto, em 2005, foi aprovada a Lei KapMuG do procedimento--modelo para os investidores em mercado de capitais, a qual não se confunde com as *class actions* do direito norte-americano, pois se aplica para as ações referente a investidores logrados ou fraudados.[456] Está especificamente designada para uso em litígios de títulos e não se aplica a outras áreas do direito substantivo alemão.[457]

De acordo com informações oficiais extraídas do Ministério Federal de Justiça alemão, o *mustervefahren* é previsto para ajudar o investidor individual e,

---

[452] CAPONI, Remo. Modelo europeu de tutela coletiva no processo civil: comparação entre a experiência alemã e italiana. *RePro* 200/261.

[453] Idem, ibidem.

[454] ROSSONI, Igor Bimkowski. Op. cit.

[455] CAPONI, Remo. Op. cit., p. 262.

[456] STÜRNER, Rolf. Class actions e direitos humanos. *Revista do Tribunal Regional Federal da Primeira Região*, vol. 18, n. 2, p. 17.

[457] Texto original: "(…) unlike other class action models, the German approach is specifically designed for use in securities litigation and does not apply to other areas of substantive German law" (GRACE, Stefano M. Strengthening Investor Confidence in Europe: U.S.-Style Securities Class Actions and the Acquis Communautaire. *Journal of Transnational Law & Policy*, p. 281-304).

ao mesmo tempo, reduzir os riscos de suportar os custos de todo o processo;[458] bem como visa a resolver apenas uma vez processos envolvendo um grande número de demandantes com questões complexas de fato e de direito, com efeito vinculativo para todos os outros investidores lesados.[459]

O ponto de partida é uma ação de caráter individual, fundada na titularidade ordinária daquele que se sentiu ameaçado ou lesado em seu patrimônio jurídico.[460] Entretanto, o requerente deve comprovar que a decisão sobre o pedido para a instauração de um procedimento-modelo terá significado para outros casos semelhantes para além da disputa do indivíduo preocupado.

O procedimento-modelo alemão é dividido em 3 fases com 20 parágrafos.[461]

A primeira fase trata da admissibilidade do procedimento, publicação no ordenamento e remessa ao órgão competente.

Após um pedido de instauração de um procedimento-modelo, o juiz de origem aguardará o período de quatro meses e o registro de mais 9 requerimentos com a mesma pretensão comum. Atendidos estes requisitos, determinará a instauração do procedimento-modelo publicando em um cadastro eletrônico público e gratuito, em decisão irrecorível, com a fixação dos pontos litigiosos que deverão ser decididos pela instância superior. Portanto, o juízo de origem é quem fixará o mérito (o objeto) do julgamento do procedimento-modelo que será realizado pelo tribunal de instância superior.[462]

Com a prolação da decisão que instaura a tratativa, encerra-se a primeira fase e não poderá haver outro procedimento-modelo com o mesmo objeto.

Anote-se que, com o estabelecimento do procedimento-modelo e sua remessa ao tribunal para julgamento, automaticamente, suspendem-se to-

---

[458] Quanto à redução dos riscos de suportar custos do processo, Dietmar Baetge refere que no litígio *Deutsche Telekom*, que levou a promulgação da KapMuG, a questão dos custos tem um papel importante, pois os requerentes teriam que provar que a avaliação da *Deutsche Telekom* de seus mais de 30.000 propriedades estava errada. Os custos para o necessário depoimento de um especialista eram estimados em €17 million. Sob as regras ordinárias de custos, os requerentes teriam sido obrigados a pagar esta soma antecipadamente. Uma ação coletiva ajuizada contra a *Deutsche Telekom* nos Estados Unidos já foi liquidada, em janeiro de 2005, por US$120 milhões. Texto original: "In the Deutsche Telekom litigation that has lead to the enactment of the KapMuG the issue of costs plays an important role because plaintiffs have to prove that DT's valuation of its more than 30,000 properties was wrong. The costs for the necessary expert testimony are estimated at €17 million (...). A class action filed against Deutsche Telekom in the U.S. has already been settled in January 2005 for US$120 million" (BAETGE, Dietmar. Op. cit.).

[459] CAPONI, Remo. Op. cit., p. 262. ALEMANHA. Ministério Federal da Justiça Alemão. *The German "Capital Markets Model Case Act"*. Comunicado de imprensa de 08.07.2005. Disponível em: <www.bmj.de/SharedDocs/Downloads/DE/pdfs/EnglishInfoKapMuG.pdf?_blob=publicationFile>. Acesso em: 30.05.2012.

[460] FABIANO, Isabela Márcia de Alcântara. Incidente de resolução de demandas repetitivas: acesso democrático à Justiça? *Anais do XX Encontro Nacional do Conpedi – Democracia e reordenação do pensamento jurídico: compatibilidade entre a autonomia e a intervenção estatal.* Belo Horizonte, 22, 23, 24 e 25.06.2011. Disponível em: <www.conpedi.org.br>. Acesso em: 30.05.2012.

[461] CAPONI, Remo. Op. cit., p. 262.

[462] CABRAL, Antonio do Passo. Op. cit., p. 134-135.

dos os processos individuais em 1ª instância que tratem da mesma matéria (§ 7, I, KaPMuG). Não há escolha entre um procedimento individual e o procedimento-modelo para qualquer requerente. O procedimento-modelo é obrigatório para todos.[463]

Todos os titulares de pretensões derivados do ilícito de massa que decidem agir em juízo antes ou na pendência do *musterverfahren* tornam-se partes nesse, independentemente de sua vontade.[464] Por isso, Peter Gotwald observa que, mesmo o tribunal escolhendo apenas 10 requerimentos, todas as outras partes e seus advogados devem ser convocados e se juntam ao procedimento-modelo.[465]

A segunda fase do procedimento-modelo trata do trâmite na instância superior. O Tribunal Regional decidirá a questão ou as questões enviadas pelo juízo de origem.[466] Antes disso, porém, realizará a escolha de um líder para os vários autores (*Musterkläger*) e outro para os réus (*Musterbeklagte*), que serão interlocutores diretos com a Corte.[467] É o líder dos autores quem escolhe a estratégia processual e conduz o processo contra o demandado comum, não podendo os intervenientes contrariá-lo, mas apenas complementar seus atos.

Em razão disso, o § 16, alínea (2), da Lei KapMuG estabelece que a parte interessada poderá se opor à formação da coisa julgada do procedimento-modelo, desde que comprove a má gestão processual pelo condutor do processo principal.[468]

O objeto do *musterverfahren* pode ser ampliado no curso do processo até o final do procedimento, a requerimento da parte e não de ofício. Todavia, a alteração não é livre: o juízo de origem deve reputá-la pertinente, e a ampliação deve obedecer ao escopo do procedimento-modelo no caso concreto.[469]

Com o depósito da decisão passada em julgado sobre as questões comuns, passa-se à terceira fase, na qual se definirão as pretensões individuais de cada litígio.

---

[463] Texto original: "As soon as the model procedure is announced to the public, all courts of first instance suspend all pending proceedings (§ 7 I KaPMuG). There is no choice between an individual proceeding and the model procedure for any claimant" (GOTTWALD, Peter. About the extension of collective legal protection in Germany. *RePro* 154/90).

[464] CONSOLO, Claudio; RIZZARDO, Dora. Due modi di mettere le azioni collettive alla prova: Inghilterra e Germania. *Rivista Trimestrale Di Diritto e Procedura Civile*, vol. 60, n. 3, p. 905.

[465] Texto original: "Even if the courts chooses only 10 claimants as model claimants, all other parties and their lawyers must be summoned and may join the model procedure" (GOTTWALD, Peter. Op. cit., p. 92).

[466] ROSSONI, Igor Bimkowski. Op. cit.

[467] CABRAL, Antonio do Passo. Op. cit., p. 135.

[468] Idem, p. 139.

[469] Idem, p. 133.

A decisão modelo proferida tem eficácia vinculante a todos os litigantes cujas demandas foram suspensas durante o procedimento, bem como vincula o juiz quando da definição da demanda individual, qualquer que seja seu resultado. No entanto, a vinculação é somente para os processos pendentes e não aos autores futuros, pois se exige a existência de litispendência dos processos individuais no momento da decisão do Tribunal.[470]

Renato Xavier da Silveira Rosa observa que se o réu quiser realizar acordo no *musterverfahren*, ele deverá procurar individualmente cada um dos autores dos processos individuais, tornando virtualmente impossível um acordo amplo.[471]

Na ausência de normas gerais, prevê o § 9 (1) da Lei KapMuG a aplicação subsidiária das regras de procedimento em 1ª instância previstas no Código de Processo Civil alemão, apenas se não houver disposição específica.

No que se refere aos custos da litigância, são proporcionalmente computados como despesas do processo de origem, devendo as cotas-parte ser calculadas comparando a grandeza das pretensões individuais com o total das exigências paralelas das partes e intervenientes.[472]

Para Stefano M. Grace, é provável que o procedimento não reduza a carga sobre os tribunais, porque as partes ainda deverão apresentar suas ações individuais e provar certos elementos para obter a sua recuperação.[473]

Na opinião de Dietmar Baetge, não se têm dados suficientes para avaliar a eficiência ou ineficiência deste novo instrumento.[474]

A legislação que instituiu o procedimento-modelo alemão (Lei KapMuG) é considerada experimental, pois o legislador alemão limitou a sua validade inicialmente por cinco anos para que o Ministério Federal da Justiça pudesse

---

[470] CABRAL, Antonio do Passo. Op. cit., p. 141-142.

[471] Ibidem, p. 18. A possibilidade de acordo está prevista no § 14, (3), da Lei KapMuG.

[472] CABRAL, Antonio do Passo. Op. cit., p. 142-143. Remo Caponi refere que o legislador pretendeu tornar atraente o procedimento modelo através de uma regulamentação que distribui os custos da fase perante a Corte de Apelação, entre os vários processos, na proporção dos valores das respectivas pretensões em juízo (CAPONI, Remo. Op. cit., p. 264).

[473] Texto original: "Thus, it likely will not decrease the burden on the courts because parties must still file their individual claims and prove certain elements to obtain recovery" (GRACE, Stefano M. Op. cit., p. 281-304).

[474] Dietmar Baetge registra que, em 01.09.2007, uma decisão de um procedimento-modelo foi proferida com resultado negativo para os demandantes (caso Oberlandesgericht (OLG) (Tribunal de Apelações do Estado) Estugarda, 15.02.2007 (DaimlerChrysler), 62 BB 565 (2007)). Além disso, dois outros procedimentos-modelos estão atualmente pendentes no tribunal de apelações. Em uma instância, o tribunal se recusou a abrir um procedimento-modelo, porque não houve a quantidade suficiente de pedidos – OLG München, 09.02.2007 (Infomatec), 28 ZIP 649 2007). Texto original: "As of September 1, 2007, one model case decision has been handed down (with a negative result for the plaintiffs – Oberlandesgericht [OLG] [State Appeals Court] Stuttgart, Feb. 15, 2007 (DaimlerChrysler), 62 BB 565 (2007). In addition, in two other cases model proceedings are currently pending before the court of appeals. The cases are Deutsche Telekom (pending before the State Appeals Court of Frankfurt) and IBV (pending before the State Appeals Court [Kammergericht] of Berlin. In one instance, the court has refused to open model case proceedings because not enough applications had been filed – OLG München, Feb. 9, 2007 (Infomatec), 28 ZIP 649 2007))" (BAETGE, Dietmar. Op. cit.).

analisar os resultados e estudar a possibilidade da introdução de um procedimento-modelo de caráter geral no Código de Processo Civil alemão. Como a sua vigência estava prevista apenas até 01.11.2010, em 24.07.2010 foi publicada no DOU a Lei 2010, I, p. 97, que prorrogou a vigência da KapMuG para 31.10.2012.[475]

Conforme noticia Guilherme Rizzo Amaral, o Ministério Federal da Justiça alemão trabalha no desenvolvimento de um projeto de lei que implantará a *musterverfahren* por tempo indeterminado e com modificações no seu escopo de aplicação.[476]

2.4. Reflexões e expectativas sobre a proposta de incidente

O fenômeno da sobrecarga dos tribunais se dá, dentre vários fatores, pela existência de inúmeras ações repetitivas. Não se pode negar que o excesso de processos repetitivos implica, na grande maioria das vezes, na morosidade da justiça. A criação de mecanismos de contenção surgem não apenas como instrumentos para diminuírem o excesso de processos, mas também para conferir celeridade à justiça.[477]

Neste cenário, a proposta de um incidente de resolução de demandas repetitivas, contida no Projeto de Lei n° 8.046/2010, conforme visto, busca evitar que o Judiciário tenha que apreciar, inúmeras vezes, questões idênticas, de modo a reduzir a grande quantidade de ações repetitivas, conferindo celeridade e uniformidade aos processos.

---

[475] AMARAL, Guilherme Rizzo. A proposta de um "incidente de resolução de demandas repetitivas". In: TESHEINER, José Maria Rosa (org.). *Processos coletivos*. Porto Alegre: HS, 2012. p. 275. Conforme notícia extraída do site jurídico alemão *Juris das Rechtsportal*, o Parlamento alemão aprovou um Projeto de Lei para reformar o KapMuG. O Projeto de Lei se baseia em algumas sugestões sobre a avaliação da KapMuG, como as novas regras de demonstrações financeiras comparativas em casos de teste e algumas medidas para acelerar o processo. A nova KapMuG terá duração de oito anos, durante este tempo, as experiências com os novos casos de teste serão avaliados, de modo que o Legislativo poderá decidir conclusivamente se o caso de teste deverá ser permanentemente incorporado ao direito processual civil. Texto original: "Der Bundestag hat einen Gesetzentwurf zur Reform des Kapitalanleger-Musterverfahrensgesetzes (KapMuG) beschlossen. (...) Das Gesetz greift einige Verbesserungsvorschläge aus dem Abschlussbericht zur Evaluation auf, so zum Beispiel die neuen Regeln zum Vergleichsabschluss im Musterverfahren und einige Maßnahmen zur Beschleunigung der Verfahren. (...) Das neue KapMuG wird erneut befristet, diesmal auf acht Jahre. In dieser Zeit sollen die Erfahrungen mit dem neuen Musterverfahren ausgewertet werden, damit der Gesetzgeber abschließend entscheiden kann, ob das Musterverfahren dauerhaft in das Zivilverfahrensrecht aufgenommen werden soll" (ALEMANHA. Juris das Rechtsportal. *Stärkung des Rechtsschutzes für Kapitalanleger: Reform des KapMuG. Tribunal/Instituição: BMG.* Data de lançamento: 29.06.2012. Disponível em: <www.juris.de>. Acesso em: 11.06.2012).

[476] Idem, ibidem.

[477] COUTO, Monica Bonetti; MEYER-PFLUG, Samantha Ribeiro. Os mecanismos de contenção: repercussão geral e súmula vinculante e o acesso à justiça. Tema: "Democracia e reordenação do pensamento jurídico: compatibilidade entre a autonomia e a intervenção estatal". *Anais do XX Encontro Nacional do CONPEDI*. elo Horizonte-MG, 22, 23, 24 e 25 junho de 2011. BISBN 978-85-7840-059-0. Disponível em: <http://www.conpedi.org.br>. Acesso em: 30 maio 2012.

Entretanto, em que pese a adoção de medidas para aceleramento e uniformização processual seja consenso entre os doutrinadores e operadores do direito,[478] de nada adianta que uma solução seja proposta se não se abrir os horizontes para que novas concepções auxiliem como forma de melhoria. Conforme enfatiza Cândido Rangel Dinamarco:

> Nós doutrinadores e operadores do processo, temos a mente povoada de um sem-número de preconceitos e dogmas supostamente irremovíveis que, em vez de iluminar o sistema, concorrem para a Justiça morosa, e, às vezes, insensível às realidades da vida e às angústias dos sujeitos em conflito.[479]

Feitos tais esclarecimentos, cumpre registrar que as expectativas, críticas e observações realizadas neste trabalho não possuem o intuito de rejeitar e recriminar o instrumento oferecido. Mas, sim, apresentar formas de melhoria aptas a auxiliar no atingimento da sua meta.

Conforme destaca Ana Surany Martins Costa:

> Não se pode prever com segurança as consequências do uso futuro do incidente de demandas repetitivas, posto que hoje é muito escasso o número de pesquisas empíricas em tal sentido no direito processual brasileiro.[480]

Trata-se de proposta que não passou pelo crivo da experiência judicial. Neste cenário, dificilmente seria possível adiantar uma relação precisa de todas as questões eventualmente não previstas no Projeto de Lei nº 8.046/2010, quanto à instauração, processamento e aplicação da proposta de incidente de resolução de demandas repetitivas. Até mesmo porque, como de costume, várias outras questões certamente serão levantadas pela doutrina, bem como apenas restarão definidas a partir da aplicação prática do instrumento, se aprovado.

Uma das primeiras críticas que se destaca é em relação à fonte tedesca inspiradora do mecanismo, ou seja, ao fato de ter sido o incidente de resolução de demandas repetitivas inteiramente inspirado em lei experimental e muitíssimo recente de país sem tradição no trato do processo coletivo. Guilherme Rizzo Amaral diz:

> É fundamental que se faça reparos de forma que se possa atingir o objetivo primordial de eliminação ou atenuação dos nefastos efeitos da massificação dos litígios. Para tanto, é importante buscar inspiração em sistemas jurídicos que, diferentemente do alemão, possuam tradição e larga experiência em matéria de processos coletivos.[481]

---

[478] JOBIM, Marco Félix. *Direito à duração razoável do processo:* responsabilidade civil do Estado em decorrência da intempestividade processual. São Paulo: Conceito, 2011, p. 167-168.

[479] DINAMARCO, Cândido Rangel. *Nova era do processo civil.* 2. ed. São Paulo: Malheiros, 2007, p. 20.

[480] COSTA, Ana Surany Martins. As luzes e sombras do incidente de resolução de demandas seriadas no novo projeto do Código de Processo Civil. *Revista Síntese de Direito Civil e Processual Civil,* Porto Alegre, n. 75, p. 61, jan./fev. 2012.

[481] AMARAL, Guilherme Rizzo. Efetividade, segurança, massificação e a proposta de um "incidente de resolução de demandas repetitivas". *Revista de Processo,* São Paulo, v. 36, n. 196, p. 262, jun. 2011.

Rolf Stürner, em estudo sobre as reformas recentes no direito alemão e alguns pontos em comum com o projeto brasileiro para um novo Código de Processo Civil, alerta:

> Para os colegas brasileiros, que cogitam na atual reforma para a uniformização do Direito e celeridade processual um incidente de resolução de demandas repetitivas, talvez seja interessante analisar o sucesso desse processo alemão. Ele não é muito animador. Se se pretende garantir, nos processos-modelo, o contraditório de todas as partes que tiverem suas ações individuais suspensas, eles se tornarão muito lentos e complicados.[482]

Sob uma ótica "macroprocessual", consoante aponta para Daniel de Andrade Lévy, a reunião de processos repetitivos, acabará por gerar uma economia temporal para os juízos que não precisarão conhecer as questões jurídicas coletivizadas, podendo-se dedicar a outras demandas, inclusive durante a suspensão determinada pelo incidente.[483]

Por outro lado, a decisão proferida na proposta de incidente, embora vincule todo e qualquer futuro julgamento a ser proferido acerca da matéria em discussão, não tem o condão de evitar o ajuizamento de novas ações. Muito pelo contrário: exige-se a instauração de processo judicial individual para que se possa aplicar a tese jurídica.[484]

Júlio Cesar Goulart Lanes refere que o incidente de resolução de demandas repetitivas, se aprovado, infelizmente, não tem como desafogar o já atormentado Poder Judiciário, pelo simples fato de que não impede o ingresso de novas ações e não afasta o consequente julgamento, embora simples, de milhares de causas.[485]

Para Baltazar José Vasconcelos Rodrigues, mesmo que se admita a existência de benefícios imediatos, a mera redução do número de causas julgadas nos Tribunais em decorrência do incidente de resolução de demanda repetitivas parece não trazer benefícios a longo prazo.[486]

---

[482] STÜRNER, Rolf. Sobre as reformas recentes no direito alemão e alguns pontos em comum com o projeto brasileiro para um novo Código de Processo Civil. *Revista de Processo,* São Paulo, v. 36, n. 193, p. 362, mar. 2011.

[483] LÉVY, Daniel de Andrade. O incidente de resolução de demandas repetitivas no anteprojeto do novo Código de Processo Civil: exame à luz da *Group Litigation Order* britânica. *Revista de Processo,* São Paulo, v. 36, n. 196, p. 180, jun. 2011.

[484] AMARAL, Guilherme Rizzo. Efetividade, segurança, massificação e a proposta de um "incidente de resolução de demandas repetitivas". *Revista de Processo,* São Paulo, v. 36, n. 196, p. 261, jun. 2011.

[485] LANES, Júlio Cesar Goulart. A *class action* estadunidense e algumas ponderações sobre o sistema processual brasileiro. *Revista da AJURIS:* Associação dos Juízes do Rio Grande do Sul, Porto Alegre, v. 38, n. 122, p. 165, jun. 2011.

[486] RODRIGUES, Baltazar José Vasconcelos. Incidente de resolução de demandas repetitivas: especificação de fundamentos teóricos e práticos e análise comparativa entre as regras previstas no projeto do novo código de processo civil e o kapitalanleger-musterverfahrensgesetz do direito alemão. *Revista Eletrônica de Direito Processual – REDP, Rio de Janeiro,* ano 5, v. VIII, jul. a dez. 2011. Periódico da Pós-Graduação *Stricto Sensu* em Direito Processual da UERJ. Patrono: José Carlos Barbosa Moreira. <www.redp.com.br>. ISSN 1982-7636. Disponível em: <http://www.redp.com.br/arquivos/redp_8a_edicao.pdf>. Acesso em: 30 maio 2012.

No mesmo sentido, Luiz Guilherme Marinoni e Daniel Mitidiero entendem:

> É bem intencionada sua previsão, na medida em que visa a promover a segurança jurídica, a confiança legítima, a igualdade e a coerência da ordem jurídica mediante julgamento em bloco e fixação de tese a ser observada por todos os órgãos do Poder Judiciário na análise da questão apreciada. É improvável, contudo, que consiga atenuar a carga de trabalho da jurisdição. A simplificação do procedimento para julgamento das demandas repetitivas não implica desaparecimento das causas das estatísticas do Judiciário, nem tem o condão de evitar, em regra, o ajuizamento de demandas para obtenção da tutela do direito pelos interessados.[487]

José Maria Tesheiner assevera que o incidente de resolução de demandas repetitivas poderá provocar a esperada redução de litígios caso seja julgado desfavorável aos consumidores. Diz o autor:

> Na verdade, o incidente poderá produzir o efeito contrário de multiplicar o número de ações. Basta que se pense na hipótese, altamente provável, de decisão favorável aos consumidores, mas não obedecida pelo réu senão quando coagido, caso a caso, pelo Poder Judiciário.

> Pode-se, esperar, sim, a redução do numero de demandas, se a decisão do incidente for desfavorável aos consumidores, caso em que aqueles que ainda não propuseram ação serão fortemente desestimulados a propô-las e, se o fizerem, defrontar-se-ão com decisão liminar de improcedência, nos termos do artigo 307 do Substitutivo do Projeto de Código de Processo Civil em tramitação na Câmara dos Deputados.[488]

Parece lógico o raciocínio: diante da impossibilidade de vitória, deixarão de ser ajuizadas quaisquer causas em que se faria necessária sustentar tese jurídica incompatível com a decisão proferida no incidente e haverá o consequente alívio na carga de trabalho. Menos processos, maior rapidez. Entretanto, uma vez fixada tese favorável ao interesse de consumidores, pode-se esperar que o êxito da proposta se concentre na segurança jurídica decorrente do afastamento de decisões contraditórias sobre a mesma questão de direito, e não na redução do número de processos em trâmite no judiciário e consequente celeridade.

Outrossim, no que tange à redução do número de processos em trâmite no judiciário pela proposta de incidente, Ruy Zoch Rodrigues refere que:

> As repetitividades que não corresponderem a direitos individuais com alto grau de homogeneidade provavelmente não ensejarão que se formem incidentes, com o que poderá remanescer um considerável conjunto de demandas repetitivas reclamando soluções (...).[489]

---

[487] MARINONI, Luiz Guilherme; MITIDIERO, Daniel. *O projeto do CPC:* críticas e propostas. São Paulo: Revista dos Tribunais, 2010, p. 178.

[488] TESHEINER, José Maria. Sobre o proposto incidente de resolução de demandas repetitivas. *Artigos Jurídicos e Direito em Debate*. Artigos. ISSN 2237-5597. Disponível em: <http://www.ajdd.com.br/artigos/art61.pdf>. Acesso em: 30 maio 2012.

[489] RODRIGUES, Ruy Zoch. *Ações repetitivas:* casos de antecipação de tutela sem o requisito de urgência. São Paulo: Revista dos Tribunais, 2012, p. 102.

Por tal instrumento, os processos identificados como relativos à mesma questão de direito são paralisados, e uma causa piloto é encaminhada ao Tribunal a fim de que o julgamento da tese comum seja efetuado com eficácia para todo o conjunto de demandas iguais. Todavia, como alerta Ana Surany Martins Costa, não se pode olvidar que o ato de padronizar julgamentos traz em si o risco de se judicar sem levar em conta as especificidades da causa.[490]

Segundo Júlio César Rossi, o Código projetado, ao criar o incidente de resolução de demandas repetitivas, fincou esforços para resolver apenas questões antecipadas de forma, ao invés de estabelecer os contornos necessários a uma adequada decisão judicial e uma maneira efetiva de controlá-la em nível recursal. Para o autor:

> Preferiu-se impor apenas a força da autoridade do órgão prolator da decisão, projetando a reclamação como o único meio adequado de atacá-la, inviabilizando a oxigenação do direito e a maturação necessária para a decisão (conteúdo), e impedindo que os órgãos judiciais inferiores tenham contato com a causa e contribuam para uma jurisprudência firme; estrangulou-se o sistema recursal, inviabilizando o efetivo e democrático debate no âmbito do Poder Judiciário.[491]

Conforme pondera Ruy Zoch Rodrigues, trata-se de vislumbrar casos em que a rapidez na formação do incidente possa levar ao órgão de cúpula do judiciário questões que:

> Repetitivas em primeiro grau, poderão não ser ainda repetitivas para o tribunal, que repentinamente ver-se-á julgando matérias, eventualmente simples a um primeiro olhar, que escondam temas intrincados, nem sempre suscetíveis de plena verificação sem um processo de maturação mais detido, como ocorre na jurisdição convencional.[492]

Defendendo a proposta do incidente, Andrea Carla Barbosa e Diego Martinez Fervenza Cantoario sustentam que se pretende através deste instrumento processual a obtenção de uma solução expedita para as controvérsias potencialmente repetitivas:

> Assim, se por um lado, a velocidade com que serão decididas as causas poderá incitar críticas ao conteúdo decisório, fundadas na necessidade de maior reflexão sobre a matéria, por outro, tal oposição deverá ser mitigada pela possibilidade de participação dos envolvidos e demais interessados na qualidade de *amici curiae,* consoante autorização expressa do artigo 901 do Projeto de Código de Processo Civil.[493]

---

[490] COSTA, Ana Surany Martins. As luzes e sombras do incidente de resolução de demandas seriadas no novo projeto do Código de Processo Civil. *Revista Síntese de Direito Civil e Processual Civil,* Porto Alegre, n. 75, p. 56-57, jan./fev. 2012.

[491] ROSSI, Júlio Cesar. O precedente à brasileira: súmula vinculante e o incidente de resolução de demandas repetitivas. *Revista de Processo,* São Paulo, v. 37, n. 208, p. 234-235, jun. 2012.

[492] RODRIGUES, Ruy Zoch. *Ações repetitivas:* casos de antecipação de tutela sem o requisito de urgência. São Paulo: Editora Revista dos Tribunais, 2010, p. 102.

[493] BARBOSA, Andrea Carla; CANTOARIO, Diego Martinez Fervenza. O incidente de resolução de demandas repetitivas no Projeto de Código de Processo Civil: apontamentos iniciais. In: FUX, Luiz (Coord.).

Vale dizer, uma vez aprovado o incidente de resolução de demandas repetitivas, o Judiciário estará autorizado a editar normas gerais e abstratas. Na atualidade, conforme José Maria Tesheiner, o Poder Judiciário exerce, além da função tradicional de aplicar o direito ao caso concreto, a de "editar normas gerais e abstratas". "Trata-se de uma consequência e de uma exigência da moderna sociedade de massas".[494]

Parece que a ideia estabelecida na proposta é diminuir o risco da absurda "justiça lotérica",[495] incoerente, dependente da sorte e não da técnica, marcada pela falta de previsibilidade. Nestas situações, segundo Paulo Calmon Nogueira da Gama, "a discricionariedade se transforma em arbítrio e a iniquidade detectada objetivamente, no mais das vezes, ambienta subjetivismos, favorecimentos ou discriminações inconfessos".[496]

Diante do grande número de ações repetitivas, José Francisco Pellegrini afirma que não devem os julgamentos oscilarem como "birutas ao vento", ora apontando numa direção, ora noutra. É preciso viabilizar a jurisdição, e ela não se viabiliza pela manutenção de pontos de vistas minoritários, que só ensejam maior delonga processual.[497]

Ainda, conforme examinado anteriormente, há que se considerar que os êxitos e benefícios das alterações legislativas – como o instrumento que se pretende aprovar, estão também condicionados e relacionados a fatores extraprocessuais concernentes à estrutura do Judiciário brasileiro.

Como pondera Sérgio Gilberto Porto: "não é a forma de processamento das demandas judiciais a única causa que contribui decisivamente para a demora na solução dos litígios judiciais".[498] Sem prejuízo da devida reforma que possa merecer a legislação processual civil brasileira, com efeito, "existem particularidades concorrentes à morosidade que são estranhas ao processo e

---

O novo processo civil brasileiro (direito em expectativa): reflexões acerca do projeto do novo código de processo civil. Rio de Janeiro: Forense, 2011, p. 484.

[494] TESHEINER, José Maria Rosa. O Poder Judiciário como legislador. *Revista Brasileira de Direito Processual,* Belo Horizonte, v. 19, n. 74, p. 16, abr./jun. 2011.

[495] A expressão "justiça lotérica" é utilizada por Paulo Calmon Nogueira da Gama. (GAMA, Paulo Calmon Nogueira da. A referência expressa ao autoprecedente como instrumento de coerência, equidade, transparência e racionalização nas manifestações do Parquet. *Associação Mineira do Ministério Público – AMMP.* Biblioteca Eletrônica. Artigos. Disponível em: <http://www.ammp.org.br/inst/artigo/Artigo-21.doc>. Acesso em: 29 jul. 2012).

[496] GAMA, Paulo Calmon Nogueira da. *A referência expressa ao autoprecedente como instrumento de coerência, equidade, transparência e racionalização nas manifestações do Parquet.* Associação Mineira do Ministério Público–AMMP. Biblioteca Eletrônica. Artigos. Disponível em: <http://www.ammp.org.br/inst/artigo/Artigo-21.doc>. Acesso em: 29 jul. 2012.

[497] RIO GRANDE DO SUL. Tribunal de Justiça. Décima Nona Câmara Cível. *Apelação Cível nº 70006399166.* Relator: José Francisco Pellegrini. Julgado em: 17/06/2003.

[498] PORTO, Sérgio Gilberto. Apontamentos sobre duas relevantes inovações no projeto de um novo CPC. *Repertório de Jurisprudência IOB: Civil, Processual, Penal e Comercial,* São Paulo: IOB Thomson, v. III, n. 21, p. 747, 1ª quinzena, nov. 2011.

que, por decorrência, permanecerão presentes, muito embora a reforma pretendida".[499]

Dierle Nunes e Nicola Picardi sustentam que a questão da reforma processual projetada visa tratar das consequências (e não das causas) dos déficits de funcionalidade sistêmica na aplicação dos direitos no Brasil, algo que não poderá ser levado a cabo apenas com a alteração legislativa.[500]

A respeito da proposta de reforma da lei do novo Código de Processo Civil, Antonio Cláudio da Costa Machado afirma: "É ingenuidade imaginar que a mudança no Código atual vá reduzir a lentidão do Judiciário".[501]

Neste particular, as palavras de Galeno Lacerda, em 1983, ao tratar do Código de Processo Civil de 1973: "Trata-se de um Código que permite boa justiça. Se ela não se produz com a rapidez desejada, culpe-se, antes de tudo, a organização judiciária e a angústia dos recursos materiais e humanos postos à disposição do Poder Judiciário no Brasil".[502]

Pesados os prós e os contras, conforme pondera Ovídio Araújo Baptista da Silva, "é da índole de todo instrumento processual, por melhor que ele seja e mais afinado com as exigências e expectativas sociais emergentes num dado momento histórico, produzir alguma parcela de injustiça".[503] A proposta de incidente de resolução de demandas repetitivas, visa a racionalizar a atividade judiciária e compatibilizar verticalmente as decisões judiciais, prestigiando os valores da economia e igualdade no processo. Entretanto, considerando-se os fatores extraprocessuais que também contribuem para a demora na solução dos litígios judiciais, tal iniciativa pode ser tida como uma contribuição para a melhoria do desempenho do setor judiciário.[504]

---

[499] PORTO, Sérgio Gilberto. Apontamentos sobre duas relevantes inovações no projeto de um novo CPC. *Repertório de Jurisprudência IOB: Civil, Processual, Penal e Comercial,* São Paulo: IOB Thomson, v. III, n. 21, p. 747, 1ª quinzena, nov. 2011.

[500] PICARDI, Nicola; NUNES, Dierle. O Código de Processo Civil Brasileiro: origem, formação e projeto de reforma. *Revista de Informação Legislativa,* n. 190, t. 2, p. 100, abr.-jun. 2011.

[501] Para o autor, "Quanto mais um país se desenvolve economicamente e quanto mais as pessoas têm acesso à informação e educação, mais elas vão demandar o judiciário. O Brasil está crescendo, e a quantidade de processos que chegam às varas também. Se não investirmos, o congestionamento só aumentará" (MACHADO, Antonio Cláudio da Costa. Querem a ditadura do Judiciário. *VEJA,* São Paulo: Abril, edição 2.245, ano 44, n. 48, p. 21, 30 nov. 2011).

[502] LACERDA, Galeno Vellinho de. O código e o formalismo processual. *Ajuris: Revista da Associação dos Juízes do Rio Grande do Sul,* Porto Alegre, v. 28, p. 14, 1983.

[503] SILVA, Ovídio Araújo Baptista da. *Da sentença liminar à nulidade da sentença.* Rio de Janeiro: Forense, 2002, p. 113.

[504] PORTO. Op. cit., p. 747.

Considerações finais

Nas últimas décadas, a economia de escala, a evolução social e tecnológica produziram no Judiciário números elevados de lides individuais idênticas.

A partir da Constituição Federal de 1988, com a ampliação do acesso à justiça, há uma tendência geral de cada vez mais se usar as vias processuais para a solução dos litígios, notando-se uma disposição de amplas camadas da população a não mais se resignar diante da injustiça e a exigir sempre a proteção do Judiciário. O volume dos processos, em todos os segmentos da jurisdição, tornou-se explosivo. Seu crescimento é incessante.

A massa litigiosa, entretanto, não se limitou a aumentar em quantidade, também qualitativamente se modificou a fundo.

As ações repetitivas, ou de alta intensidade, têm por base pretensões isomórficas, com especificidades, bem como apresentam questões (jurídicas e/ou fáticas) comuns para a resolução da causa. Geralmente, o papel de protagonista é exercido pelo mesmo tipo de litigante, tanto no âmbito público (a União, os Estados, os Municípios, etc.), quanto no âmbito privado (instituições financeiras, consórcios, planos de saúde, estabelecimentos de ensino, prestadores de assistência técnica, fornecedores e seus concessionários, etc.).

Com efeito, as ações repetitivas tornaram-se uma realidade a congestionar as vias judiciais, enquanto que a lide individual clássica passou a subsistir em menor escala.

Frente à enorme quantidade de ações que tramitam atualmente no Poder Judiciário, a prática forense não raramente tem demonstrado verdadeiras violações ao princípio constitucional do devido processo legal na condução das ações repetitivas: (I) julgamentos *extra petita*, (II) violação a disposições previstas na legislação processual civil e (III) não conhecimento de recursos por formalismo excessivo.

Vários são os fatores que proporcionam a massificação de litígios e a consequente morosidade na condução dos processos: a privatização dos serviços públicos, o aumento descontrolado do número de faculdades de Direito, a saturação do mercado da advocacia, o deferimento irrestrito de assistência judiciária gratuita, a grande divergência nos julgamentos proferidos entre os órgãos judiciais, o formalismo excessivo.

Inevitavelmente, o congestionamento do Poder Judiciário passou a ser associado à multiplicação de ações repetitivas. Por conta da demora na prestação jurisdicional provocada pelos processos de massa, diversas reformas têm sido implementadas nos últimos anos demonstrando, assim, a grande preocupação com a celeridade do processo.

São exemplos de técnicas de processamento e julgamento de causas repetitivas, com a finalidade de conferir racionalidade e uniformidade na obtenção de seus resultados: o art. 285-A do CPC, a súmula vinculante, a repercussão geral, a lei dos recursos repetitivos, as ações coletivas referente direitos individuais homogêneos.

Diante da necessidade de um novo regramento processual para as novas exigências do sistema jurídico nacional, a Comissão de juristas encarregada de elaborar anteprojeto do novo Código de Processo Civil propôs um incidente de resolução de demandas repetitivas. Visando a obter maior racionalidade e confessada uniformidade para as causas repetitivas, a proposta, prevista no Projeto de Lei nº 8.046/2010, estabelece uma tese jurídica com conteúdo abstrato e geral, a partir de processos com idênticas questões de direito, cuja aplicação pelos órgãos judiciários competentes para julgamentos das ações suspensas revela-se compulsória.

Trata-se de mecanismo que não envolve apenas celeridade, isonomia e descongestionamento do Judiciário, mas também a influência no julgamento de milhares de demandas. Entretanto, a proposta de um incidente que pretende simplificar o procedimento para o julgamento de demandas repetitivas não implica necessariamente no desaparecimento das causas das estatísticas de lentidão do Judiciário.

É certo que a preocupação do Estado não deve concentrar-se tão somente na criação de mecanismos destinados a acelerar e reduzir o volume de ações repetitivas. Para atender às profundas mudanças sociais, econômicas, políticas e culturais da sociedade pós-moderna, alerta-se que um novo modelo de Justiça passa também pela estruturação do Judiciário, já que há visível escassez de recursos e material humano para diminuir ou eliminar a defasagem entre o número de juízes e de causas.

A busca de soluções para a litigância de massa não pode ter como ponto de partida o desafogamento dos órgãos do Poder Judiciário, pois assim não se garante que a aplicação do direito se torne qualitativamente melhor.

Referências

ALEMANHA. Deutscher Bundestag. *"Gesetzentwurf der Bundesregierung"*. Data de Lançamento: 29. 02. 2012. Disponível em: <http://dipbt.bundestag.de/dip21/btd/17/087/1708799. pdf>. Acesso em: 30 maio 2012.

ALEMANHA. *"Gesetz über Musterverfahren in kapitalmarktrechtlichen Streitigkeiten (Kapitalanleger--Musterverfahrensgesetz – KapMuG)"*, de 16.08.2005. Bundesministeriums der Justiz. (Ministério Federal da Justiça Alemão). Disponível em <http://www.gesetze-im-internet.de/bundesrecht/kapmug/gesamt.pdf>. Acesso em: 06 ago. 2012.

ALEMANHA. *"Act on the Initiation of Model Case Proceedings in respect of Investors in the Capital Markets"*, de 10.02.2011. Bundesministeriums der Justiz. (Ministério Federal da Justiça Alemão). Disponível em: <http:// http://www.bmj.de/SharedDocs/Downloads/DE/pdfs/KapMuG_english.html>. Acesso em: 06 ago. 2012.

——. Ministério Federal da Justiça Alemão. *The German "Capital Markets Model Case Act"*, comunicado de imprensa de 08 de julho de 2005. Disponível em: <http://www.bmj.de/SharedDocs/Downloads/DE/pdfs/EnglishInfoKapMuG.pdf?__blob=publicationFile>. Acesso em: 30 maio 2012.

ALMEIDA, Jorge Luiz de. (Coord.). A reforma do Poder Judiciário. Uma aborgadem sobre a Emenda Constitucional n. 45/2004. Campinas: Millennium, 2006.

ALVARO DE OLIVEIRA, Carlos Alberto. Efetividade e processo de conhecimento. Revista da Ajuris, Porto Alegre, v. 26, n. 75, p. 120-135, set. 1999.

——. *Do formalismo no processo civil*. 2. ed. Rio de Janeiro: Saraiva, 2003.

——. O formalismo-valorativo em confronto com o formalismo excessivo. *Revista de Processo*, São Paulo, ano 31, n.137, p. 7-31, jul. 2006.

——. Os direitos fundamentais à efetividade e à segurança em perspectiva dinâmica. *Revista de Processo*, v. 155, p. 11-26, jan. 2008.

——; MITIDIERO, Daniel. *Curso de processo civil*: teoria geral do processo civil e parte geral do direito processual civil. São Paulo: Atlas, 2012. v. II.

ALVIM, Arruda. A EC n. 45 e o instituto da repercussão geral. In: WAMBIER, Teresa Arruda Alvim (Cood.). *Reforma do Judiciário:* primeiros ensaios críticos sobre a EC 45/2004. São Paulo: Revista dos Tribunais, 2005.

ALVIM, Teresa Arruda. Distinção entre questão de fato e questão de direito para fins de cabimento de recurso especial. *Ajuris: Revista da Associação dos Juízes do Rio Grande do Sul,* Porto Alegre, rev. de jurisprudência e outros impressos do tribunal de justiça, n. 74, p. 253-278, 1998.

AMARAL, Guilherme Rizzo. Efetividade, segurança, massificação e a proposta de um "incidente de resolução de demandas repetitivas". *Revista de Processo,* São Paulo, v. 36, n. 196, p. 237-275, jun. 2011.

———. Técnicas de tutela e o cumprimento da sentença no Projeto de Lei 3.253/04: uma análise crítica da reforma do Processo Civil brasileiro. In: AMARAL, Guilherme Rizzo Amaral; CARPENA, Márcio Louzada (Coords.). *Visões críticas do processo civil brasileiro:* uma homenagem ao Prof. Dr. José Maria Rosa Tesheiner. Porto Alegre: Livraria do Advogado, 2005.

———. A proposta de um "incidente de resolução de demandas repetitivas". In: TESHEINER, José Maria (Org.). *Processos coletivos*. Porto Alegre: HS Editora, 2012.

ARAÚJO, Luciano Vianna. Art. 285-A do CPC (julgamento imediato, antecipado e maduro da lide): evolução do sistema desde o CPC de 1939 até o CPC reformado. *Revista de Processo,* São Paulo, v. 33, n. 160, p. 157-179, jun. 2008.

ARAÚJO FILHO, Luiz Paulo da Silva. *Ações coletivas:* a tutela jurisdicional dos direitos individuais homogêneos. Rio de Janeiro: Forense, 2000.

ARENHART, Sérgio Cruz. A tutela de direitos individuais homogêneos e as demandas ressarcitórias em pecúnia. In: GRINOVER, Ada Pellegrini... [et al.]. (Coords.). *Direito processual coletivo e Anteprojeto de Código de Brasileiro de Processos Coletivos*. São Paulo: Revista dos Tribunais, 2007.

ARRIBAS, Bruno Felipe da Silva Martin de. Decisão monocrática relatorial: Análise do art. 557 do Código de Processo Civil. *Revista da Esmape: Escola Superior da Magistratura do Estado de Pernambuco,* Recife, v. 9, n. 20, t.1, p. 104, jul/dez, 2004, edição especial.

ASSIS, Araken de. O direito comparado e a eficiência do sistema judiciário. *Revista do Advogado,* São Paulo, AASP, v. 43, p. 9-19, 1994.

———. *Manual dos recursos*. 5. ed. São Paulo: Revista dos Tribunais, 2012.

———. Duração razoável do processo e reformas da lei processual civil. *Revista Jurídica,* Porto Alegre, v. 372, p. 11-27, out. 2008.

ATAIDE JUNIOR, Vicente de Paula. "A reforma do judiciário e a Emenda Constitucional 45/2004". *Revista do Tribunal Regional Federal 3. Região,* São Paulo, n. 73, p. 9-18, set./out. 2005.

AZEM, Guilherme Beux Nassif. *Repercussão geral da questão constitucional no recurso extraordinário.* Dissertação (Mestrado em Direito) – Faculdade de Direito, Pós-Graduação em Direito, Pontifícia Universidade Católica do Rio Grande do Sul, Porto Alegre, 2010.

BAETGE, Dietmar. *Class Actions, Group Litigation & Other Forms of Collective Litigation*. Disponível em: <http://globalclassactions.stanford.edu/sites/default/files/documents/Germany_National_Report.pdf>. Acesso em: 30 maio 2012.

BARBOSA, Andrea Carla; CANTOARIO, Diego Martinez Fervenza. O Incidente de Resolução de Demandas Repetitivas no Projeto de Código de Processo Civil: Apontamentos Iniciais. In: FUX, Luiz (Coord.). *O novo processo civil brasileiro (direito em expectativa):* reflexões acerca do projeto do novo Código de Processo Civil. Rio de Janeiro: Forense, 2011.

BARBOSA MOREIRA, José Carlos. A Emenda Constitucional 45/2004 e o processo. *Revista de Processo,* São Paulo, v. 130, p. 240, 2005.

———. Ações coletivas na Constituição Federal de 1988. *Revista de Processo,* São Paulo, v. 16, n. 61, p. 187-200, jan. 1991.

———. *Temas de direito processual*. São Paulo: Saraiva, 1997.

———. O futuro da justiça: alguns mitos. *Revista de Processo,* v. 102, p. 228-237, abr.-jun. 2001.

———. Por um processo socialmente efetivo. *Revista de Processo.* São Paulo, v. 27, n. 105, p. 183-190, jan./mar. 2002.

———. Reformas processuais e poderes do juiz. *Revista Jurídica,* Porto Alegre: Notadez Informação, v. 306, p. 7-18, 2003.

———. *Temas de direito processual*. Oitava série. São Paulo: Saraiva, 2004.

———. A Emenda Constitucional 45/2004 e o processo. *Revista de Processo,* São Paulo, v. 130, p. 240, 2005.

———. *Comentários ao Código de Processo Civil, Lei nº 5.869, de 11 de janeiro de 1973*, vol. V: arts. 476 a 565. 12. ed. rev. e atual. Rio de Janeiro: Forense, 2005.

———. Súmula, jurisprudência, precedente: uma escalada e seus riscos. *Revista Dialética de Direito Processual,* São Paulo: Dialética, n. 27, p. 49-58, jun. 2005.

———. *Temas de direito processual.* São Paulo: Saraiva, 2007.

———. *Comentários ao Código de Processo Civil,* Lei nº 5.869, de 11 de janeiro de 1973, vol. V: arts. 476 a 565. 17. ed. rev. e atual. Rio de Janeiro: Forense, 2013.

BARROS, Humberto Gomes de. Carta de alforria: Lei 11.672/08 vai resgatar o STJ da inviabilidade. *Consultor Jurídico,* São Paulo, 2008. (ISSN 1809-2929). Disponível em: <http://www.conjur.com.br/2008-mai-16/lei_1167208_resgatar_stj_inviabilidade>. Acesso em: 25 jan. 2012.

BARROSO, Luís Roberto. A proteção coletiva dos direitos no Brasil e alguns aspectos da *class action* norte-americana. *Revista Forense,* Rio de Janeiro, v. 381, p. 103-119, set. 2005.

———. A americanização do direito constitucional e seus paradoxos: teoria e jurisprudência constitucional no mundo contemporâneo. *ILSA Journal of International and Comparative Law,* v. 16, n. 3, Summer 2010.

BASTOS, Antônio Adonias Aguiar. Uma leitura crítica do novo regime do agravo no Direito Processual Civil Brasileiro. *Revista da AJURIS: Associação dos Juízes do Rio Grande do Sul,* Porto Alegre, v. 35, n. 109, p. 23-38, mar. 2008.

———. Situações jurídicas homogêneas: um conceito necessário para o processamento das demandas de massa. *Revista de Processo,* São Paulo, v. 35, n. 186, p. 87-107, ago. 2010.

BEDAQUE, José Rogério dos Santos. Garantia da amplitude de produção probatória. In: TUCCI, José Rogério Cruz e (Coord.). *Garantias constitucionais do processo civil.* São Paulo: Revista dos Tribunais, 1999.

———; CARMONA, Carlos Alberto. A posição do juiz: Tendências atuais. *Revista Forense,* Rio de Janeiro, v. 349. p. 85-100, 2000.

BENETI, Sidnei Agostinho. Assunção de competência e fast-track recursal. *Revista de processo,* São Paulo, v. 34, n. 171, p. 9-23, maio 2009.

———. A reforma do Código de Processo Civil e os recursos para os tribunais superiores. *Revista de Informação Legislativa,* Brasília, v. 48, n. 190, tomo II, p. 243-250, abr./jun. 2011.

BITTAR, Eduardo Carlos Bianca. Proteção de justiça na sociedade de massas (ensaio sobre estética, cultura e justiça em tempos pós-modernos). *Revista da Faculdade de Direito [Da] Universidade de São Paulo,* São Paulo, v. 101, p. 381-402, jan. 2006.

———. O direito na pós-modernidade. *Revista Seqüência,* UFSC, Florianópolis, SC, Brasil, ISSN 2177-7055, nº 57, p. 131-152, dez. 2008.

BONDIOLI, Luis Guilherme Aidar. A nova técnica de julgamento dos recursos extraordinário e especial repetitivos. *Revista Jurídica,* Porto Alegre, v. 387, p. 27-52, jan. 2010.

BORGES, Marcus Vinícius Motter. *O julgamento por amostragem nos recursos especiais repetitivos:* celeridade e efetividade da prestação jurisdicional no âmbito do Superior Tribunal de Justiça. Dissertação (Mestrado em Direito) – Faculdade de Direito, Pós-Graduação em Direito, Pontifícia Universidade Católica do Rio Grande do Sul, 2010.

BRASIL. Câmara dos Deputados. Projetos de Leis e Outras Proposições. *Projeto de Lei n. 8046/2010,* apresentado em 08 maio 2013, pelo Deputado Paulo Teixeira. Disponível em: <http:// www.camara.gov.br/proposicoesWeb/fichadetramitacao?idProposicao=302638&ord=1>. Acesso em: 16 jun. 2013. BRASIL. *Código de Processo Civil (Lei nº 5.869/73).* Brasília, DF: Senado Federal, 1973.

———. Congresso Nacional. Senado Federal. Presidência. Comissão de Juristas Responsável pela Elaboração do Anteprojeto de Código de Processo Civil. Ata da Primeira Reunião da Comissão de Juristas. *Diário do Senado Federal,* Brasília-DF, 3 fev. 2010.

——. *Constituição. (1988).* Constituição da República Federativa do Brasil. Brasília, DF: Senado Federal, 1988.

——. Superior Tribunal de Justiça. *Recurso Especial n° 15.713-MG.* Quarta Turma. Relator: Min. Sálvio de Figueiredo Teixeira. *Diário de Justiça,* 24.02.1992.

——. Supremo Tribunal Federal. *Recurso Extraordinário n.° 163231-3-SP.* Relator Ministro Maurício Correa. Publicado no Diário de Justiça, de 29.06.2001.

——. Superior Tribunal de Justiça. Corte especial. Recurso Especial n° 1.102.467-RJ. Relator: Min. Massami Uyeda. Julgado em 02.05.2012, Diário de Justiça da União, de 20.08.2012.

——. Superior Tribunal de Justiça. *Questão de Ordem no Recurso Especial n° 1.063.343-RS.* Segunda Seção, Rel. Ministra Nancy Andrighi, Relator Ministro João Otávio de Noronha, julgado em 12/08/2009, DJe 16/11/2010.

——. Superior Tribunal de Justiça. *Questão de Ordem no Recurso Especial n° 1.067.237–SP.* Quarta Turma. Relator Ministro Luiz Felipe Salomão, julgado em 24/06/2009, DJe 23/09/2009.

——. Superior Tribunal de Justiça. *Recurso Especial n° 442.055-RN.* Terceira Turma. Relator Min. Antônio de Pádua Ribeiro. Diário de Justiça, J 05.12.2002.

——. Superior Tribunal de Justiça. *Recurso Especial 437.594-RS.* Relator Min. Jorge Scartezzini. Quinta Turma. J. 01.04.2003. Diário de Justiça, 16.06.2003, p. 378.

——. Superior Tribunal de Justiça. Quinta Turma. *Recurso Especial 768.438-RJ.* Relator: Min. Felix Fischer. Diário de Justiça da União, de 20.09.2005.

——. Superior Tribunal de Justiça. Quarta Turma. *Agravo Regimental no Recurso Especial n° 508.718-SC.* Relator: Ministro Hamilton Carvalhido. Julgado em: 13-03-2006.

——. Superior Tribunal de Justiça. Quinta Turma. *Recurso Especial 963.977-RS.* Relatora: Ministra Nancy Andrighi. Julgado em: 05-09-2008.

——. Superior Tribunal de Justiça. Segunda Turma. *Recurso Especial n° 891.049-MG.* Relator: Ministro Mauro Campbell Marques. Julgado em: 16/12/2010. Diário de Justiça Eletrônico, 08/02/2011.

——. Supremo Tribunal Federal. Primeira Turma. *Recurso Extraordinário n° 90.116-3.* Relator: Min. Soares Muños. Revista dos Tribunais, 546/243, 2008.

——. Senado Federal-Presidência. Comissão de Juristas "Novo Código de Processo Civil". *Ata da 3ª audiência pública, realizada em 11.03.2010, no Tribunal de Justiça, na cidade do Rio de Janeiro.* Disponível em: <http://www.senado.gov.br/senado/novocpc/pdf/2010%2003%2011%20-%203a%20AP%20RJ%20ata.pdf>. Acesso em: 30 jul. 2012.

——. *Ofício n° 2873/2011-GPR. 28 nov. 2011.* OAB. Conselho Federal da Ordem dos Advogados do Brasil. Comissão Especial de Reforma do Código de Processo Civil. Ofício apresentado ao Deputado Federal Sérgio Barradas Carneiro em relação ao Projeto de Lei n° 8.046/2010.

——. Distrito Federal. Conselho Nacional de Justiça (CNJ). Departamento de Pesquisas Judiciárias do CNJ. *Relatórios.* Justiça em Números 2010. Resumo Executivo. Disponível em: <http://www.cnj.jus.br/images/pesquisas-judiciarias/Publicacoes/sum_exec_por_jn2010.pdf>. Acesso em: 30 jul. 2012.

——. Distrito Federal. Conselho Nacional de Justiça (CNJ). Número de processos dobra e o de juízes aumenta só 15%. *Notícia.* 23 agosto 2002. Disponível em: <http://www.conjur.com.br/2002-ago-23/ministro_nao_preve_perspectivas_melhoria_justica>. Acesso em: 10 jul. 2012.

——. Distrito Federal. Conselho Nacional de Justiça (CNJ). Pesquisa justiça em números 2008 mostra radiografia da justiça estadual. *Notícia.* Departamento de Pesquisas Judiciárias do CNJ. Disponível em: <http://www.cnj.jus.br/component/content/article/96-noticias/6725-pesquisa-justica-em-numeros-2008-mostra-radiografia-da-justica-estadual>. Acesso em: 10 jul. 2012.

———. Distrito Federal. Conselho Nacional de Justiça (CNJ). Jorge Vasconcelos. Agência CNJ de Notícias. Divulgado em: 16/09/2011. Ministra Eliana Calmon defende fortalecimento da Justiça de 1ª instância. Disponível em: <http://www.cnj.jus.br/noticias/cnj/15953-ministra-eliana-calmon-defende-fortalecimento-da-justica-de-1-instancia>. Acesso em: 10 jul. 2012.

———. Superior Tribunal de Justiça. E <http://www.stj.gov.br/portal_stj/publicacao/engine.wsp?tmp.area=398&tmp.texto=101234&tmp.area_anterior=44&tmp.argumento_pesquisa=quantidade de processos>. Acesso em: 28 jan. 2012.

———. Superior Tribunal de Justiça. Institucional. Ari Pargendler destaca mais de 323 mil processos julgados pelo STJ em 2010. *Notícia*. Divulgado em: 17/12/2010. Disponível em: <http://www.stj.gov.br/portal_stj/publicacao/engine.wsp?tmp.area=398&tmp.texto=100283&tmp.area_anterior=44&tmp.argumento_pesquisa=recursos repetitivos>. Acesso em: 30 jul. 2012.

———. Supremo Tribunal Federal. *Estatísticas do STF*. Pesquisa por classe. Processos Protocolados, Distribuídos e Julgados por classe processual – 1990 a 2011. Portal de Informações Gerenciais do STF. Assessoria de Gestão Estratégica. Disponível em: <http://www.stf.jus.br/portal/cms/verTexto.asp?servico=estatistica&pagina=pesquisaClasse>. Acesso em: 05 ago. 2012.

———. Supremo Tribunal Federal. Processos. *Andamento processual*. *ADIN n° 3.695/DF*. Relatoria Ministro Cezar Peluso. Disponível em: <http://www.stf.jus.br/portal/processo/verProcessoAndamento.asp?incidente=2373898>. Acesso em: 19 jan. 2012.

BUENO, Cássio Scarpinella. *A nova etapa da reforma do Código de Processo Civil*. São Paulo: Saraiva, 2006.

———. *Amicus curiae no processo civil brasileiro:* um terceiro enigmático. São Paulo: Saraiva, 2006.

BUENO, José Antonio Pimenta. *Apontamentos sobre as formalidades do processo civil*. 3. ed. corr. aum. Rio de Janeiro: Jacintho, 1911.

CABRAL, Antonio do Passo. O novo procedimento modelo (*Musterverfahren*) alemão: uma alternativa às ações coletivas. *Revista de Processo*, São Paulo, v. 32, n. 147, p. 123-146, maio 2007.

CALMOM DE PASSOS, José Joaquim. Advocacia – O direito de recorrer à justiça. *Revista de Processo*, São Paulo: Instituto Brasileiro de Direito Processual Civil, n. 10, p. 33-46, 1978.

———. Súmula vinculante. *Revista do Tribunal Federal da 1ª Região*, Brasília, v. 9, n. 1, p. 163-176, jan./mar. 1997.

CANARIS, Claus-Wilhelm. *Pensamento sistemático e conceito de sistema na ciência do direito*. 4. ed. Lisboa: Fundação Calouste Gulbenkian, 2008.

CANOTILHO, José Joaquim Gomes. *Direito constitucional*. 6. ed. rev. Coimbra: Almedina, 1993.

CAPPELLETTI, Mauro. *Juízes legisladores?*. Tradução de Carlos Alberto Alvaro de Oliveira. Porto Alegre: Fabris, 1999.

———; GARTH, Bryant. *Acesso à justiça*. Tradução de Ellen Gracie Northfleet. Porto Alegre: Fabris, 1988.

CAPONI, Remo. Modelo europeu de tutela coletiva no processo civil: comparação entre a experiência alemã e italiana. *Revista de Processo*, São Paulo, v. 36, n. 200, p. 235-269, out. 2011.

CARDOSO, Antonio Pessoa. A sentença e o juiz: as principais causas da lentidão dos julgamentos. *Consulex: Revista Jurídica*, Brasília, v. 6, n. 122, p. 10-12, 2002.

CARNEIRO, Athos Gusmão. Execução de título extrajudicial. In: *As recentes reformas processuais:* leis 11.187, de 19/10/05; 11.232, de 22/12/05; 11.276, de 07/02/06; 11.277, de 07/02/06; 11.280, de 16/02/06. [ciclo de estudos]/coordenação geral: Luiz Felipe Brasil Santos; coordenação adjunta: Rejane Maria Dias de Castro Bins. Porto Alegre: Tribunal de Justiça do Estado do Rio Grande do Sul. Departamento de Artes Gráficas, 2006. (Cadernos do Centro de Estudos; v. 1).

———. Juizado de pequenas causas. In: DINAMARCO, Cândido Rangel; GRINOVER, Ada Pellegrini, WATANABE, Kazuo (Coords.). *Participação e processo*. São Paulo: Revista dos Tribunais, 1998.

CARNELUTTI, Francesco. *Instituições do processo civil*. Tradução de Adrián Sotero De Witt Batista. São Paulo: Xlassic Book, 2000.

———. *Direito processual civil e penal*. Campinas: Péritas, 2001. 2 v.

———. *Como nasce o direito*. Tradução de Ricardo Rodrigues Gama. 3. ed. Campinas: Russell, 2006.

CARPENA, Márcio Louzada. Da garantia da inafastabilidade do controle jurisdicional e o processo contemporâneo. In: PORTO, Sérgio Gilberto (Org.). *As garantias do cidadão no processo civil*: relação entre constituição e processo. Porto Alegre: Livraria do Advogado, 2003.

CARVALHO, Fabiano. *Os poderes do relator nos recursos*. São Paulo: Saraiva, 2008.

CARVALHO, Luiz Antonio da Costa. A padronização do Código de Processo Civil ou exposição da sua matéria e apreciação do seu conteúdo. *Revista Brasileira de Direito Processual.*, Uberaba, Vitória, v. 1, p. 111-115, 1975.

CASTANHEIRA NEVES, Antonio. O instituto dos "assentos" e a função jurídica dos Supremos Tribunais. Coimbra: Coimbra Editora Ltda, 1983.

CASTRO FILHO. Por um novo Código. STJ PERFIL. *Anuário da Justiça 2007,* São Paulo: Consultor Jurídico, 2007.

CAVALCANTI, Mantovanni Colares. A sentenca liminar de merito do art.285-a do Código de Processo Civil e suas restrições. *Revista Dialética de Direito Processual,* São Paulo, oliveira rocha, n. 42, p. 95-104, set. 2006.

CHIOVENDA, Giuseppe. *Instituições de direito processual civil*. Campinas: Bookseller, 1998.

CINTRA, Antônio Carlos de Araújo; GRINOVER, Ada Pellegrini; DINAMARCO, Cândido Rangel. *Teoria geral do processo*. 29. ed. São Paulo: Malheiros, 2013.

CINTRA, Antonio Carlos Fontes. Interesses individuais homogêneos: natureza e oportunidade da coletivização dos interesses individuais. *Revista de Direito do Consumidor,* São Paulo, v. 72, p. 9-40, out./dez. 2009.

COMOGLIO, Luigi Paolo. Garanzie Costituzionale e Giusto Processo (Modelli a confronto). *Revista de Processo,* São Paulo: Revista dos Tribunais, n. 90, p. 95-150, abr./jun. 1998.

CONSOLO, Claudio; RIZZARDO, Dora. Due modi di mettere le azioni collettive alla prova: Inghilterra e Germania. *Rivista Trimestrale Di Diritto e Procedura Civile,* Milano, v. 60, n. 3, p. 891-914, Set. 2006.

COSTA, Ana Surany Martins. As luzes e sombras do incidente de resolução de demandas seriadas no novo projeto do Código de Processo Civil. *Revista Síntese de Direito Civil e Processual Civil,* Porto Alegre, n. 75, p. 44-62, jan./fev. 2012.

COSTA, Geraldo Goncalves da. Algumas inovações previstas no projeto de reforma do Código de Processo Civil. *Revista Jurídica,* Porto Alegre, v. 59, n. 399, p. 45-48, jan. 2011.

COUTO, Monica Bonetti; MEYER-PFLUG, Samantha Ribeiro. Os mecanismos de contenção: repercussão geral e súmula vinculante e o acesso à justiça. Tema: "Democracia e reordenação do pensamento jurídico: compatibilidade entre a autonomia e a intervenção estatal". *Anais do XX Encontro Nacional do CONPEDI.* Belo Horizonte-MG, 22, 23, 24 e 25 junho de 2011. ISBN 978-85-7840-059-0. Disponível em <http://www.conpedi.org.br>. Acesso em: 30 maio 2012.

COUTURE, Eduardo. *Vocabulário jurídico*. Buenos Aires: Depalma, 1976.

CUNHA, Leonardo José Carneiro da. Anotações sobre o incidente de resolução de demandas repetitivas previsto no projeto do novo Código de Processo Civil. *Revista de Processo,* São Paulo, v. 36, n. 193, p. 255-279, mar. 2011.

CRUZ, Álvaro Ricardo de Souza. Hermenêutica jurídica e(m) debate. O constitucionalismo brasileiro entre a teoria do discurso e a ontologia existencial. Belo Horizonte: Fórum, 2007.

DELGADO, José Augusto. Aspectos controvertidos da reforma do CPC – 2006/2007. Repercussão geral, recursos repetitivos e súmula vinculante. *Revista Jurídica,* Porto Alegre, v. 383, p. 11-44, set. 2009.

DIDIER JÚNIOR, Fredie. *A terceira etapa da reforma processual civil.* São Paulo: Saraiva, 2006.

DINAMARCO, Cândido Rangel. *A reforma do Código de Processo Civil.* 5. ed. São Paulo: Malheiros, 2001.

——. *A reforma da reforma.* 5. ed. rev. atual. São Paulo: Malheiros, 2003.

——. *Nova era do processo civil.* 2. ed. São Paulo: Malheiros, 2007.

DINAMARCO, Cândido. O relator, a jurisprudência e os recursos. In: NERY JÚNIOR, Nelson, WAMBIER, Teresa Arruda Alvim (coord.). *Aspectos polêmicos e atuais dos recursos e de outros meios de impugnação às decisões judiciais.* São Paulo: Revista dos Tribunais, 2002, v. 6.

DONOSO, Denis. Matéria controvertida unicamente de direito, casos idênticos, dispensa de citação e seus efeitos – primeiras impressões sobre a Lei nº 11.277/06. *Revista Dialética de Direito Processual,* São Paulo: Oliveira Rocha, n. 38, p. 43-49, maio 2006.

DUARTE, Adão de Assunção. Um judiciário mais ágil, um processo mais veloz. *Revista do Tribunal Regional Federal da Primeira Região,* Brasília, v. 6, n. 3, p. 29-36, jul. 1994.

EUZÉBIO, Gilson Luiz. Número de magistrados cresce 3,2% no ano. *Agência CNJ de Notícias.* 29 ago. 2011. Disponível em: <http://www.cnj.jus.br/noticias/cnj/15586:numero-de-magistrados-cresce-32-no-ano&catid=223:cnj>. Acesso em: 13 maio 2012.

FABIANO, Isabela Márcia de Alcântara. Incidente de resolução de demandas repetitivas:acesso democrático à justiça? Tema: "Democracia e reordenação do pensamento jurídico: compatibilidade entre a autonomia e a intervenção estatal". *Anais do XX Encontro Nacional do CONPEDI.* Belo Horizonte-MG, 22, 23, 24 e 25 junho de 2011. ISBN 978-85-7840-059-0. Disponível em: <http://www.conpedi.org.br>. Acesso em: 30 maio 2012.

FARIA, José Eduardo Campos de Oliveira. A crise do poder judiciario no brasil. Justiça e Democracia. *Revista Semestral de Informação e Debates,* São Paulo: Associação Juízes para a Democracia, v. 1, p. 18-64, 1996.

——. As perspectivas do judiciário. *Diálogos e Debates,* São Paulo, Escola Paulista de Magistratura, v. 2, n. 3, p. 62-65, 2002.

FERNANDES, Antônio Scarance. *Incidente processual.* São Paulo: Revista dos Tribunais, 1991.

FERRAZ, Leslie Shérida. *Acesso à justiça:* uma análise dos juizados especiais cíveis no Brasil. Rio de Janeiro: Editora FGV, 2010.

——. Efetividade das reformas processuais: decisão monocrática e agravo interno no Tribunal de Justiça do Rio Grande do Sul: uma análise empírica. Porto Alegre: Tribunal de Justiça do Estado do Rio Grande do Sul, 2012.

FRADE, Catarina; MAGALHÃES, Sara. Sobreendividamento, a outra face do crédito. In: MARQUES, Claudia Lima; CAVALLAZZI, Rosângela Lunardelli (Coord.). *Direitos do consumidor endividado:* superendividamento e crédito. São Paulo: Editora dos Tribunais, 2006.

FRANÇOLIN, Wanessa de Cássia. *A ampliação dos poderes do relator nos recursos cíveis.* Rio de Janeiro: Forense, 2006.

FREER, Richard D. *Introduction to civil procedure.* New York: Aspen Publishers, 2006.

FREITAS, Juarez. Hermenêutica jurídica: o juiz só aplica a lei injusta, se quiser. *Véritas,* Porto Alegre, v. 32, n. 125, p. 29-38, 1987.

——. *A interpretação sistemática do direito.* 5. ed. rev. e amp. São Paulo: Malheiros, 2010.

FUX, Luiz. *A reforma do processo civil:* comentários e análise crítica da reforma infraconstitucional do Poder Judiciário e da reforma do CPC. 2. ed. Niterói, RJ: Impetus, 2008.

GAIO JÚNIOR, Antônio Pereira. Incidente de resolução de demandas repetitivas no projeto do novo CPC – Breves apontamentos. *Revista de Processo,* São Paulo, v. 36, n. 199, p. 247-256, set. 2011.

GAJARDONI, Fernando da Fonseca. O princípio constitucional da tutela jurisdicional sem dilações indevidas e o julgamento antecipadíssimo da lide. *Revista IOB de Direito Civil e Processual Civil,* São Paulo, v.8, n.45, p. 102-131, jan./fev. 2007.

GAMA, Paulo Calmon Nogueira da. A referência expressa ao autoprecedente como instrumento de coerência, equidade, transparência e racionalização nas manifestações do Parquet. Associação Mineira do Ministério Público – AMMP. Biblioteca Eletrônica. Artigos. Disponível em: <http://www.ammp.org.br/inst/artigo/Artigo-21.doc>. Acesso em: 29 jul. 2012.

GAMA PRAZERES, Manuel Augusto. Os incidentes da instância no actual Código de Processo Civil. Braga: Livraria Cruz, 1963.

GANDELMAN, Henrique. *De Gutenberg à internet:* direitos autorais na era digital. Rio de Janeiro: Record, 1997.

GIDI, Antonio. Coisa julgada e litispendência em ações coletivas. São Paulo: Saraiva, 1995.

GOMES, Fernando Cleber de Araújo. Mecanismos processuais para agilização do julgamento de macrolides. *Coleção Jornada de Estudos ESMAF,* Brasília, v. 4, p. 80-87, ago. 2010.

GONÇALVES, Aroldo Plínio. *Nulidades no processo.* Rio de Janeiro: Aide, 1993.

GOTTWALD, Peter. About the extension of collective legal protection in germany. *Revista de Processo,* São Paulo, v. 32, n. 154, p. 81-93, dez. 2007.

GRACE, Stefano M. Strengthening Investor Confidence in Europe: U.S.-Style Securities Class Actions and the Acquis Communautaire. *Journal of Transnational Law & Policy,* 281-304, 2006.

GRECO FILHO, Vicente. Questões sobre a Lei 9.756, de 17 de dezembro de 1998. In: ALVIM, Teresa Arruda; NERY JÚNIOR, Nelson (Coord.). *Aspectos polêmicos e atuais dos recursos cíveis de Acordo com a Lei 9.756/98.* São Paulo: Revista dos Tribunais, 1999.

GRINOVER, Ada Pellegrini. A tutela jurisdicional dos interesses difusos. *Revista Brasileira de Direito Processual,* v. 16, p. 13-42, 1978.

——. Da *class action for damages* à ação de classe brasileira: os requisitos de admissibilidade. *Ação civil pública:* Lei 7.347/1985 – 15 anos. São Paulo: Revista dos Tribunais, 2001.

GRINOVER, Ada Pellegrini. O tratamento dos processos repetitivos. In: FARAIA, Juliana Cordeiro de; JAYME, Fernando Gonzaga; LAUR, Maira Terra (Coords.). *Processo civil:* novas tendências. Estudos em homenagem ao Prof. Humberto Theodoro Junior. Belo Horizonte: Del Rey, 2008.

GUASP, Jaime. *Derecho procesal civil.* 4. ed. Madrid: Civitas, 1998.

HACK, Érico. O dano ambiental e sua reparação: ações coletivas e a *class action* americana. *Revista de Direito Ambiental,* São Paulo, v. 13, n. 50, p. 54-65, abr. 2008.

HESS, Burkhard. Relatório anual da Alemanha. In: GRINOVER, Ada Pellegrini; WATANABE, Kazuo; MULLENIX, Linda. *Os processos coletivos nos países de civil law e common law:* uma análise de direito comparado. São Paulo: Revista dos Tribunais, 2008.

HOFFMAN, Paulo. O direito à razoável duração do processo e a experiência italiana. In: WAMBIER, Teresa Arruda. Alvim... [et. al.]. (Coords.). *Reforma do Judiciário:* primeiros ensaios críticos sobre a EC 45/2004. São Paulo: RT, 2005.

INSTITUTO BRASILEIRO DE GEOGRAFIA E ESTATÍSTICA.*Dados Históricos dos Censos.* Disponível em: <www.ibge.gov.br/home/estatistica/populacao/censohistorico/1940-1996.shtm>. Acesso em: 30 jul. 2012.

JOBIM, Marco Félix. *Direito à duração razoável do processo:* responsabilidade civil do Estado em decorrência da intempestividade processual. São Paulo: Conceito, 2011.

——. *Cultura, escolas e fases metodológicas do processo.* Porto Alegre: Livraria do Advogado, 2012.

JURIS DAS RECHTSPORTAL. *Stärkung des Rechtsschutzes für Kapitalanleger:* reform des KapMuG. Tribunal/Instituição: BMG. Data de Lançamento: 29.06.2012. Disponível em: <http://www. juris.de/jportal/portal/t/5ym/page/homerl.psml?nid=jnachr-JUNA120602005&cmsuri= %2Fjuris%2Fde%2Fnachrichten%2Fzeigenachricht.jsp&sayit_cmd=autoplay&id=home. link.dokument.vorlesen.>. Acesso em: 11 jun. 2012.

KOMATSU, Paula. *Ação coletiva:* evolução histórica. Dissertação (Mestrado em Direito) – Faculdade de Direito, Universidade de São Paulo, São Paulo, 2003.

KRUGMAN, Paul; WELLS, Robin. *Introdução à economia.* 2. ed. Rio de Janeiro: Elsevier, 2011.

LACERDA, Galeno Vellinho de. O código e o formalismo processual. *Ajuris: Revista da Associacao dos Juízes do Rio Grande do Sul,* Porto Alegre, v. 28, p. 7-14, 1983.

LACERDA, Galeno de. Processo e cultura. *Revista de Direito Processual Civil,* São Paulo, ano 3, p. 75, 1962.

LANES, Júlio Cesar Goulart. A *class action* estadunidense e algumas ponderações sobre o sistema processual brasileiro. *Revista da AJURIS: Associação dos Juízes do Rio Grande do Sul,* Porto Alegre, v. 38, n. 122, p. 139-165, jun. 2011.

LEONEL, Ricardo de Barros. *Manual do processo coletivo.* São Paulo: RT, 2002.

LÉVY, Daniel de Andrade. O incidente de resolução de demandas repetitivas no anteprojeto do novo Código de Processo Civil: exame à luz da *Group Litigation Order* britânica. *Revista de Processo,* São Paulo, v. 36, n. 196, p. 165-206, jun. 2011.

LESSA, Sebastião José. O princípio da colegialidade e a decisão monocrática na dinâmica do procedimento disciplinar. *Fórum Administrativo: Direito Público,* Belo Horizonte , v.. 9, n.96, p. 33, fev. 2009.

L'HEUREUX, Nicole. Acesso eficaz a justica: Juizado de pequenas causas e acoes coletivas. *Revista de Direito do Consumidor,* São Paulo: Revista dos tribunais, 1993. v. 5. p. 5-26.

LIMA, Francisco Meton Marques de; LIMA, Francisco Gérson Marques de. *Reforma do poder judiciário:* comentários iniciais à EC 45/2004. São Paulo: Malheiros, 2005.

LOBO, Arthur Mendes. Breves comentários sobre a regulamentação da súmula vinculante. *Revista IOB de Direito Civil e Processual Civil,* São Paulo, v. 8, n. 45, p. 77-101, jan./fev. 2007.

———. Reflexões sobre o incidente de resolução de demandas repetitivas. *Revista IOB de Direito Civil e Processual Civil,* São Paulo, v. 11, n. 66, p. 76-84, jul./ago. 2010.

MACHADO, Antonio Cláudio da Costa. Querem a ditadura do Judiciário. *Veja,* São Paulo: Abril, edição 2.245, ano 44, n. 48, p. 17-21, 30 nov. 2011.

MACEDO, Elaine Harzheim; JOBIM, Marco Félix. Ações coletivas x ações individuais: uma questão de efetividade e tempestividade processual conforme a Constituição. *Revista da AJURIS: Associação dos Juízes do Rio Grande do Sul,* Porto Alegre, v. 35, n. 112, p. 69-85, dez. 2008.

MANCUSO, Rodolfo de Camargo. A resolução de conflitos e a função judicial no contemporâneo Estado de Direito. São Paulo: Revista dos Tribunais, 2009.

———. A resolução dos conflitos e a função judicial no contemporâneo estado de direito (nota introdutória). *Revista dos Tribunais.* São Paulo: RT n. 888, p. 32, out. 2009.

———. *Divergência jurisprudencial e súmula vinculante.* 5. ed. São Paulo: Revista dos Tribunais, 2013.

———. A realidade judiciária brasileira e os tribunais da federação: In: FUX, Luiz; NERY JÚNIOR, Nelson; ALVIM, Teresa Arruda (Coord.). *Processo e Constituição:* estudos em homenagem ao Professor José Carlos Barbosa Moreira, São Paulo: Revista dos Tribunais, 2006.

MARINONI, Luiz Guilherme. *A antecipação da tutela.* 3. ed. São Paulo: Malheiros, 1996.

———. *Novas linhas do processo civil.* 4. ed. São Paulo: Malheiros, 2000.

———. *Técnica processual e tutela dos direitos.* 3. ed. São Paulo: Revista dos Tribunais, 2010.

———; ARENHART, Sérgio Cruz. *Processo de conhecimento.* 11. ed. rev e atual. São Paulo: Revista dos Tribunais, 2013.

——; MITIDIERO, Daniel. *Repercussão geral no recurso extraordinário.* São Paulo: Revista dos Tribunais, 2007.

——. *Código de Processo Civil comentado artigo por artigo.* 2. ed. São Paulo: Revista dos Tribunais, 2010.

——. *O projeto do CPC:* críticas e propostas. São Paulo: Revista dos Tribunais, 2010.

MATSUURA, Lilian. Número de ações na Justiça ordinária aumentou 25%. *CONJUR. Consultor Jurídico,* São Paulo, Notícias. 24 janeiro 2009. SP. ISSN 1809-2829. Disponível em: <http://www.conjur.com.br/2009-jan-24/tres-anos-numero-acoes-primeira-segunda-instancias-subiu-25>. Acesso em: 30 jun. 2012.

MAXIMILIANO, Carlos. *Hermenêutica e aplicação do direito.* 19. ed. Rio de Janeiro: Forense, 2004.

MENDES, Aluisio Gonçalves de Castro. *Ações coletivas no direito comparado e nacional.* São Paulo: Revista dos Tribunais, 2010.

MENDES, Gilmar Ferreira. Controle ampliado. *Anuário da Justiça,* São Paulo: Conjur, 2010.

——; BRANCO, Paulo Gustavo Gonet. *Curso de direito constitucional.* São Paulo: Saraiva, 2011.

MENDONÇA, Paulo Roberto Soares. A súmula vinculante como fonte hermenêutica de direito. *Interesse Público – IP,* Belo Horizonte, ano 13, n. 67, p. 163-186, maio/jun. 2011.

MENEZES, Isabella Ferraz Bezerra de. A repercussão geral das questões constitucionais como mecanismo de contenção recursal e requisito de admissibilidade do recurso extraordinário. *Revista da ESMAPE,* Recife, v. 13, n. 28, p. 266-287, 2008.

MINAS GERAIS. Tribunal de Justiça. Décima Sexta Câmara Cível. *Apelação Cível nº 1.0287.09.048095-8/001.* Relator Otávio Portes. Julgado em: 18/08/2010.

MITIDIERO, Daniel. *Comentários ao Código de Processo Civil.* Tomo 3 São Paulo: Memória Jurídica, 2006.

——. *Processo civil e Estado constitucional.* Porto Alegre: Livraria do Advogado, 2007.

——. *Colaboração no processo civil:* pressupostos sociais, lógicos e éticos. São Paulo: Revista dos Tribunais, 2009.

——. *Elementos para uma teoria contemporânea do processo civil brasileiro.* Porto Alegre: Livraria do Advogado, 2005.

MOTTA, Cristina Reindolff. Due process of law. In: PORTO, Sérgio Gilberto (Org.). *As garantias do cidadão no processo civil:* relação entre constituição e processo. Porto Alegre: Livraria do Advogado, 2003.

MORIN, Edgar. *Cultura de massas no século XX:* o espírito do tempo, 1, Neurose. 10. ed. Tradução de Maura Ribeiro Sardinha. Rio de Janeiro: Forense Universitária, 2011.

MULLENIX, Linda S. Novas tendências em matéria de legitimação e coisa julgada nas ações coletivas. In: GRINOVER, Ada Pellegrini. *Os processos coletivos nos países de civil law e common law:* uma análise de direito comparado. São Paulo: Revista dos Tribunais, 2008.

NAGAREDA, Richard A. *The law of class actions and other aggregate litigation.* New York: Foundation Press, 2009.

NERY JUNIOR, Nelson; NERY, Rosa Maria de Andrade. *Código de Processo Civil comentado e legislação extravagante.* 13. ed. São Paulo: Revista dos Tribunais, 2013.

——. *Princípios do processo civil na Constituição Federal.* 9. ed. São Paulo: Revista dos Tribunais, 2009.

——. *Teoria geral dos recursos.* 6. ed. atual. ampl. e reform. São Paulo: RT, 2004.

NOGUEIRA, Vânia Márcia Damasceno. O movimento mundial pela coletivização do processo e seu ingresso e desenvolvimento no direito brasileiro. *De Jure: Revista Jurídica do Ministério Público do Estado de Minas Gerais,* Belo Horizonte, n. 12, p. 325-348, jan./jun. 2009.

NORTHFLEET, Ellen Gracie. Ainda sobre o efeito vinculante. *Revista de Informação Legislativa,* v. 33, n. 131, p. 133-134, jul./set. 1996.

OLIVEIRA, Lucélia Biaobock Peres de. Ações coletivas para defesa dos direitos individuais homogêneos: particularidades processuais. *Debates em Direito Público: Revista de Direito dos Advogados da União,* Brasília, v. 5, n. 5, p. 75-99, out. 2006.

OLIVEIRA, Pérsio Santos de. *Introdução à sociologia.* 19. ed. São Paulo: Ática, 1998.

OTEÍZA, Eduardo. *Reforma procesal civil.* Santa Fe: Rubinzal-Culzoni, 2010.

OTHARAN, Luiz Felipe. Incidente de resolução de demandas repetitivas como uma alternativa as ações coletivas: notas de direito comparado. *Revista Jurídica,* Porto Alegre, v. 402, p. 11-27, abr. 2011.

PANDOLFI, Dulce... [et al.]. (Orgs.). Percepção dos direitos e participação social. In: PANDOLFI, Dulce ... [et al.]. (Orgs.). *Cidadania, justiça e violência.* Rio de Janeiro: FGV, 1999. p. 45-58.

PARÁ FILHO, Tomás. A chamada "uniformização da jurisprudencia". *Revista de Processo,* Sao Paulo: Revista dos Tribunais, v. 1, p. 71-82 1976.

PEREIRA, Ruitemberg Nunes. *O principio do devido processo legal substantivo.* Rio de Janeiro: Renovar, 2005.

PÉREZ, Jesús González. *El derecho a la tutela juriscional.* 2. ed. Madrid: Civitas, 1989.

PERROT, Roger. O processo civil francês na véspera do século XXI. Tradução de José Carlos Barbosa Moreira. *Revista Forense,* Rio de Janeiro, v. 94, n. 342, p. 161-168, abr. 1998.

PICARDI, Nicola; NUNES, Dierle. O Código de Processo Civil brasileiro: origem, formação e projeto de reforma. *Revista de Informação Legislativa,* n. 190, tomo 2, p. 100, abr./jun. 2011.

PINHEIRO, Aline. Em SP e RS, Justiça tem problemas iguais e resultados diversos. Justiça em números. *Revista* Consultor Jurídico – CONJUR, 9 fev. 2008. Disponível em: <http://www.conjur.com.br/2008-fev-09/sp_rs_problemas_similares_resultados_diversos>. Acesso em: 10 jul. 2012.

PINTO, Fernanda Guedes. As ações repetitivas e o novel art. 285-A do CPC (racionalização para as demandas de massa). *Revista de Processo,* São Paulo, v. 32, n. 150, p. 121-157, ago. 2007.

PINTO, Luis Filipe Marques Porto Sá. Técnicas de tratamento macromolecular dos litígios – Tendência de coletivização da tutela processual civil. *Revista de Processo,* São Paulo, v. 35, n. 185, p. 117-144, jul. 2010.

PIRES, Marcelo de Souza. *O princípio da inafastabilidade do controle jurisdicional.* Dissertação (Mestrado em Direito) – Faculdade de Direito, Pontifícia Universidade Católica do Rio Grande do Sul. Porto Alegre, 2009.

PISANI, Andrea Proto. *Lezioni di diritto processuale civile.* 3. ed. Napoli: Jovene, 1999.

PONTES DE MIRANDA, Francisco Cavalcanti. *Embargos, prejulgado e revista no direito processual brasileiro:* corte suprema e Lei nº 319, de 25 de novembro de 1937, relativa às cortes de apelação de todo o Brasil. Rio de Janeiro: A. Coelho Branco, 1937.

——. *Sistema de ciência positiva do direito.* 2. ed. Tomo I. Rio de Janeiro: Borsoi, 1972.

——. *Comentários ao Código de Processo Civil.* 4. ed. rev. atual. Rio de Janeiro: Forense, 1999.

PORTANOVA, Rui. *Princípios do processo civil.* 8. ed. Porto Alegre: Livraria do Advogado, 2013.

PORTO, Sérgio Gilberto. Comentários ao Código de Processo Civil. Do processo de conhecimento. Arts. 444 a 495. São Paulo: Revista dos Tribunais, 2000. v. 6.

——. *Manual dos recursos cíveis.* 3. ed. Porto Alegre: Livraria do Advogado. 2011.

——. *Lições de direitos fundamentais no processo civil:* o conteúdo processual da Constituição Federal. Porto Alegre: Livraria do Advogado, 2009.

——. Apontamentos sobre duas relevantes inovações no projeto de um novo CPC. *Repertório de Jurisprudência IOB: Civil, Processual, Penal e Comercial,* São Paulo: IOB Thomson, v. III, n. 21, p. 742-747, 1ª quinzena, nov. 2011.

RADBRUCH, Gustav. *Introduzione alla scienza del diritto.* Tradução Italiana, G. Giappchelli-Editore: Torino, 1961.

RAMIRES, Maurício. *Crítica à aplicação de precedentes no direito brasileiro.* Porto Alegre: Livraria do Advogado, 2010.

RIBEIRO, Darci Guimarães. A garantia constitucional do postulado da efetividade desde o prisma das sentenças mandamentais. *Genesis – Revista de Direito Processual Civil,* Curitiba: Genesis, v. 38, p. 657-677, out. 2005.

RIO GRANDE DO SUL. Tribunal de Justiça. Décima Nona Câmara Cível. *Apelação Cível N° 70006399166.* Relator: José Francisco Pellegrini. Julgado em: 17/06/2003.

——. Bagé. 2ª Vara Cível da Comarca de Bagé. *Processo n° 004/1.03.0008641-8.* Julgado em: 27 out. 2010. Publicada na data de 29 out. 2003, nota de expediente n° 563/2003.

——. Vara Judicial da Comarca de Tapera. *Processo n° 136/1.06.0000777-0.* Brasil Telecom S.A. e Ivani Terezinha Graeff. Julgador: Juiz de Direito Rodrigo de Azevedo Bortoli. Julgado em: 23 ago. 2006. Publicado em 01 set. 2006, nota de expediente n° 199/2006.

——. Tribunal de Justiça. Segunda Câmara Especial Cível. *Apelação Cível n° 70032413379.* Relator: Lúcia de Fátima Cerveira. Julgado em: 31/03/2010.

——. 14ª Vara Cível do Foro Central da Comarca de Porto Alegre. *Processo n° 001/1.06.0228750-6.* Brasil Telecom S.A. e Móveis Moviarte Ltda. Julgador: Dilso Domingos Pereira. Julgado em: 26 out. 2010. Publicado em: 01 nov. 2010, nota de expediente n° 4482/2010.

——. 1ª Vara Cível do Foro Central da Comarca de Porto Alegre. *Processo n° 001/1.11.0247205-1.* Brasil Telecom S.A. e Manira Abrahao Noro. Julgador: Juiz de Direito Sylvio José Costa da Silva Tavares. Julgado em: 09 dez. 2011. Publicado em: 13 dez. 2011, nota de expediente n° 3187/2011.

——. Tribunal de Justiça. Segunda Câmara Especial Cível. *Agravo de Instrumento n° 70043439280.* Relator: Fernando Flores Cabral Junior. Julgado em: 27/07/2011.

——. 16ª Vara Cível do Foro Central da Comarca de Porto Alegre. *Processo n° 001/1.06.0024426-5.* Brasil Telecom S.A. e Assunta Bagio de Carli. Julgador: Juiz de Direito Laura de Borba Maciel Fleck. Julgado em: 23 ago. 2006. Publicado em: 13 jul. 2011, nota de expediente n° 2713/2011.

RIO DE JANEIRO. Tribunal de Justiça. Décima Quinta Câmara Cível. Apelação Cível n° 0413159-88.2010.8.19.0001. Relator: Jacqueline Montenegro. Julgado em: 15/05/2012.

——. *Fundação Getúlio Vargas Direito RIO (FGV).* Pesquisa: Supremo em números. Apoio: Escola de Matemática aplicada – FGV. Coordenação: Paulo Cedreira. I Relatório –Autores: Joaquim Falcão; Paulo Cedreira; Diego Werneck. Rio de Janeiro, abr. 2011.

ROCHA, Leonel Severo. *Epistemologia jurídica.* 2. ed. São Leopoldo: UNISINOS, 2003.

RODRIGUES, Baltazar José Vasconcelos. Incidente de resolução de demandas repetitivas: especificação de fundamentos teóricos e práticos e análise comparativa entre as regras previstas no projeto do novo código de processo civil e o *kapitalanleger-musterverfahrensgesetz* do direito alemão. *Revista Eletrônica de Direito Processual – REDP,* Rio de Janeiro, ano 5, v. VIII, jul./dez. 2011. Periódico da Pós-Graduação *Stricto Sensu* em Direito Processual da UERJ. Patrono: José Carlos Barbosa Moreira. www.redp.com.br. ISSN 1982-7636. Disponível em: <http://www.redp.com.br/arquivos/redp_8a_edicao.pdf>. Acesso em: 30 maio 2012.

RODRIGUES, Ruy Zoch. *Ações repetitivas:* casos de antecipação de tutela sem o requisito de urgência. São Paulo: Revista dos Tribunais, 2010.

RODRIGUES NETTO, Nelson. Análise crítica do julgamento "por atacado" no STJ (lei 11.672/2008 sobre recursos especiais repetitivos). *Revista de Processo,* São Paulo, v. 33, n. 163, p. 234-247, set. 2008.

ROSA, Renato Xavier da Silveira. *Incidente de resolução de demandas repetitivas:* artigos 895 a 906 do Projeto de Código de Processo Civil, PLS n° 166/2010. [Monografia]. Faculdade de Direito, Universidade de São Paulo, São Paulo: Largo São Francisco, jul. 2010.

ROSAS, Roberto. Segurança jurídica. Efetividade. Jurisprudência. *Revista de Informação Legislativa,* Brasília, v. 48, n. 190, p. 215-220, tomo II, abr./jun. 2011.

ROSSI, Júlio Cesar. O precedente à brasileira: súmula vinculante e o incidente de resolução de demandas repetitivas. *Revista de Processo,* São Paulo, v. 37, n. 208, p. 203-240, jun. 2012.

ROSSONI, Igor Bimkowski. O "incidente de resolução de demandas repetitivas" e a introdução do *Group Litigation* no direito brasileiro: Avanço ou Retrocesso? *Páginas de Direito.* Editores José Maria Tesheiner e Mariângela Milhoranza. Disponível em: <http://www.tex.pro.br/tex/listagem-de-artigos/50-artigos-dez-2010/7360-o-incidente-de-resolucao-de-demandas-repetitivas-e-a-introducao-do-group-litigation-no-direito-brasileiro-avanco-ou-retrocesso>. Acesso em: 10 set. 2011.

SADEK, Maria Tereza. Juizados especiais: o processo inexorável da mudança. In: SLAKMON, Catherine; MACHADO, Maíra Rocha; BOTTINI, Pierpaolo Cruz (Orgs.). *Novas direções na governança da justiça e da segurança.* Brasília: Ministério da Justiça, Secretaria de Reforma do Judiciário, 2006.

SALLES, Carlos Alberto de (Coord.). As grandes transformações do processo civil brasileiro – homenagem ao Professor Kazuo Watanabe. São Paulo: Quartier Latin, 2009.

SALOMÃO, Luis Felipe. Tendências atuais do judiciário. *Revista da EMERJ,* v. 6, n. 21, p. 166-175, 2003.

SANTA CATARINA, Tribunal de Justiça. Terceira Câmara de Direito Comercial. *Apelação Cível nº 2011.076165-2.* Relator: Des. Paulo Roberto Camargo Costa. Julgado em: 31/07/2012.

SANTOS, Boaventura de Sousa. A crítica da razão indolente: contra o desperdício da experiência. vol. I São Paulo: Cortez, 1986.

SANTOS, Ernane Fidélis dos. *As reformas de 2005 do Código de Processo Civil:* execução dos títulos judiciais e agravo de instrumento. São Paulo: Saraiva, 2006.

SANTOS, Moacyr Amaral. *Primeiras linhas de direito processual civil.* 29. ed. São Paulo: Saraiva, 2012.

SÃO PAULO. Tribunal de Justiça. Décima Terceira Câmara de Direito Privado. *Apelação Cível nº 990.10.303779-0.* Relatora: Ana de Lourdes Coutinho Silva. Julgado em: 01/09/2010.

SARLET, Ingo Wolfgang. *A eficácia dos direitos fundamentais.* 11. ed. rev. atual. e ampl. Porto Alegre: Livraria do Advogado, 2012.

SARNEY, José. *Anteprojeto do Novo Código de Processo Civil.* Comissão de Juristas Responsável pela Elaboração do Anteprojeto do Novo Código de Processo Civil. Brasília: Senado Federal, Subsecretaria de Edições Técnicas, 2010.

SICA, Heitor Vitor Mendonça. Recorribilidade das interlocutórias e reformas processuais: novos horizontes do agravo retido. In: NERY JR., Nelson; WAMBIER, Teresa Arruda Alvim (Coord). *Aspectos polêmicos e atuais dos recursos cíveis e de outros meios de impugnação às decisões judiciais.* São Paulo: Revista dos Tribunais, 2005.

SILVA, De Plácido e. *Vocabulário jurídico.* Atualizadores Nagib Slaibi Filho e Gláucia Carvalho. Rio de Janeiro: Forense, 2004.

SILVA, Larissa Clare Pochmann da. Incidente de resolução de demandas repetitivas: tutela coletiva ou padronização do processo? *Revista da Seção Judiciária do Rio de Janeiro,* v. 18, n. 32 (2011). Disponível em: <http://www4.jfrj.jus.br/seer/index.php/revista_sjrj/article/view/285>. Acesso em: 30 maio 2012.

SILVA, Ovídio Araújo Baptista da. *Jurisdição e execução na tradição romano-canônica.* 2. ed. São Paulo: Revista dos Tribunais, 1997.

———. *Curso de processo civil.* 5. ed. São Paulo: Revista dos Tribunais, 2000. v. I.

———. *Da sentença liminar à nulidade da sentença.* Rio de Janeiro: Forense, 2002.

———. Das alterações no procedimento dos recursos e da ação rescisória (Lei n° 11.276/06 e nova redação dos arts. 489 e 555, dada pela Lei n° 11.280/06). In: *As recentes reformas processuais:* leis 11.187, de 19/10/05; 11.232, de 22/12/05; 11.276, de 07/02/06; 11.277, de 07/02/06; 11.280, de 16/02/06. [ciclo de estudos] / coordenação geral: Luiz Felipe Brasil Santos; coordenação adjunta: Rejane Maria Dias de Castro Bins. Porto Alegre: Tribunal de Justiça do Estado do Rio Grande do Sul. Departamento de Artes Gráficas, 2006. (Cadernos do Centro de Estudos; v. 1).

———. Da função à estrutura. *Revista de Processo*, São Paulo, v. 33, n. 158, p. 9-19, abr. 2008.

SILVA, Jaqueline Mielke. Tutela de urgência e pós-modernidade: a inadequação dos mecanismos atualmente positivados à realidade social. In: ARMELIN, Donaldo (Coord.). *Tutelas de urgência e cautelares:* estudos em homenagem a Ovídio A. Baptista da Silva. São Paulo: Saraiva, 2010.

———; XAVIER, José Tadeu Neves. *Reforma do processo civil:* comentários às Leis 11.187, de 19.10.2005; 11.232, de 22.12.2005; 11.276 e 11.277, de 7.2.2006 e 11.280, de 16.2.2006. Porto Alegre: Verbo Jurídico, 2006.

SOARES, Flaviana Rampazzo. *Responsabilidade civil por dano existencial.* Porto Alegre: Livraria do Advogado, 2009.

SOSA, Gualberto Lucas. Abuso de derechos processales. *In:* BARBOSA MOREIRA, José Carlos; MÉDEZ, Francisco Ramos ... [et. al.]. *Abuso dos direitos processuais.* Rio de Janeiro: Forense, 2000.

SOUZA, Bernardo Pimentel. Da uniformização da jurisprudência. *O Direito em Movimento: Revista do Instituto Capixaba de Estudos,* Vitória, v. 3, p. 51-64, 2001.

SOUZA FILHO, Luciano Marinho de Barros e. Breves comentários aos embargos de divergência e aos incidentes de uniformização de jurisprudência no direito processual brasileiro. *Revista Dialética de Direito Processual: RDDP,* São Paulo, n. 74, p. 48-56, maio 2009.

STERN, Klaus. *Das Staatsrecht der bunddesrepublick Deutschland.* 2. ed. Münchem: C. H. Beck, 1984. v. I.

STÜRNER, Rolf. Sobre as reformas recentes no direito alemão e alguns pontos em comum com o projeto brasileiro para um novo Código de Processo Civil. *Revista de Processo,* São Paulo, v. 36, n. 193, p. 355-371, mar. 2011.

TALAMINI, Eduardo. O primeiro esboço de um novo CPC. *Migalhas.* 21/12/2009. ISSN 1983-392X. Disponível em: <http://www.migalhas.com.br/dePeso/16,MI99523,71043-O+primeiro+esboco+de+um+novo+CPC>. Acesso em: 29 jul. 2012.

TESHEINER, José Maria Rosa. Sobre o proposto incidente de resolução de demandas repetitivas. *Artigos Jurídicos e Direito em Debate.* Artigos. ISSN 2237-5597. Disponível em: <http://www.ajdd.com.br/artigos/art61.pdf>. Acesso em: 30 maio 2012.

———; MILHORANZA, Mariângela Guerreiro. *Estudos sobre as reformas do Código de Processo Civil.* Porto Alegre: Notadez/HS Editora, 2009.

——— (Coord.). *Nova sistemática processual civil.* Caxias do Sul, RS: Plenum, 2006.

———. Ações coletivas pró-consumidor. *Ajuris,* v. 19, n. 54, p. 75-106, 2008.

———. Ações coletivas relativas a direitos individuais homogêneos e o Projeto de Lei n° 5.139/2009. *Interesse Público,* Sapucaia do Sul, v. 12, n. 59, p. 67-82, jan./fev. 2010.

———. Do incidente de resolução de demandas repetitivas no anteprojeto de Código de Processo Civil (Artigos 895 a 906). *Revista Jurídica,* Porto Alegre, v. 393, p. 27-34, jul. 2010.

———; MILHORANZA, Mariângela Guerreiro. *Temas de direito e processos coletivos.* Porto Alegre: HS Editora, 2010.

———; VIAFORE, Daniele. Da proposta de "redução do número de demandas e recursos" do projeto de novo CPC versus acesso à justiça. *Revista Jurídica,* Porto Alegre, v. 58, n. 401, p. 11-31, mar. 2011.

THEODORO JÚNIOR, Humberto; NUNES, Dierle José Coelho; BAHIA, Alexandre Gustavo Melo Franco. Litigiosidade em massa e repercussão geral no recurso extraordinário. *Revista de Processo,* São Paulo, v. 34, n. 177, p. 9-46, nov. 2009.

——. Abuso de direito processual no ordenamento jurídico brasileiro. In: BARBOSA MOREIRA, José Carlos; MÉDEZ, Francisco Ramos ... [et. al.]. *Abuso dos direitos processuais.* Rio de Janeiro: Forense, 2000.

——. *Curso de direito processual civil.* 54. ed. Rio de Janeiro: Forense, 2013.

——. Celeridade e efetividade da prestação jurisdicional. insuficiência da reforma das leis processuais. *O Sino do Samuel: Jornal da Faculdade de Direito da UFMG,* Belo Horizonte, Universidade Federal de Minas Gerais, n. 76, p. 4-5, 2004.

——. Repercussão geral no recurso extraordinário (Lei n°11.418) e súmula vinculante do Supremo Tribunal Federal (lei n°11.417). *Revista Magister de Direito Civil e Processual Civil,* Porto Alegre, v. 18, n. 18, p. 5-32, maio/junho. 2007.

TROLLER, Alois. *Dos fundamentos do formalismo no processo civil.* Tradução de Carlos Alberto Alvaro de Oliveira. Porto Alegre: Sergio Antonio Fabris, 2009.

TROCKER, Nicolò. Il nuovo articolo 111 della costituzione e il giusto processo in materia civile: profili generali, *Rivista Trimestrale di Diritto e Procedura Civile,* anno LV, n. 2, 2001. pp. 381-410.

TUCCI, José Rogério Cruz e. *Tempo e processo:* uma análise empírica das repercussões do tempo na fenomenologia processual: civil e penal. São Paulo: Revista dos Tribunais, 1997.

——. O judiciário e os principais fatores de lentidão da justiça. *Revista do Advogado,* São Paulo, aasp, v. 56, p. 76-83, 1999.

——. Class action e Mandado de Segurança Coletivo: diversificações conceptuais. São Paulo: Saraiva, 1990.

VIGLIAR, Marcelo. Litigiosidade contida (e o contingenciamento da litigiosidade). In: SALLES, Carlos Alberto de (Coord.). *As grandes transformações do processo civil brasileiro – homenagem ao Professor Kazuo Watanabe.* São Paulo: Quartier Latin, 2009.

——. *Uniformização de jurisprudência:* segurança jurídica e dever de uniformizar. São Paulo: Atlas, 2003.

WAMBIER, Luiz Rodrigues; WAMBIER, Teresa Arruda Alvim; MEDINA, José Miguel Garcia. Breves comentários à nova sistemática processual civil. 3. ed. São Paulo: Revista dos Tribunais, 2007.

—— (Coord.). *Curso avançado de processo civil.* 13. ed. São Paulo: Revista dos Tribunais, 2013. v. 1.

WAMBIER, Teresa Arruda Alvim. Apontamentos sobre as ações coletivas. *Revista de Processo,* n. 75, p. 12-17, jul./set. 1994.

—— Os agravos no CPC brasileiro. 4. ed. rev. atual. e ampl. de acordo com a nova Lei do Agravo (Lei 11.187/2005). São Paulo: Revista dos Tribunais, 2005.

——. Repercussão geral. *Revista do IASP,* ano 10, n. 19, p. 368-371, jan./jun. 2007.

——; WAMBIER, Luiz Rodrigues. Anotações sobre as ações coletivas no Brasil – Presente e futuro. *Revista Jurídica,* Porto Alegre, v. 393, p. 11-26, jul. 2010.

WATANABE, Kazuo. *Controle jurisdicional:* princípios da inafastabilidade do controle jurisdicional no sistema jurídico brasileiro e mandado de segurança contra atos judiciais. São Paulo: Revista dos Tribunais, 1980.

——. Acesso à jutiça e sociedade moderna. In: GRINOVER, Ada Pellegrini; DINAMARCO, Cândido Rangel; WATANABE, Kazuo (Coord.). *Participação e processo.* São Paulo: Revista dos Tribunais, 1988.

——. Relação entre demanda coletiva e demandas individuais. In: GRINOVER, Ada Pellegrini... [*et al.*]. (Coords.). *Direito processual coletivo e anteprojeto de Código de Brasileiro de Processos Coletivos.* São Paulo: Revista dos Tribunais, 2007.

WATANABE, Kazuo. Assistência judiciária e juizados de pequenas causas. In: WATANABE, Kazuo. *Juizado especial de pequenas causas.* São Paulo: Revista dos Tribunais, 1985.

WEBER, Márcia Regina Lusa Cadore. *Súmula vinculante e uniformização de jurisprudência.* São Paulo: Atlas, 2007.

YOSHIKAWA, Eduardo Henrique de Oliveira. O incidente de resolução de demandas repetitivas no novo Código de Processo Civil: comentários aos arts. 930 a 941 do PL 8.046/2010. *Revista de Processo,* São Paulo, v. 37, n. 206, p. 243-270, abr. 2012.

ZANETI JÚNIOR, Hermes. Direitos coletivos *lato sensu:* definição conceitual dos direitos difusos, dos direitos coletivos *stricto sensu* e dos direitos individuais homogêneos. In: AMARAL, Guilherme Rizzo Amaral; CARPENA, Márcio Louzada (Coords.). *Visões críticas do processo civil brasileiro:* uma homenagem ao Prof. Dr. José Maria Rosa Tesheiner. Porto Alegre: Livraria do Advogado, 2005.

ZANFERDINI, Flávia de Almeida Montingelli. *Tendência universal de sumarização do processo civil e a busca da tutela de urgência proporcional.* Tese (Doutorado em Direito) – Faculdade de Direito, Pontifícia Universidade Católica de São Paulo, São Paulo, 2007.

ZAVASCKI, Teori Albino. *Defesa dos direitos coletivos e defesa coletiva de direitos.* RF 329/147-160, Rio de Janeiro: Forense, 1995.

Anexo
Incidente de Resolução de Demandas Repetitivas

Artigos 988 a 999 do Projeto de Lei nº 8.046/2010 da Câmara dos Deputados.[1]

CAPÍTULO VII
DO INCIDENTE DE RESOLUÇÃO DE DEMANDAS REPETITIVAS

Art. 988. É admissível o incidente de resolução de demandas repetitivas, quando, estando presente o risco de ofensa à isonomia e à segurança jurídica, houver efetiva repetição de processos que contenham controvérsia sobre a mesma questão unicamente de direito.

§ 1º O incidente pode ser suscitado perante Tribunal de Justiça ou Tribunal Regional Federal.

§ 2º O incidente somente pode ser suscitado na pendência de qualquer causa de competência do tribunal.

§ 3º O pedido de instauração do incidente será dirigido ao presidente do tribunal:

I – pelo relator ou órgão colegiado, por ofício;

II – pelas partes, pelo Ministério Público, pela Defensoria Pública, pela pessoa jurídica de direito público ou por associação civil cuja finalidade institucional inclua a defesa do interesse ou direito objeto do incidente, por petição.

§ 4º O ofício ou a petição a que se refere o § 3º será instruído com os documentos necessários à demonstração do preenchimento dos pressupostos para a instauração do incidente.

§ 5º A desistência ou o abandono da causa não impedem o exame do mérito do incidente.

§ 6º Se não for o requerente, o Ministério Público intervirá obrigatoriamente no incidente e deverá assumir sua titularidade em caso de desistência ou de abandono.

§ 7º A inadmissão do incidente de resolução de demandas repetitivas por ausência de qualquer de seus pressupostos de admissibilidade não impede que, uma vez presente o pressuposto antes considerado inexistente, seja o incidente novamente suscitado.

---

[1] BRASIL. Câmara dos Deputados. Projetos de Leis e Outras Proposições. Projeto de Lei nº 6.025/2005, arts. 989 e 999, aprovado em 26 novembro 2013, Emenda Aglutinativa Substitutiva Global nº 6. Disponível em: <http://www.camara.gov.br/proposicoesWeb/fichadetramitacao?idProposicao=302638&ord=1>. Acesso em: 05 jan. 2014.

§ 8º É incabível o incidente de resolução de demandas repetitivas quando um dos tribunais superiores, no âmbito de sua respectiva competência, já tiver afetado recurso para definição de tese sobre questão de direito material ou processual repetitiva.

§ 9º Não serão exigidas custas processuais no incidente de resolução de demandas repetitivas.

Art. 989. A instauração e o julgamento do incidente serão sucedidos da mais ampla e específica divulgação e publicidade, por meio de registro eletrônico no Conselho Nacional de Justiça.

§ 1º Os tribunais manterão banco eletrônico de dados atualizados com informações específicas sobre questões de direito submetidas ao incidente, comunicando-o imediatamente ao Conselho Nacional de Justiça para inclusão no cadastro.

§ 2º Para possibilitar a identificação das causas abrangidas pela decisão do incidente, o registro eletrônico das teses jurídicas constantes do cadastro conterá, no mínimo, os fundamentos determinantes da decisão e os dispositivos normativos a ela relacionados.

§ 3º Aplica-se o disposto neste artigo ao julgamento de recursos extraordinários e especiais repetitivos e da repercussão geral em recurso extraordinário.

Art. 990. Após a distribuição, o órgão colegiado competente para julgar o incidente procederá ao seu juízo de admissibilidade, considerando a presença dos pressupostos do art. 988.

§ 1º Admitido o incidente, o relator:

I – suspenderá os processos pendentes, individuais ou coletivos, que tramitam no Estado ou na região, conforme o caso;

II – poderá requisitar informações a órgãos em cujo juízo tramita processo no qual se discute o objeto do incidente, que as prestarão no prazo de quinze dias;

III – intimará o Ministério Público para, querendo, manifestar-se no prazo de quinze dias.

§ 2º A suspensão de que trata o inciso I do § 1º será comunicada aos juízes diretores dos fóruns de cada comarca ou seção judiciária, por ofício.

§ 3º Durante a suspensão, o pedido de tutela de urgência deverá ser dirigido ao juízo onde tramita o processo suspenso.

§ 4º O interessado pode requerer o prosseguimento do seu processo, demonstrando a distinção do seu caso, nos termos do art. 521, § 9º; ou, se for a hipótese, a suspensão de seu processo, demonstrando que a questão jurídica a ser decidida está abrangida pelo incidente a ser julgado. Em qualquer dos casos, o requerimento deve ser dirigido ao juízo onde tramita o processo. A decisão que negar o requerimento é impugnável por agravo de instrumento.

§ 5º Admitido o incidente, suspender-se-á a prescrição das pretensões nos casos em que se repete a questão de direito.

Art. 991. O julgamento do incidente caberá ao órgão do tribunal que o regimento interno indicar.

§ 1º O órgão indicado deve possuir, dentre suas atribuições, competência para editar enunciados de súmula.

§ 2º Sempre que possível, o órgão competente deverá ser integrado, em sua maioria, por desembargadores que componham órgãos colegiados com competência para o julgamento da matéria discutida no incidente.

§ 3º A competência será do plenário ou do órgão especial do tribunal quando ocorrer a hipótese do art. 960 no julgamento do incidente.

Art. 992. O relator ouvirá as partes e os demais interessados, inclusive pessoas, órgãos e entidades com interesse na controvérsia, que, no prazo comum de quinze dias, poderão requerer a juntada de documentos, bem como as diligências necessárias para a elucidação da questão de direito controvertida; em seguida, no mesmo prazo, manifestar-se-á o Ministério Público.

Parágrafo único. Para instruir o incidente, o relator poderá designar data para, em audiência pública, ouvir depoimentos de pessoas com experiência e conhecimento na matéria.

Art. 993. Concluídas as diligências, o relator solicitará dia para o julgamento do incidente.

Art. 994. O incidente será julgado com a observância das regras previstas neste artigo.

§ 1º Feita a exposição do objeto do incidente pelo relator, o presidente dará a palavra, sucessivamente, ao autor e ao réu do processo originário, e ao Ministério Público, pelo prazo de trinta minutos, para sustentar suas razões. Considerando o número de inscritos, o órgão julgador poderá aumentar o prazo para sustentação oral.

§ 2º Em seguida, os demais interessados poderão manifestar-se no prazo de trinta minutos, divididos entre todos, sendo exigida inscrição com dois dias de antecedência. Havendo muitos interessados, o prazo poderá ser ampliado, a critério do órgão julgador.

§ 3º O conteúdo do acórdão abrangerá a análise de todos os fundamentos suscitados concernentes à tese jurídica discutida.

Art. 995. Julgado o incidente, a tese jurídica será aplicada a todos os processos individuais ou coletivos que versem sobre idêntica questão de direito e que tramitem na área de jurisdição do respectivo tribunal, inclusive àqueles que tramitem nos juizados especiais do respectivo estado ou região.

§ 1º A tese jurídica será aplicada, também, aos casos futuros que versem idêntica questão de direito e que venham a tramitar no território de competência do respectivo tribunal, até que esse mesmo tribunal a revise.

§ 2º Se o incidente tiver por objeto questão relativa a prestação de serviço concedido, permitido ou autorizado, o resultado do julgamento será comunicado ao órgão ou à agência reguladora competente para fiscalização do efetivo cumprimento da decisão por parte dos entes sujeitos a regulação.

§ 3º O tribunal, de ofício, e os legitimados mencionados no art. 988, § 3º, inciso II, poderão pleitear a revisão da tese jurídica, observando-se, no que couber, o disposto no art. 521, §§ 1º a 6º.

§ 4º Contra a decisão que julgar o incidente caberá recurso especial ou recurso extraordinário, conforme o caso.

§ 5º Se houver recurso e a matéria for apreciada, em seu mérito, pelo Supremo Tribunal Federal ou pelo Superior Tribunal de Justiça, a tese jurídica firmada será aplicada a todos os processos individuais ou coletivos que versem sobre idêntica questão de direito e que tramitem no território nacional.

Art. 996. O incidente será julgado no prazo de um ano e terá preferência sobre os demais feitos, ressalvados os que envolvam réu preso e os pedidos de *habeas corpus*.

§ 1º Superado o prazo previsto no *caput,* cessa a suspensão dos processos prevista no art. 990, salvo decisão fundamentada do relator em sentido contrário.

§ 2º O disposto no § 1º aplica-se, no que couber, à hipótese do art. 997.

Art. 997. Visando à garantia da segurança jurídica, qualquer legitimado mencionado no art. 988, § 3º, inciso II, poderá requerer ao tribunal competente para conhecer de recurso extraordinário ou recurso especial a suspensão de todos os processos em curso no território nacional que versem sobre a questão objeto do incidente já instaurado.

§ 1º Independentemente dos limites da competência territorial, a parte em processo em curso no qual se discuta a mesma questão objeto do incidente é legitimada para requerer a providência prevista no *caput*.

§ 2º Cessa a suspensão a que se refere o *caput* se não for interposto recurso especial ou recurso extraordinário contra a decisão proferida no incidente.

Art. 998. O recurso especial ou extraordinário interposto contra a decisão proferida no incidente tem efeito suspensivo, presumindo-se a repercussão geral de questão constitucional discutida.

Parágrafo único. No tribunal superior, o relator que receber recurso especial ou extraordinário originário de incidente de resolução de demandas repetitivas ficará prevento para julgar outros recursos que versem sobre a mesma questão.

Art. 999. Interposto recurso especial ou extraordinário, os autos serão remetidos ao tribunal competente, independentemente da realização de juízo de admissibilidade na origem.